新质生产力教程

LECTURES ON
NEW QUALITY PRODUCTIVE FORCES

盖凯程　韩文龙　等著
GAI Kaicheng　　HAN Wenlong

中国社会科学出版社

图书在版编目(CIP)数据

新质生产力教程 / 盖凯程等著. -- 北京：中国社会科学出版社，2024.12. -- ISBN 978-7-5227-4386-8

Ⅰ.F120.2

中国国家版本馆 CIP 数据核字第 202452TQ26 号

出 版 人	赵剑英	
责任编辑	王　衡	
责任校对	杨　林	
责任印制	郝美娜	

出　　版	中国社会科学出版社
社　　址	北京鼓楼西大街甲 158 号
邮　　编	100720
网　　址	http://www.csspw.cn
发 行 部	010-84083685
门 市 部	010-84029450
经　　销	新华书店及其他书店

印刷装订	北京君升印刷有限公司
版　　次	2024 年 12 月第 1 版
印　　次	2024 年 12 月第 1 次印刷

开　　本	787×1092　1/16
印　　张	18.25
插　　页	2
字　　数	288 千字
定　　价	49.00 元

凡购买中国社会科学出版社图书，如有质量问题请与本社营销中心联系调换
电话：010-84083683
版权所有　侵权必究

序 言

2023年7月以来，习近平总书记在四川、黑龙江、浙江、广西等地考察调研时，提出要整合科技创新资源，引领发展战略性新兴产业和未来产业，加快形成新质生产力。[①] 在2023年12月召开的中央经济工作会议上，习近平总书记强调："要以科技创新推动产业创新，特别是以颠覆性技术和前沿技术催生新产业、新模式、新动能，发展新质生产力。"[②] 在2024年1月二十届中央政治局第十一次集体学习时，习近平总书记进一步指明了什么是新质生产力、如何发展新质生产力："新质生产力是创新起主导作用，摆脱传统经济增长方式、生产力发展路径，具有高科技、高效能、高质量特征，符合新发展理念的先进生产力质态。它由技术革命性突破、生产要素创新性配置、产业深度转型升级而催生，以劳动者、劳动资料、劳动对象及其优化组合的跃升为基本内涵，以全要素生产率大幅提升为核心标志，特点是创新，关键在质优，本质是先进生产力。"[③] 2024年两会期间，习近平总书记进一步强调："因地制宜发展新质生产力。"[④] 党的二十届三中全会审议通过的《中共中央关于进一步全面深化改革　推进中国式现代化的

---

① 习近平：《发展新质生产力是推动高质量发展的内在要求和重要着力点》，《求是》2024年第11期。
② 《中央经济工作会议在北京举行　习近平发表重要讲话　李强作总结讲话　赵乐际王沪宁蔡奇丁薛祥李希出席会议》，《人民日报》2023年12月13日第1版。
③ 习近平：《发展新质生产力是推动高质量发展的内在要求和重要着力点》，《求是》2024年第11期。
④ 《习近平在参加江苏代表团审议时强调　因地制宜发展新质生产力》，《人民日报》2024年3月6日第1版。

决定》对新质生产力发展进行了全面部署，强调要"健全因地制宜发展新质生产力体制机制"。① 2024年12月，习近平总书记出席中央经济工作会议时强调，"以科技创新引领新质生产力发展，建设现代化产业体系"。② 习近平总书记关于新质生产力的重要论述，发展了马克思主义生产力理论，深化了对生产力发展规律的认识，丰富了习近平经济思想的内涵。发展新质生产力是新征程中国经济前进的方向，是建设社会主义现代化强国的推动力量，更是增强国家竞争力的战略举措。以中国经济高质量发展推动实现中国式现代化，需要生产力的巨大革新和结构跃升。新质生产力是先进生产力新质态，必须因地制宜加快发展新质生产力。

习近平总书记在主持二十届中央政治局第十一次集体学习时强调，发展新质生产力是推动高质量发展的内在要求和重要着力点，必须继续做好创新这篇大文章，推动新质生产力加快发展。新质生产力的发展需要着力推动新型劳动者、新劳动资料和新劳动对象发展。需要不断拓宽新型生产要素与传统生产要素的融合空间，不断优化组合方式，促进生产组织方式更加多样化，为新质生产力发展提供重要保障。需要实现科技高水平自立自强、建设现代化产业体系和构建全国统一大市场发展，为新质生产力的发展提供必要的基础和条件。需要走绿色发展之路，充分发挥科技创新的支撑作用，推动传统产业深度转型升级，构建绿色低碳高质量发展空间新格局。需要扩大高水平对外开放，为新质生产力提供更广阔的发展空间和合作机会。需要构建与新质生产力发展相适应的生产关系，不断解放和发展新质生产力。

在新一轮科技革命和产业变革的大浪潮中，中国正迎来前所未有的发展机遇。当前，"加快形成新质生产力"已成为全社会的共识，为深入研究阐释新质生产力的理论内涵和实践内涵，我们充分发挥政

---

① 《中共中央关于进一步全面深化改革　推进中国式现代化的决定》，人民出版社2024年版，第10页。
② 《中央经济工作会议在北京举行　习近平发表重要讲话　李强作总结讲话　赵乐际王沪宁蔡奇丁薛祥李希出席会议》，《人民日报》2024年12月13日第1版。

治经济学国家级重要学科和国家级平台优势，西南财经大学全国中国特色社会主义政治经济学研究团队完成了《新质生产力教程》。教程通过丰富的理论阐释、严密的逻辑论证，以及翔实的案例分析，深入探讨新质生产力的理论内涵、战略意义与发展路径，力图为读者呈现系统性、前瞻性的知识图谱。我们希望以教程为基础，深入研究阐述新质生产力的理论内涵与实践价值，在新发展阶段的实践中，为推动中国经济高质量发展、为加快培养适应新质生产力发展所需要的创新人才提供理论参考。

PREFACE

China's economy has been transitioning from a phase of rapid growth to a stage of high-quality development. This stage is characterized by innovation-driven progress, industrial upgrading, green and low-carbon initiatives, openness and cooperation, and the improvement of people's wellbeing. These are new characteristics of China's economic development in the new era. The productive forces determine the relations of production, which in turn react on the productive forces. Therefore, we need the guidance of new quality productive forces to promote the realization of high-quality development, and to construct new growth points for economic development.

As a brand-new theory in the political economy of Socialism with Chinese characteristics, new quality productive forces summarize the new characteristics of the current development of productive forces and combine the fundamental nature of advanced productivity in the future. It stems from the requirements of China's economic development and the times. Developing new quality productive forces is not only a profound summary of the law of social development of humanity, but also a concentrated embodiment of the Communist Party of China (CPC)'s pursue of a people-centered philosophy of development. Additionally, it is an inevitable choice to meet the requirements of China's development in the new era.

Furthermore, developing new quality productive forces represents the development direction of China's economy in the new era and new journey. It is a key aspect of making China a great modern socialist country, and a significant strategic measure to establish new advantages in national competitiveness. To promote high-quality development and realize Chinese modernization, we should urgently innovate and leap forward in productive forces, and vigorously develop new quality productivity forces.

On September 7, 2023, General Secretary Xi Jinping delivered an important speech on a meeting on promoting the full revitalization of northeast China in the new era in Harbin, Heilongjiang Province. He stressed that,

> It is necessary to foster strategic emerging industries including new energy, new materials, advanced manufacturing and electronic information, and nurture industries of the future, in a bid to create new quality productivity forces and new growth impetus. [①]

From the introduction of new quality productive forces during a tour of Heilongjiang Province in mid-2023, to the call to develop new quality productive forces at the Central Economic Work Conference in late 2023, and to the detailed analysis at the aforementioned group study session, General Secretary Xi Jinping has put forward a series of important expositions and major plans concerning this idea. These expositions not only provide a fundamental basis for accurately grasping the scientific connotation of new quality productive forces, but also lay a systematic framework for understanding their development path of new quality productive forces. Additionally, they outline a new direction and strategic guidelines for the shift and upgrading of China's economic development momentum and socialist modernization.

The purpose of *Lectures on New Quality Productive Forces* is to adhere to the guidance of the basic principles of Marxism, comprehensively sorting out and deeply interpreting the concept of new quality productive forces. From theoretical sources to practical paths, and from historical perspectives to practical challenges, it analyzes new quality productive forces as a central role in promoting the high-quality development of China's economy, and realizes the innovation and development of Marxist political economy. It strives to present readers with the profound logic and practical significance behind this innova-

---

① See https://language.chinadaily.com.cn/a/202309/09/WS64fff74ea310d2dce4bb54f2.html.

tive concept.

The productive forces are the ability of human beings to use nature, transform nature and create material wealth, which belongs to the core category of Marxist theory, especially Marxist political economy. The productive forces are the decisive factor in promoting the development of social production. The higher the productive forces, the higher the level of social production development, and the richer the material wealth created. The productive forces are the fundamental driving force for the development of human society, and play a decisive role in the process of promoting the development of human society. Therefore, the development of productive forces is the foundation of the survival and progress of society. Discussing economic development without the improvement of productive forces is like a tree without roots. Only by deeply understanding the evolution process of productive forces can we scientifically and accurately grasp the fundamental causes of the movement of relations of production from birth, growth, prosperity to decline, and gain insight into the internal operation laws and historical processes of the social economy. Furthermore, only by basing ourselves on a historical, people's and scientific perspective can we promote the development of productive forces and lead a new technological revolution under the new conditions. Therefore, it is crucial to develop an economic theory of productive forces that adapts to the future. The economic theory of new quality productive forces provides strong theoretical support and a development path for China to achieve high-quality development.

Theory originates from practice and further guides practice. Theoretical innovation is conducive to better guiding practice, and the spiral understanding of productive forces through "practice — understanding — re-practice — re-understanding" continuously promotes the development of new quality productive forces. What, then, are new quality productive forces? General Secretary Xi Jinping explained,

> In summary, new quality productive forces represent a new type of advanced productivity that is compatible with the new development phi-

losophy. Granting a leading role to innovation, they mark a break with traditional economic growth models and development pathways for productive forces and feature a high level of technology, efficiency, and quality. They are born out of revolutionary breakthroughs in technology, the innovative allocation of production factors, and the in-depth transformation and upgrading of industry. They are primarily based on the transformation of laborers, the instruments of labor, and the subjects of labor, as well as their optimal combination. A central hallmark of these forces is a significant increase in total factor productivity, and their defining characteristic is innovation, with a key focus on quality. In essence, they represent advanced productivity. [1]

The Third Plenary Session of the 20th Central Committee of the CPC comprehensively deployed the development of new quality productive forces, that is "improving the institutions and mechanisms for fostering new quality productive forces in line with local conditions". General Secretary Xi Jinping has provided thorough answers to the major theoretical and practical questions of what new quality productive forces are, why they should be developed, and how this should be done. He also pointed out solutions of the following difficult problems: how can China significantly enhance its economic strength, scientific and technological strength, and comprehensive national strength? How can high-quality development be achieved to occupy a high ground in global scientific and industrial competition?

General Secretary Xi Jinping's important discourse on new quality productive forces aligns with the Marxist theory on productive forces. Meanwhile, combined with China's actual development of productive forces in the new era, it innovates and develops the Marxist theory on productive forces. From a theoretical perspective, new quality productive forces not only deepen and

---

[1] On January 31, 2024, General Secretary Xi Jinping delivered a speech while chairing the 11th group study session of the CPC Central Committee's Political Bureau. See Xi Jinping, "Developing New Quality Productive Forces is an Endogenous Requirement and a Pivot of High-quality Development", *Qiushi Journal*, 2024, 11.

develop Marxist theory on productive forces, but also enrich and develop Xi Jinping's economic thought. It is not only a concentrated reflection of pursuing a people-centered philosophy of development, but also an accurate grasp of the internal requirements of China's development in the new era. From a practical logic perspective, new quality productive forces are a product of a new round of technological revolution and industrial transformation, a leap forward on the basis of the development of traditional productivity forces, a necessary path for China's industrial transformation and upgrading, and a fundamental way to satisfy the ever-growing expectation of the people for a better life.

The essence of new quality productive forces lies in the significant advantages of advanced productivity. Fully embodying the requirements of the new development philosophy, new quality productive forces provide strong momentum and technical guarantees for implementing the new development philosophy. It is an inevitable choice for achieving high-quality economic development in China. As the defining feature of high-quality development, green development is intrinsic to the new quality productive forces. Characterized by high technology, high efficiency and high quality, new quality productive forces are a type of advanced productivity that align with the new development philosophy. Green development is a necessary condition for sustainable development and a key manifestation of the people's pursuit of a better life. Thus, pursuing green development is a crucial pathway for realizing new quality productive forces. New quality productive forces represent not only a comprehensive assessment of the historical evolution of sci-tech driving productivity development, but also a contribution of Chinese wisdom and Chinese solution to global issues such as environmental protection, ecological governance and shared development.

New quality productive forces differ from traditional productive forces, with the core distinction lying in the innovation and enhancement of "quality". New quality productive forces represent a type of advanced productivity. The "newness" is reflected in the following three aspects.

First is revolutionary technological breakthroughs. New quality productive forces emphasize the leading role of technological innovation in productivity, particularly the application of disruptive technologies represented by artificial intelligence (AI), quantum technology and life sciences, driving the transformation of production methods. The widespread application of disruptive technologies has enabled the transformation and upgrading of traditional industries, continuously giving rise to new industries and new methods, and providing brand new impetus for economic growth.

The second aspect is the innovative allocation of production factors. New quality productive forces not only focus on technological advance, but also emphasize the optimized allocation of production factors in terms of space and time, including the efficient integration of new production factors such as labor, capital and data. This innovative allocation makes the production process more intelligent and precise, thereby significantly enhancing total factor productivity.

The third aspect is the deep transformation and upgrading of industries. New quality productive forces emphasize promoting the transformation of traditional industries through technological innovation while nurturing higher value-added emerging and future-oriented industries.[①] Industries such as the digital economy, intelligent manufacturing and the green economy have gradually become the core carriers of new quality productive forces, providing extensive space for high-quality economic development.

On January 31, 2024, General Secretary Xi Jinping delivered a speech while chairing the 11th group study session of the CPC Central Committee's Political Bureau. In his speech,

> Developing new quality productive forces is the intrinsic requirement and an important focus of promoting high-quality development, and it's necessary to continue to well leverage innovation to speed up the development of new quality productive forces.[②]

[①] China has recently developed a guideline to support six key future-oriented industries including manufacturing, information, materials, energy, space and health.

[②] Xi Jinping, "Developing New Quality Productive Forces is an Endogenous Requirement and a Pivot of High-quality Development", *Qiushi Journal*, 2024, 11.

Developing new quality productive forces is an inevitable requirement for China to achieve high-quality development in the new era, and it is the essential path for China's economy to transform from quantitative expansion to qualitative improvement. Developing new quality productive forces not only requires a focus on promoting the development of new types of labor, new labor materials, and new labor objects, but also requires that the integration space of new and traditional production factors be constantly expanded, the combination mode continually optimized and enhanced, and the production organization mode become more diversified, providing an important guarantee for developing new quality productive forces. Moreover, it necessitates achieving high-level independent innovation in science and technology, constructing a modern industrial system, and building a unified national market, providing the necessary foundation and conditions for developing new quality productive forces. We should also pursue green development, fully leveraging the supporting role of sci-tech innovation, promoting the deep transformation and upgrading of traditional industries, and building a new spatial pattern of green, low-carbon and high-quality development. Meanwhile, it is also necessary to pursue higher-standard opening up, which is an important measure to promote the development of new quality productive forces. International cooperation provides broader space for development and cooperation opportunities for new quality productive forces.

The high-quality development of China's economy and the formation of new quality productive forces cannot be separated from the transformation and optimization of the relations of production. As stated, "the relations of production must meet the requirements for developing productive forces. It is necessary to deepen reform across the board to create a new type of relations of production that is compatible with the development of new quality productive forces".[1] In the new era, the proposal of a new type of relations of production is an innovative development of relations of production theory, and its core lies in adapting to the development needs of new quality productive forces led

---

[1] Xi Jinping, "Developing New Quality Productive Forces is an Endogenous Requirement and a Pivot of High-quality Development", *Qiushi Journal*, 2024, 11.

by technological innovation.

The connotation of a new type of relations of production can be summarized as: innovation-oriented, high-quality, and high-efficiency as the goal, emphasizing the efficient allocation of means of production and the all-round development of laborers. In this new type of relations of production, data has become a new production factor, and technological progress is no longer simply dominated by capital, but is driven through the gathering of innovative forces across the whole society, which realizes the deep integration of sci-tech and industry, and promotes the leapfrog improvement of productive forces. Meanwhile, the new type of relations of production emphasizes equal cooperation and win-win development among the main bodies of production, highlights the concept of benefit sharing and co-creation of results for the whole society, and is committed to realizing the efficient integration of labor, capital, technology, data and other elements through sci-tech innovation and institutional innovation, to satisfy the ever-growing expectation of the people for a better life. The construction of this new type of relations of production is a systematic project, which needs to be comprehensively promoted from multiple levels including institutional innovation, scientific and technological empowerment and market optimization.

Without scientific theory, there can be no correct practice. We must summarize and make good use of the economic theory of new quality productive forces, and develop new quality productive forces at a faster pace. We should promote China's revolutionary breakthroughs in technology, innovative allocation of production factors and high-quality upgrading in industrial transformation. We should seize the key battleground in global technology and industrial competition, enhance independent innovation capability and industrial competitiveness, and improve the resilience and security of industrial and supply chains. New quality productive forces are the latest achievement of Xi Jinping's economic thought. They represent a scientific and historical economic theory of the development of productive forces, embodying the wisdom of the CPC's exploration, thinking and promotion of social and economic development in the new era.

In the context of the current global waves of technological and industrial transformation, China is facing unprecedented opportunities. As "developing new quality productive forces at a faster pace" has become a consensus, *Lectures on New Quality Productive Forces* delves deep into the theoretical underpinnings, development paths and strategic significance of new quality productive forces through solid theoretical explanations, rigorous logical frameworks and detailed case analyses. It aims to provide readers with a systematic and forward-looking in-depth interpretation. By reading the book, we hope readers can gain a profound understanding of the intrinsic logic and practical value of the concept of new quality productive forces. Due to the limitations of the author's knowledge, there may be omissions in the viewpoints presented in the book. The author sincerely welcomes criticism and correction from readers and scholars.

目 录

绪 论 ………………………………………………………………（1）

第一节 新质生产力的时间轴 ……………………………………（1）
  一 新质生产力的关键时间点 …………………………………（1）
  二 新质生产力背后的时间轴 …………………………………（9）

第二节 发展新质生产力的时代背景 ……………………………（11）
  一 新一轮科技革命和产业变革加速发展 ……………………（11）
  二 高质量发展成为全面建设社会主义现代化国家的
    首要任务 ………………………………………………………（13）
  三 世界处于百年未有之大变局 ………………………………（14）

第三节 发展新质生产力的理论意义 ……………………………（15）
  一 新质生产力是对马克思主义生产力理论的
    继承和发展 ……………………………………………………（15）
  二 新质生产力是贯彻新发展理念的实践经验总结 …………（16）
  三 新质生产力为建设社会主义现代化强国提供了
    理论指引 ………………………………………………………（18）

第四节 发展新质生产力的实践意义 ……………………………（19）
  一 发展新质生产力有利于加快产业结构优化升级 …………（19）
  二 发展新质生产力有利于推动构建新发展格局 ……………（20）
  三 发展新质生产力有利于促进经济绿色转型 ………………（21）
  四 发展新质生产力有利于满足人民美好生活需要 …………（22）

第五节　发展新质生产力的世界影响及意义……………………（23）
　　一　发展新质生产力将深刻影响国际产业分工和全球
　　　　要素配置……………………………………………………（23）
　　二　发展新质生产力将重塑全球经济格局…………………（24）
　　三　发展新质生产力能够为发展中国家提供新的
　　　　发展路径……………………………………………………（25）

第一章　新质生产力的理论内涵与发展水平……………………（27）
第一节　理论渊源………………………………………………（27）
　　一　马克思的生产力理论……………………………………（27）
　　二　中国共产党人关于生产力理论的创新发展……………（32）
第二节　理论逻辑………………………………………………（35）
　　一　创新驱动…………………………………………………（36）
　　二　产业为基…………………………………………………（38）
　　三　未来布局…………………………………………………（41）
第三节　具体内涵………………………………………………（42）
　　一　新质生产力的"新"在何处………………………………（43）
　　二　新质生产力的"质"是什么………………………………（45）
　　三　新质生产力的"先进性"体现……………………………（48）
第四节　理论创新………………………………………………（52）
　　一　深刻总结了人类社会生产力发展的客观规律…………（53）
　　二　深刻总结了中国特色社会主义社会生产力发展的
　　　　经济规律……………………………………………………（55）
　　三　深刻总结了以高质量发展推动中国式现代化的
　　　　发展经验……………………………………………………（56）
第五节　发展水平………………………………………………（59）
　　一　省级新质生产力发展现状及趋势………………………（60）
　　二　重点城市新质生产力发展现状及趋势…………………（63）

三　行业新质生产力发展现状及趋势 …………………… (64)
　　四　因地制宜发展新质生产力 ……………………………… (67)

第二章　新质生产力的实践内涵 ……………………………… (72)
第一节　实践逻辑 …………………………………………… (72)
　　一　新质生产力是适应新一轮科技革命和产业变革的
　　　　必然要求 ………………………………………………… (73)
　　二　新质生产力是在传统生产力发展基础上的跃升 ……… (74)
　　三　新质生产力是中国产业转型升级的必由之路 ………… (76)
　　四　新质生产力是满足人民美好生活需要的根本途径 …… (77)
第二节　实践品质 …………………………………………… (78)
　　一　新质生产力推动创新发展 …………………………… (79)
　　二　新质生产力推动协调发展 …………………………… (80)
　　三　新质生产力推动绿色发展 …………………………… (82)
　　四　新质生产力推动开放发展 …………………………… (84)
　　五　新质生产力推动共享发展 …………………………… (85)
第三节　实践方法论 ………………………………………… (86)
　　一　坚持先立后破 ………………………………………… (86)
　　二　坚持因地制宜 ………………………………………… (87)
　　三　坚持分类指导 ………………………………………… (88)
第四节　具体内容 …………………………………………… (90)
　　一　新质生产力的实践动力是新技术 …………………… (90)
　　二　新质生产力的实践核心是新要素 …………………… (92)
　　三　新质生产力的实践载体是现代化产业体系 ………… (95)
第五节　实践创新 …………………………………………… (99)
　　一　技术创新 ……………………………………………… (100)
　　二　产业创新 ……………………………………………… (101)
　　三　制度创新 ……………………………………………… (104)

第三章　发展新质生产力的三大着力点 （107）
第一节　新技术 （107）
一　新的通用数字技术 （108）
二　先导性技术 （112）
三　传统产业改造技术 （120）
第二节　新要素 （121）
一　新型劳动者 （122）
二　新型劳动资料 （123）
三　新型劳动对象 （124）
四　要素优化组合的跃升与全要素生产率提升 （126）
第三节　现代化产业体系 （129）
一　动力产业 （129）
二　先导产业 （131）
三　引致性产业 （147）

第四章　发展新质生产力的实现路径（上） （151）
第一节　发展新质生产力要素 （151）
一　培养优质的新型劳动者队伍 （152）
二　推进新劳动资料的深刻发展 （153）
三　实现新劳动对象的延伸和拓展 （155）
四　提升生产要素的组合效率 （156）
第二节　实现高水平科技自立自强 （158）
一　实现高水平科技自立自强推动新质生产力发展的实践逻辑 （158）
二　实现高水平科技自立自强推动新质生产力发展的实现路径 （162）
第三节　建设现代化产业体系 （165）
一　建设现代化产业体系推动新质生产力发展的实践逻辑 （165）

二　建设现代化产业体系推动新质生产力发展的
　　　　实现路径 ……………………………………………（169）
　　三　以新质生产力赋能传统产业转型升级 ……………（175）

第五章　发展新质生产力的实现路径（下） ……………（185）
　第一节　构建全国统一大市场 ………………………………（185）
　　一　构建全国统一大市场推动新质生产力发展的
　　　　时代逻辑 ……………………………………………（185）
　　二　构建全国统一大市场推动新质生产力发展的
　　　　重大意义 ……………………………………………（188）
　　三　准确把握构建全国统一大市场的基本要求 ………（190）
　　四　扎实落实构建全国统一大市场的重点任务 ………（193）
　　五　在新质生产力和生产关系矛盾运动中构建
　　　　全国统一大市场的三大关系 ………………………（198）
　第二节　促进绿色发展 ………………………………………（201）
　　一　绿色发展理念的历史沿革 …………………………（202）
　　二　绿色发展的重大意义 ………………………………（203）
　　三　绿色发展的实现路径 ………………………………（206）
　第三节　扩大开放和国际合作 ………………………………（214）
　　一　深刻认识扩大开放的时代背景 ……………………（214）
　　二　高水平扩大开放与国际合作 ………………………（216）
　　三　构建更高水平对外开放新格局的战略举措 ………（221）

第六章　构建新型生产关系 ……………………………………（228）
　第一节　新型生产关系的理论内涵 …………………………（228）
　　一　生产关系的基础理论 ………………………………（229）
　　二　新型生产关系的理论逻辑 …………………………（231）
　　三　新型生产关系的具体内涵 …………………………（234）
　第二节　新型生产关系与传统生产关系比较 ………………（239）

一　生产资料所有制结构的优化 …………………………（239）
　　二　劳动关系与组织形态的新变革 ………………………（242）
　　三　多元化与共享性的新分配关系 ………………………（245）
第三节　构建新型生产关系的实现路径 ……………………（248）
　　一　构建高水平社会主义市场经济体制 …………………（248）
　　二　深化经济高质量发展体制改革 ………………………（251）
　　三　深化科技教育人才体制机制改革 ……………………（253）
　　四　构建中国特色金融体系 ………………………………（256）
　　五　实施高水平对外开放体制机制 ………………………（259）

阅读文献 ………………………………………………………（263）

后　记 …………………………………………………………（264）

CONTENTS

Introduction ·· (1)
  1 The Timeline of New Quality Productive Forces ················· (1)
  2 The Historical Background of Developing New Quality Productive Forces ··· (11)
  3 The Theoretical Significance of Developing New Quality Productive Forces ··· (15)
  4 The Practical Significance of Developing New Quality Productive Forces ··· (19)
  5 The World Influence and Significance of Developing New Quality Productive Forces ······························· (23)

Chapter 1 The Theoretical Connotation and Development Level of New Quality Productive Forces ················ (27)
  1 Theoretical Origin ··· (27)
  2 Theoretical Logic ·· (35)
  3 Specific Connotation ·· (42)
  4 Theoretical Innovation ··· (52)
  5 Development Level ·· (59)

Chapter 2 The Practical Connotation of New Quality Productivity Forces ·································· (72)
  1 Practical Logic ·· (72)
  2 Practical Quality ·· (78)
  3 Practical Methodology ··· (86)

    4 Specific Content ………………………………………………（90）

    5 Practical Innovation …………………………………………（99）

Chapter 3 The Three Key Points for Developing New Quality Productive Forces ……………………………（107）

    1 New Technologies …………………………………………（107）

    2 New Elements ……………………………………………（121）

    3 Modern Industrial System …………………………………（129）

Chapter 4 The Realization Paths of Developing New Quality Productive Forces（Part Ⅰ）……………（151）

    1 The Elements of Developing New Quality Productive Forces ………………………………………………………（151）

    2 Achieving a High Level of Self-reliance in Science and Technology ……………………………………………（158）

    3 Building a Modern Industrial System ……………………（165）

Chapter 5 The Realization Paths of Developing New Quality Productive Forces（Part Ⅱ）……………（185）

    1 Building a Unified National Market ………………………（185）

    2 Facilitating Green Development …………………………（201）

    3 Expanding Opening-up and International Cooperation ………（214）

Chapter 6 Constructing a New Type of Relations of Production ……………………………………………（228）

    1 The Theoretical Connotation of New Type of Relations of Production ……………………………………………（228）

    2 The Comparison of New Type of Relations of Production with Traditional Relations of Production ……………………（239）

    3 The Realization Paths of Constructing a New Type of Relations of Production ………………………………………（248）

References ·· (263)

Afterword ·· (264)

绪　　论

新质生产力实践发展的理论总结是一个渐进的探索过程，在实践中总结经验，将经验上升为理论，再用理论指导实践是一个螺旋式的认识过程和理论创新过程。

第一节　新质生产力的时间轴

一　新质生产力的关键时间点

2023年7月以来，习近平总书记在四川、黑龙江、浙江、广西等地考察调研时，提出要整合科技创新资源，引领发展战略性新兴产业和未来产业，加快形成新质生产力。12月中旬，在中央经济工作会议上，习近平总书记又提出要以科技创新推动产业创新，特别是以颠覆性技术和前沿技术催生新产业、新模式、新动能，发展新质生产力。习近平总书记提出新质生产力这个概念和发展新质生产力这个重大任务，主要考虑是：生产力是人类社会发展的根本动力，也是一切社会变迁和政治变革的终极原因。高质量发展需要新的生产力理论来指导，而新质生产力已经在实践中形成并展示出对高质量发展的强劲推动力、支撑力，需要我们从理论上进行总结、概括，用以指导新的发展实践。[①]

[①] 习近平：《发展新质生产力是推动高质量发展的内在要求和重要着力点》，《求是》2024年第11期。

2023年7月27日，习近平总书记在四川考察时强调：

> 以科技创新开辟发展新领域新赛道、塑造发展新动能新优势，是大势所趋，也是高质量发展的迫切要求，必须依靠创新特别是科技创新实现动力变革和动能转换。①

这一论述强调了科技创新的重要地位，体现科技创新在经济高质量发展中的重要作用。塑造发展新动能新优势必须依靠科技创新，实现发展动力变革和发展动能转换也必须依靠科技创新。

2023年9月7日，习近平总书记在黑龙江哈尔滨主持召开新时代推动东北全面振兴座谈会时强调：

> 积极培育新能源、新材料、先进制造、电子信息等战略性新兴产业，积极培育未来产业，加快形成新质生产力，增强发展新动能。②

这一核心论述中连续五次提到"新"，尤其强调新能源、新材料、先进制造、电子信息等战略性新兴产业与传统产业发展范式的差异性与全新性，并将论述的核心支撑点落到"新动能"这一点上，明确指出新质生产力的发展目的在于增强经济运行发展的新动能，体现出这一论述的科学性、前瞻性、预见性和未来导向性，凸显这一论述对中国经济发展规划的中长期目标和短期目标的统筹兼顾。

2023年9月8日，习近平总书记在听取黑龙江省委和省政府工作汇报时强调：

---

① 《习近平在四川考察时强调　推动新时代治蜀兴川再上新台阶　奋力谱写中国式现代化四川新篇章　返京途中在陕西汉中考察　蔡奇陪同考察》，《人民日报》2023年7月30日第1版。

② 《习近平主持召开新时代推动东北全面振兴座谈会强调　牢牢把握东北的重要使命　奋力谱写东北全面振兴新篇章　蔡奇丁薛祥出席》，《人民日报》2023年9月10日第1版。

>整合科技创新资源，引领发展战略性新兴产业和未来产业，加快形成新质生产力。①

从这一论述中不难看出，其中特别强调了重视战略性新兴产业和未来产业这两大部类产业发展所必要的支持。战略性新兴产业和未来产业二者之间存在时间维度和逻辑关系上的递进性，当前的战略性新兴产业在经过时间的发展与培育后，将会形成未来的支柱性产业，成为经济高质量发展所倚仗的核心支撑。并且特别强调在这一过程中，要充分发挥党对经济工作的全面领导作用，跨部门跨区域统筹协调来整合现阶段的科技创新资源，加快推进新质生产力的形成与发展。

2023年9月21日，习近平总书记在听取浙江省委和省政府工作汇报后提出：

>浙江要在以科技创新塑造发展新优势上走在前列。要把增强科技创新能力摆到更加突出的位置，整合科技创新力量和优势资源，在科技前沿领域加快突破。②

这一论述进一步强调科技创新在塑造经济发展新优势上的重要意义，指出科技前沿领域的突破是科技创新能力提升的重要抓手。

2023年12月11—12日，中央经济工作会议在北京举行。习近平总书记在会议上特别强调：

>以科技创新引领现代化产业体系建设。要以科技创新推动产业创新，特别是以颠覆性技术和前沿技术催生新产业、新模式、新动能，发展新质生产力。③

---

① 《习近平在黑龙江考察时强调　牢牢把握在国家发展大局中的战略定位　奋力开创黑龙江高质量发展新局面　蔡奇陪同考察》，《人民日报》2023年9月9日第1版。
② 《习近平在浙江考察时强调　始终干在实处走在前列勇立潮头　奋力谱写中国式现代化浙江新篇章　返京途中在山东枣庄考察　蔡奇陪同考察》，《人民日报》2023年9月26日第1版。
③ 《中央经济工作会议在北京举行习近平发表重要讲话　李强作总结讲话　赵乐际王沪宁蔡奇丁薛祥李希出席会议》，《人民日报》2023年12月13日第1版。

在此次论述中，习近平总书记明确指出，发展新质生产力的实质就是要以科技创新这一抓手来加快推动产业创新、变革和发展。这一过程的关键在于牢牢把握颠覆性技术和前沿技术这两类核心技术，并围绕二者发展新产业、新模式、新动能。

2023年12月15日，习近平总书记在听取广西壮族自治区党委和政府工作汇报后指出：

> 把科技创新摆到更加突出的位置，深化教育科技人才综合改革，加强科教创新和产业创新融合，加强关键核心技术攻关，加大技术改造和产品升级力度。[①]

2024年1月31日，二十届中央政治局就扎实推进高质量发展进行第十一次集体学习。习近平总书记在主持学习时强调：

> 必须牢记高质量发展是新时代的硬道理，完整、准确、全面贯彻新发展理念，把加快建设现代化经济体系、推进高水平科技自立自强、加快构建新发展格局、统筹推进深层次改革和高水平开放、统筹高质量发展和高水平安全等战略任务落实到位，完善推动高质量发展的考核评价体系，为推动高质量发展打牢基础。
>
> 发展新质生产力是推动高质量发展的内在要求和重要着力点。
>
> ……
>
> 必须继续做好创新这篇大文章，推动新质生产力加快发展。[②]

---

① 《习近平在广西考察时强调 解放思想创新求变向海图强开放发展 奋力谱写中国式现代化广西篇章 蔡奇陪同考察》，《人民日报》2023年12月16日第1版。

② 习近平：《发展新质生产力是推动高质量发展的内在要求和重要着力点》，《求是》2024年第11期。

2024年2月29日，习近平总书记在主持中共中央政治局会议时强调：

> 要大力推进现代化产业体系建设，加快发展新质生产力。①

2024年3月5日，习近平总书记在参加十四届全国人大二次会议江苏代表团审议时强调：

> 要牢牢把握高质量发展这个首要任务，因地制宜发展新质生产力……发展新质生产力不是忽视、放弃传统产业，要防止一哄而上、泡沫化，也不要搞一种模式。各地要坚持从实际出发，先立后破、因地制宜、分类指导，根据本地的资源禀赋、产业基础、科研条件等，有选择地推动新产业、新模式、新动能发展，用新技术改造提升传统产业，积极促进产业高端化、智能化、绿色化。②

2024年3月6日，习近平总书记在看望参加全国政协十四届二次会议的民革、科技界、环境资源界委员并参加联组会时发表重要讲话。习近平总书记强调：

> 科技界委员会和广大科技工作者要进一步增强科教兴国强国的抱负，担当起科技创新的重任，加强基础研究和应用基础研究，打好关键核心技术攻坚战，培育发展新质生产力的新动能。③

---

① 《中共中央政治局召开会议 讨论政府工作报告 中共中央总书记习近平主持会议》，《人民日报》2024年3月1日第1版。
② 《习近平在参加江苏代表团审议时强调 因地制宜发展新质生产力》，《人民日报》2024年3月6日第1版。
③ 《习近平总书记在看望参加政协会议的民革科技界委员时强调 积极建言资政广泛凝聚共识 助力中国式现代化建设 王沪宁蔡奇参加看望和讨论》，《人民日报》2024年3月7日第1版。

2024年3月20日，习近平总书记在湖南长沙主持召开新时代推动中部地区崛起座谈会时强调：

要以科技创新引领产业创新，积极培育和发展新质生产力。①

2024年3月21日，习近平总书记在湖南考察时强调：

科技创新是发展新质生产力的核心要素。要在以科技创新引领产业创新方面下更大功夫，主动对接国家战略科技力量，积极引进国内外一流研发机构，提高关键领域自主创新能力。②

2024年4月23日，习近平总书记在重庆主持召开新时代推动西部大开发座谈会时强调：

要坚持把发展特色优势产业作为主攻方向，因地制宜发展新兴产业，加快西部地区产业转型升级。强化科技创新和产业创新深度融合，积极培养引进用好高层次科技创新人才，努力攻克一批关键核心技术……因地制宜发展新质生产力，探索发展现代制造业和战略性新兴产业，布局建设未来产业，形成地区发展新动能。③

2024年6月24日，习近平总书记在全国科技大会、国家科学技术奖励大会和中国科学院第二十一次院士大会、中国工程院第十七次

---

① 《习近平主持召开新时代推动中部地区崛起座谈会强调　在更高起点上扎实推动中部地区崛起　李强蔡奇丁薛祥出席》，《人民日报》2024年03月21日第1版。
② 《习近平在湖南考察时强调　坚持改革创新求真务实　奋力谱写中国式现代化湖南篇章　蔡奇陪同考察》，《人民日报》2024年3月22日第1版。
③ 《习近平主持召开新时代推动西部大开发座谈会强调　进一步形成大保护大开放高质量发展新格局　奋力谱写西部大开发新篇章　李强蔡奇丁薛祥出席》，《人民日报》2024年4月24日第1版。

院士大会上强调：

> 要推动科技创新和产业创新深度融合，助力发展新质生产力。①

2024年7月15—18日，中国共产党第二十届中央委员会第三次全体会议在北京举行，习近平总书记作重要讲话时强调：

> 健全因地制宜发展新质生产力体制机制。推动技术革命性突破、生产要素创新性配置、产业深度转型升级，推动劳动者、劳动资料、劳动对象优化组合和更新跃升，催生新产业、新模式、新动能，发展以高技术、高效能、高质量为特征的生产力。加强关键共性技术、前沿引领技术、现代工程技术、颠覆性技术创新，加强新领域新赛道制度供给，建立未来产业投入增长机制，完善推动新一代信息技术、人工智能、航空航天、新能源、新材料、高端装备、生物医药、量子科技等战略性产业发展政策和治理体系，引导新兴产业健康有序发展。以国家标准提升引领传统产业优化升级，支持企业用数智技术、绿色技术改造提升传统产业。强化环保、安全等制度约束。
>
> 健全相关规则和政策，加快形成同新质生产力更适应的生产关系，促进各类先进生产要素向发展新质生产力集聚，大幅提升全要素生产率。鼓励和规范发展天使投资、风险投资、私募股权投资，更好发挥政府投资基金作用，发展耐心资本。②

---

① 《全国科技大会 国家科学技术奖励大会 两院院士大会在京召开 习近平为国家最高科学技术奖获得者等颁奖并发表重要讲话强调，科技兴则民族兴，科技强则国家强。中国式现代化要靠科技现代化作支撑，实现高质量发展要靠科技创新培育新动能。必须充分认识科技的战略先导地位和根本支撑作用，锚定2035年建成科技强国的战略目标，加强顶层设计和统筹谋划，加快实现高水平科技自立自强 李强主持 丁薛祥宣读奖励决定 赵乐际王沪宁蔡奇李希出席》，《人民日报》2024年6月25日第1版。

② 《中共中央关于进一步全面深化改革 推进中国式现代化的决定》，人民出版社2024年版，第10、11页。

2024年7月18日，习近平总书记在党的二十届三中全会第二次全体会议上强调：

要因地制宜发展新质生产力，培养壮大新兴产业，超前布局未来产业，运用先进技术赋能传统产业转型升级。①

2024年9月13日，习近平总书记在听取甘肃省委和省政府工作汇报时强调：

甘肃要积极推进新型工业化，加快传统产业改造升级，做强做优特色优势产业，积极发展战略性新兴产业，因地制宜发展新质生产力，打造全国重要的新能源及新能源装备制造基地。②

2024年10月18日，习近平总书记在听取安徽省委和省政府工作汇报时强调：

要加快科技创新和产业转型升级。高水平建设国家实验室和合肥综合性国家科学中心，有效发挥高能级科创平台作用，加强关键共性技术、前沿引领技术、现代工程技术、颠覆性技术创新，扩大国际科技交流合作，持续提升原始创新能力。构建支持全面创新体制机制，统筹推进教育科技人才体制机制一体改革，完善金融支持科技创新的政策和机制，推动创新链产业链资金链人才链深度融合。守好实体经济这个根基，加快传统产业改造升级，壮大战略性新兴产业，超

---

① 习近平：《在党的二十届三中全会第二次全体会议上的讲话》，《求是》2024年第18期。
② 《习近平在甘肃考察时强调 深化改革勇于创新苦干实干富民兴陇 奋力谱写中国式现代化甘肃篇章 途中在陕西宝鸡考察 蔡奇陪同考察》，《人民日报》2024年9月14日第1版。

前布局未来产业，因地制宜发展新质生产力，建设具有国际竞争力的先进制造业集群。①

2024年12月11—12日，习近平总书记出席中央经济工作会议并发表重要讲话时强调：

> 以科技创新引领新质生产力发展，建设现代化产业体系。加强基础研究和关键核心技术攻关，超前布局重大科技项目，开展新技术新产品新场景大规模应用示范行动。开展"人工智能+"行动，培育未来产业。加强国家战略科技力量建设。健全多层次金融服务体系，壮大耐心资本，更大力度吸引社会资本参与创业投资，梯度培育创新型企业。综合整治"内卷式"竞争，规范地方政府和企业行为。积极运用数字技术、绿色技术改造提升传统产业。②

综上所述，不难看出，发展新质生产力处于当前经济工作的核心地位，其重要性和现实性尤为突出，彰显了中央经济工作方向的坚定性和一贯性。从新质生产力这一理念入手，可以清晰地梳理在中国式现代化这一进程中技术创新、产业创新和经济高质量发展之间逐层演进的逻辑主线；以新质生产力为抓手，则能够加快构建新发展格局，努力突破经济高质量发展的难点和痛点。

二 新质生产力背后的时间轴

作为习近平经济思想的重要理念，新质生产力这一理论概念的发展不是无根之木，而是具有严密的理论逻辑和清晰的发展脉络。事实上，需要看到的是，新质生产力不仅具有完备的科学严谨性和鲜明的

---

① 《习近平在安徽考察时强调 发挥多重国家发展战略叠加优势 奋力谱写中国式现代化安徽篇章》，《人民日报》2024年10月19日第1版。
② 《中央经济工作会议在北京举行 习近平发表重要讲话 李强作总结讲话 赵乐际王沪宁蔡奇丁薛祥李希出席会议》，《人民日报》2024年12月13日第1版。

实践性，其背后所折射出的深邃战略思维与科学思想方法，正在中国特色社会主义经济建设的伟大实践中展现出独特思想魅力和巨大实践伟力，为新时代高质量做好经济工作这一主线提供了必要的理论指导。

在 2021 年 3 月 11 日第十三届全国人民代表大会第四次会议表决通过的《中华人民共和国国民经济和社会发展第十四个五年规划和2035 年远景目标纲要》(以下简称《"十四五"规划纲要》)中，第九章专门论述了"发展壮大战略性新兴产业"的重要性和需要开展的必要工作。而在这一章的第二节又提到需要"前瞻谋划未来产业"。《"十四五"规划纲要》明确指出，要"着眼于抢占未来产业发展先机，培育先导性和支柱性产业、推动战略性新兴产业融合化、集群化、生态化发展"。① 战略性新兴产业包括新一代信息技术、生物技术、新能源、新材料、高端装备、新能源汽车、绿色环保以及航空航天、海洋装备等；未来产业包括类脑智能、量子信息、基因技术、未来网络、深海空天开发、氢能与储能等。从《"十四五"规划纲要》来看，构成新质生产力的战略性新兴产业和未来产业的内容与路线已构建出了大致蓝图，有着严密的内涵范畴和现实的演进路线，具有高度凝练的科学性和严谨性。

2022 年 10 月，党的二十大报告指出，"科技是第一生产力、人才是第一资源、创新是第一动力"，要"推动战略性新兴产业融合集群发展"。② 从党的二十大报告来看，也不难发现，新质生产力的理论内涵并非无源之水，事实上，其正是贯彻当前党的经济工作主线的必由之路。新质生产力，起点是"新"，关键在"质"，落脚于"生产力"。生产力是什么？它是推动社会进步最活跃、最革命的要素，是

---

① 《中华人民共和国国民经济和社会发展第十四个五年规划和 2035 年远景目标纲要》，人民出版社 2021 年版，第 27 页。
② 习近平：《高举中国特色社会主义伟大旗帜　为全面建设社会主义现代化国家而团结奋斗——在中国共产党第二十次全国代表大会上的报告》，人民出版社 2022 年版，第 30、33 页。

人类社会发展的最基础却也最核心的存在。社会主义的根本任务是解放和发展生产力,因此,从这一角度出发,加快培育新质生产力不仅仅是现阶段经济工作的核心任务,更是新发展阶段中国特色社会主义发展向前的经济主线和重要任务。习近平总书记高屋建瓴地提出新质生产力这一理念,不仅点明了未来经济工作的重心和立足点,更是对中国特色社会主义经济发展的根本任务的进一步深入诠释。

综上所述,从《"十四五"规划纲要》到党的二十大精神,再到当前新质生产力这一理念的明确提出,都紧密围绕构建现代化产业体系与实现经济高质量发展,而"创新"则是其中最为紧要的核心要义。新质生产力的提出,既是对原有战略性新兴产业和未来产业发展理论的高度凝练和总结,更是对当前经济工作的重点、难点和突破点的全面分析和系统总结,也是在未来经济工作中认清关键变量的必要之举。

第二节 发展新质生产力的时代背景

进入新时代以来,世界正处于百年未有之大变局,新一轮科技革命和产业变革在全球范围内深入推进,国际国内发展环境发生了深刻变化,面临的严峻性、复杂性前所未有,这一变化趋势与现象既给战略性新兴产业和未来产业的发展提出新问题、带来新挑战,同时也迎来新机遇、新方向。新质生产力的提出,是习近平总书记基于当前国际国内复杂发展环境下根据中国当前发展阶段和发展条件转变所作出的具有现实性、全局性以及长远性的重大战略判断,是对当前经济工作的重点、难点和突破点的全面分析和系统总结,也是在未来经济工作中认清关键变量的必要之举。

一 新一轮科技革命和产业变革加速发展

在过去二百五十多年中,发生的三次科技革命都分别带动了两次技术革命浪潮。在以牛顿力学为代表的第一次科技革命中，发生了水力机械化和蒸汽机械化两次技术革命。纺织机、蒸汽机等工作机的诞生使手工工场逐渐被机器大工厂取代。在以电磁感应原理为代表的第二次科技革命中，先后发生了电气化和摩托化两次技术革命，内燃机、电力被广泛应用于工业生产，重工业迅速发展起来。在以相对论、量子力学为代表的第三次科技革命中，发生了信息化和智能化两次技术革命，电子计算机、互联网、智能电信设备、智能装备制造等技术的发展实现了实体经济的信息化。[①] 当前我们处于新一轮科技革命之中，如果说过去的三次科技革命和六次技术革命主要替代人类的体力，那么本轮科技革命将替代人类的脑力。

从科技革命及其带动的产业变革过程来看，一次科技革命浪潮通常从技术更新开始，紧接着是新产业的发展、新市场的创造和旧产业的重构；在此过程中出现的观念冲突、利益冲突使社会经济陷入紧张关系和不稳定结构之中，而制度框架的改革和完善能够帮助技术革新迅速覆盖整个经济，推动作为新增长引擎的产业领域稳定扩张；随着市场饱和、技术成熟，企业利润率下降，下一轮科技革命开始发动。[②] 以大数据、云计算、人工智能为代表的技术革新是又一次经济增长大爆发的前奏，但真正的增长来自广泛的产业化应用，并要求相应的生产关系变革和机制体制调整。

抓住新一轮科技革命和产业变革带来的机遇，以科技创新推动产业创新，是中国抢占未来竞争制高点、实现更高质量发展的重要着力点。历史上发生的数次科技革命和产业变革都不是在各个国家均衡推进，只有少数抓住战略机遇的国家从中受益并成为国际市场的主导者和国际规则的重要制定者，其他国家则面临多重发展压力。中华人民共和国成立以来特别是改革开放之后，在中国共产党领导下，中国生

[①] 杨虎涛：《数字经济：底层逻辑与现实变革》，社会科学文献出版社2023年版，第44页。

[②] 卡萝塔·佩蕾丝：《技术革命与金融资本：泡沫与黄金时代的动力学》，田方萌、胡叶青、刘然等译，中国人民大学出版社2007年版，第56—61页。

产力水平迅速提升，创造出经济快速发展的奇迹，已经具备了发展新科技、建设新产业、开发新能源、全方位发展数字经济的物质基础、制度基础和人才基础。面对当前突飞猛进的科技革命，必须加快形成新质生产力以及与之相适应的新型生产关系，把握住新的发展窗口，对中国来说，"抓住了就是机遇，抓不住就是挑战"。①

二 高质量发展成为全面建设社会主义现代化国家的首要任务

"中国特色社会主义进入了新时代，我国经济发展也进入了新时代"。② 新时代中国经济发展的特征，就是经济已由高速增长阶段转向高质量发展阶段，"高质量发展，就是能够很好满足人民日益增长的美好生活需要的发展，是体现新发展理念的发展"。③ 党的二十大报告指出，"高质量发展是全面建设社会主义现代化国家的首要任务"。④

高质量发展需要生产力的变革。"生产力是人类社会发展的根本动力，也是一切社会变迁和政治变革的终极原因。"⑤ 如果仅仅依靠传统生产力、在旧生产方式下扩大再生产，就无法摆脱传统经济增长方式的桎梏。高质量发展必须实现生产力质态上的突破，形成新产业、新模式、新动能。新质生产力已经在实践中形成并展示出对高质量发展的强劲推动力、支撑力。以人工智能、量子为代表的新一代信息技术，以基因组编辑为代表的生命科学技术，以及新能源技术等已经广泛渗透到各个领域，正在加速推动产业智能化、无人化、精准化、低碳化。

高质量发展需要新的生产力理论来指导。新质生产力在实践中的发展需要从理论上进行总结、概括，用以指导新的实践。2023年7月以来，习近平总书记在四川、黑龙江、浙江、广西等地考察调研时，提出

---

① 中共中央文献研究室编：《习近平关于科技创新论述摘编》，中央文献出版社2016年版，第78页。
② 习近平：《习近平著作选读》第2卷，人民出版社2023年版，第66页。
③ 习近平：《习近平著作选读》第2卷，人民出版社2023年版，第67页。
④ 习近平：《高举中国特色社会主义伟大旗帜 为全面建设社会主义现代化国家而团结奋斗——在中国共产党第二十次全国代表大会上的报告》，人民出版社2022年版，第28页。
⑤ 习近平：《发展新质生产力是推动高质量发展的内在要求和重要着力点》，《求是》2024年第11期。

要整合科技创新资源，引领发展战略性新兴产业和未来产业，加快形成新质生产力。① 在 2023 年 12 月召开的中央经济工作会议上，习近平总书记强调，"要以科技创新推动产业创新，特别是以颠覆性技术和前沿技术催生新产业、新模式、新动能，发展新质生产力"。② 在二十届中央政治局第十一次集体学习时，习近平总书记进一步强调，"发展新质生产力是推动高质量发展的内在要求和重要着力点"。③

三 世界处于百年未有之大变局

"当前，我国处于近代以来最好的发展时期，世界处于百年未有之大变局，两者同步交织、相互激荡。"④ 世界百年未有之大变局，一方面表现为世界战略格局反复重组、地缘政治博弈更加激烈、新兴经济体群体性崛起；另一方面表现为国际权力中心加速位移、全球治理体系严重破损、国际关系理论混乱以及世界经贸秩序失常。⑤ 大变局之下，单边主义、孤立主义、贸易保护主义、民粹主义、极端民族主义泛滥，严重损害了和平安全的发展环境。在这样的世界形势下，实现中华民族伟大复兴，不可避免地要反对西方国家的霸权主义、抵制其强权政治、突破其封锁打压，同时在复杂的国际关系中推动构建起新的国际格局和国际秩序。而要具备这样的实力，必须在新一轮科技革命和产业变革中占据优势、赢得主动权。

要在全球科技和产业竞争中占领制高点，就必须加快形成新质生产力。中国经过几十年的发展，已经建立起完备的产业体系和配套设施，拥有超大规模市场和庞大的人才队伍，并且在 5G、量子产业等

---

① 习近平：《发展新质生产力是推动高质量发展的内在要求和重要着力点》，《求是》2024 年第 11 期。
② 《中央经济工作会议在北京举行习近平发表重要讲话　李强作总结讲话　赵乐际王沪宁蔡奇丁薛祥李希出席会议》，《人民日报》2023 年 12 月 13 日第 1 版。
③ 习近平：《发展新质生产力是推动高质量发展的内在要求和重要着力点》，《求是》2024 年第 11 期。
④ 中共中央宣传部、国家发展和改革委员会编：《习近平经济思想学习纲要》，人民出版社、学习出版社 2022 年版，第 31 页。
⑤ 于洪君主编：《理解"百年未有之大变局"》，人民出版社 2020 年版，第 1 页。

领域处于世界前列。同时我们也应认识到，中国在自主创新、产业核心竞争力等方面与世界发达国家还存在不小的差距，还有许多"卡脖子"技术没有攻破或者没有实现产业化，一些国家利用其技术优势极力阻碍中国经济发展。在这样的背景下，只有顺势而为做大做强、逆势而上克服短板，才能提高中国产业链供应链韧性和安全水平。这就要求中国从技术革命性突破、生产要素创新性配置、产业深度转型升级三条路线出发，加快形成新质生产力，在全球竞争中抢占未来产业发展先机。

第三节 发展新质生产力的理论意义

新质生产力的提出，本质上是马克思主义生产力理论同新时代中国生产力发展实际相结合的重大理论创新和实践成果，为中国建设社会主义现代化强国提供了理论指引。

一 新质生产力是对马克思主义生产力理论的继承和发展

生产力是人类改造自然的能力，是马克思主义政治经济学的核心范畴。马克思和恩格斯从历史唯物主义视角考察人类物质生产，揭示了生产力和生产关系之间的矛盾运动和辩证关系，提出了科学技术在生产力发展中的关键作用。但在马克思那里，科学技术还不是生产力的组成部分，而是"社会发展的一般精神产品"，"表现为社会劳动本身的自然力"。[①]

中国共产党人不断深化对生产力的认识，在解放和发展生产力的实践中形成中国化、时代化的生产力理论。中华人民共和国成立初期，国内经济"一穷二白"，农业生产力落后，工业基础薄弱，西方资本主义国家对中国封锁禁运。以毛泽东同志为核心的党的第一代中

[①] 《马克思恩格斯全集》第37卷，人民出版社2019年版，第320页。

央领导集体高度重视工业化建设，从集中力量建设重工业开始，在工业体系基本成型后，协调发展农业和轻工业，同时改革经济管理体制，使生产关系适应生产力的发展。以邓小平同志为主要代表的中国共产党人将科学技术作为生产力的组成部分，强调科学技术要走在前面，同时强调通过改革解放生产力、用计划和市场相结合的方法发展生产力。通过大规模引进国外先进技术，中国大踏步跟上了时代。以江泽民同志为主要代表的中国共产党人把"中国共产党始终代表中国先进生产力的发展要求"放在"三个代表"之首，同时进一步深化了对科技生产力的认识，强调教育和人才对科技的支撑作用。以胡锦涛同志为主要代表的中国共产党人强调"科技创新是提高社会生产力和综合国力的战略支撑"，[①] 高度重视科技自主创新、科技体制改革和创新型人才培养。

习近平总书记在解放生产力、发展生产力的过程中，进一步推动生产力变革和生产关系重塑，提出发展新质生产力这一原创性理论，科学回答了发展中大国经济转型转轨的时代之问。习近平总书记关于新质生产力的重要论述同马克思主义生产力理论是一脉相承的，同时又结合新时代中国生产力的发展实际，创新和发展了马克思主义生产力理论，主要体现在以下几个方面：第一，根据时代发展要求和中国国情变化，将科学技术上升为更高层次的关键性颠覆性技术，突出科技创新在生产力发展中的主导作用。[②] 第二，明确了新质生产力是绿色生产力，将对生产力的理解从人改造自然的能力推进到人与自然和谐共生的能力。[③] 第三，将生产力跨越式发展的技术引进路径推进到科技自主创新路径，创新发展了马克思的"跨越卡夫丁峡谷"理论。

二 新质生产力是贯彻新发展理念的实践经验总结

在 2015 年 10 月召开的党的十八届五中全会上，习近平总书记提

[①] 《胡锦涛文选》第 3 卷，人民出版社 2016 年版，第 629 页。
[②] 周文、许凌云：《论新质生产力：内涵特征与重要着力点》，《改革》2023 年第 10 期。
[③] 许恒兵：《新质生产力：科学内涵、战略考量与理论贡献》，《南京社会科学》2024 年第 3 期。

出创新、协调、绿色、开放、共享的新发展理念。党的二十大报告强调,"贯彻新发展理念是新时代我国发展壮大的必由之路"。① 发展新质生产力既是贯彻新发展理念的实践经验总结,也是未来发展中深入贯彻新发展理念的重要着力点。

"创新"是引领发展的第一动力。新质生产力不是生产力的局部优化或简单迭代,而是"创新起主导作用,摆脱传统经济增长方式、生产力发展路径,具有高科技、高效能、高质量特征,符合新发展理念的先进生产力质态"。② 新质生产力的提出,一方面总结了创新在推动中国经济发展中的核心作用;另一方面把握住了新一轮科技革命和产业变革下的经济发展趋势,深刻揭示了未来经济社会发展的动力。

"协调"注重解决发展不平衡问题。发展新质生产力注重产业协调,强调现代化产业体系的完备性、先进性和安全性,要求在培育壮大战略性新兴产业和布局建设未来产业的同时,用科技创新成果改造提升传统产业;注重地区协调,强调构建优势互补的区域经济布局和国土空间体系,同时要求因地制宜,有选择地推动新产业、新模式、新动能发展。③

"绿色"注重解决人与自然和谐问题。习近平总书记指出,"新质生产力本身就是绿色生产力"。④ 发展新质生产力要求加快绿色低碳技术突破和推广应用,壮大绿色产业,推动社会经济绿色低碳转型。这既是对中国生态文明建设的总结和升华,也为未来人与自然和谐共生提供了实现路径。

"开放"主要解决发展内外联动问题。面对技术封锁和国际竞争格局变化,发展新质生产力从理论上概括了发展中国家扩大高水平对

---

① 习近平:《高举中国特色社会主义伟大旗帜　为全面建设社会主义现代化国家而团结奋斗——在中国共产党第二十次全国代表大会上的报告》,人民出版社2022年版,第70页。
② 习近平:《发展新质生产力是推动高质量发展的内在要求和重要着力点》,《求是》2024年第11期。
③ 黄群慧:《新质生产力是符合新发展理念的先进生产力质态》,《人民日报》2024年5月22日第9版。
④ 习近平:《发展新质生产力是推动高质量发展的内在要求和重要着力点》,《求是》2024年第11期。

外开放的内在要求。发展新质生产力要求新型劳动者、新型劳动工具、新型劳动资料优化组合，而这些先进优质生产要素不均衡地分布在全球，扩大高水平对外开放是集聚这些生产要素的重要前提。此外，扩大高水平对外开放有利于维护国际经济格局和经贸关系稳定，为中国发展新质生产力营造良好的国际环境。

"共享"注重解决社会公平正义问题。发展新质生产力就是要通过新技术、新要素、新产业的发展不断满足人民日益增长的美好生活需要，从理论上回答如何实现发展为了人民、发展依靠人民、发展成果由人民共享。

三 新质生产力为建设社会主义现代化强国提供了理论指引

新质生产力的提出进一步丰富和发展了习近平经济思想，为中国全面建成社会主义现代化强国、实现第二个百年奋斗目标提供了有力的理论支撑。中国式现代化是中国共产党领导人民长期探索和实践的重大成果。党的十八大以来，"中国共产党坚持马克思主义基本原理，坚持实事求是，从中国实际出发，洞察时代大势，把握历史主动，进行艰辛探索，不断推进马克思主义中国化时代化"，[①] 形成了习近平经济思想。

新质生产力的提出使习近平经济思想更加系统和完整。在经济新常态下，保持经济平稳运行的关键之一是需要激发经济内部的新动能，而新动能又依靠新产业和新模式。习近平总书记关于新质生产力的重要论述，深刻阐明了什么是新质生产力、为什么要发展新质生产力、怎样发展新质生产力等重大理论问题和实践问题，解决了中国如何使经济实力、科技实力和综合国力大幅跃升，如何实现高质量发展并在全球科技竞争和产业竞争中占据制高点的难题。

新质生产力的提出推动了中国自主经济学知识体系的创新和发展。以中国式现代化全面推进强国建设和民族复兴伟业，既不能依赖

---

① 习近平：《在庆祝中国共产党成立100周年大会上的讲话》，人民出版社2021年版，第12—13页。

西方经济理论，也不能照搬马克思的经典理论，而是要把马克思主义基本原理同中国具体实际相结合、同中华优秀传统文化相结合，形成具有鲜明中国特色的原创性经济理论和方法体系。构建中国自主的经济学知识体系的关键是"自主"，是"特色"。习近平总书记关于新质生产力的重要论述正是立足中国实际、解决中国问题的创新性理论，为经济学界进一步构建和完善自主知识体系提供了框架思路和理论指南。

第四节　发展新质生产力的实践意义

推动新质生产力形成和发展，有利于加快产业结构优化升级、推动构建新发展格局、促进经济绿色转型和满足人民美好生活需要，以科技创新为核心推进新产业和新模式发展，在新领域新业态新赛道上形成竞争新优势，对实现中国经济高质量发展和全面推进中国式现代化具有重要实践意义。

一　发展新质生产力有利于加快产业结构优化升级

发展新质生产力有利于培育新兴产业和未来产业。新质生产力的崛起标志着经济发展动力结构的根本性变化。[①] 数字经济作为新质生产力的核心驱动力，不仅深刻重塑了生产关系的面貌，更为战略性新兴产业和未来产业的蓬勃发展铺设了高速通道。[②] 大数据、云计算、人工智能、区块链等前沿技术的广泛应用，不仅能够实现资源的精准匹配与动态优化，还催生出前所未有的生产方式和商业模式，为战略性新兴产业如智能制造、生物科技、新能源、新材料等提供了坚实的技术支撑和市场空间。同时，数字经济还扮演着未来产业孵化器的角

[①] 徐政、郑霖豪、程梦瑶：《新质生产力赋能高质量发展的内在逻辑与实践构想》，《当代经济研究》2023年第11期。

[②] 任保平、王子月：《数字新质生产力推动经济高质量发展的逻辑与路径》，《湘潭大学学报》（哲学社会科学版）2023年第6期。

色，它以前瞻性的视角和强大的创新能力，引领着量子信息、类脑智能、未来网络、深海空天开发等前沿领域的探索与突破。

发展新质生产力有利于促进传统产业转型升级。新质生产力通过技术改造和产业升级，赋能传统产业，促进其焕发新生。传统产业通过深度融合智能制造、数字孪生、万物互联等前沿理念与关键技术，实现工业化、数字化与智能化的深度转型。[①] 一方面，这些先进理念与关键技术使得传统制造业能够摆脱对人工的高度依赖，在大幅提升生产效率与产品质量的同时，降低能耗与成本，为企业的可持续发展奠定坚实基础。另一方面，传统产业依托信息网络能够更加灵活地应对市场变化与消费者需求，实现个性化定制与快速响应，从而塑造出全新的竞争优势。这一进程深刻改变了传统产业的面貌，引领传统产业向更加高效、智能、可持续的方向迈进。

二 发展新质生产力有利于推动构建新发展格局

发展新质生产力有利于疏通国内大循环中的堵点，激发市场活力。当前国内总量问题与结构矛盾并存，有效需求不足，经济运行出现分化，国内大循环存在堵点，要素有序流动仍受到制约。[②] 发展新质生产力是疏通堵点的关键。一方面，科技创新及其推动的产业创新，将创造新需求、带动新投资，它如同催化剂，能够不断激发生产潜能和市场活力，推动整个经济体系更新和向更高层次发展。另一方面，新质生产力的发展促使社会再生产的各个环节在科学技术的推动下实现深度融合，打破行业壁垒，促进资源要素的自由流动与优化配置。同时，科技创新还不断深化专业分工，优化社会分工协同合作模式，使得产业链供应链更加灵活、高效、智能。这种转变不仅提升了生产要素的配置效率，还有效缓解了国内市场分割现象，促进全国统

---

① 石建勋、徐玲：《加快形成新质生产力的重大战略意义及实现路径研究》，《财经问题研究》2024 年第 1 期。

② 中共国家发展改革委党组：《全面贯彻落实党的二十届三中全会精神 坚定不移推进经济社会高质量发展》，《求是》2024 年第 18 期。

一大市场的形成与发展。①

发展新质生产力能够提升国家竞争力，有效应对外部风险挑战。当前外部环境复杂严峻，全球经济增长动力不足。新质生产力的发展有利于中国在高端领域拓展市场，有效应对外部需求下降问题。一方面，发展新质生产力能够从工序升级、产品升级等多个维度促进产业升级与转型，从而为国际市场提供更加精细化、多样化的产品。另一方面，发展新质生产力带动的价值链攀升能够使中国在创新研发和终端销售领域开拓新市场。

三　发展新质生产力有利于促进经济绿色转型

发展新质生产力有利于中国掌握绿色关键核心技术。坚持绿色发展理念是新质生产力的内在要求。② 新质生产力的发展要求通过关键环节的技术创新，显著提升资源利用效率、减少环境污染、促进生态平衡。例如，新型节能材料与技术的研发是不可或缺的一环，包括开发轻质高强、耐久性好且生命周期中碳排放低的建筑材料，以及研发高效能、低能耗的工业生产设备与制造工艺等。这些创新成果的应用，将有效降低能耗，提升产品性能，为实现碳中和目标奠定坚实基础。生物科技与可再生能源的广泛推广与应用，则是推动绿色转型的另一大动力。生物科技在医药、环保等领域发挥巨大潜力，而可再生能源如太阳能、风能、水能等的开发利用，正成为能源供应体系中的重要组成部分，为经济社会可持续发展提供清洁、可再生的动力源泉。③

发展新质生产力有利于扩大生态要素转化路径。新质生产力能够促进中国生态资源有效地转化为优质的生态产品和公共服务。把优质

---

① 朱燕：《以新质生产力推动构建"双循环"新发展格局的理论逻辑与现实路径》，《当代经济研究》2024年第8期。
② 张林、蒲清平：《新质生产力的内涵特征、理论创新与价值意蕴》，《重庆大学学报》（社会科学版）2023年第6期。
③ 张姣玉、徐政：《中国式现代化视域下新质生产力的理论审视、逻辑透析与实践路径》，《新疆社会科学》2024年第1期。

生态产品的生产和可持续利用纳入社会生产总过程中，培育新兴生态产业，可以实现区域经济发展与生态环境保护的双赢。[①] 在当前新一轮科技革命和产业变革的浪潮中，大数据、5G 通信、人工智能及物联网等前沿数字技术的蓬勃发展，正以前所未有的力量重塑生态产品全生命周期的各个环节。这些技术的应用，极大地增强了生态产品供给与市场需求之间的契合度，为生态产品价值的实现提供了强有力的支撑。[②]

发展新质生产力有利于健全绿色低碳循环发展经济体系。一方面，发展新质生产力高度重视传统产业的绿色升级和转型，鼓励发展节能环保产业、清洁能源产业等绿色产业。例如，在农业、工业、建筑业、商贸服务等多个关键领域推广清洁生产方式，致力于培育和发展以低碳为核心的新兴产业体系。[③] 另一方面，发展新质生产力有利于推动产业链上下游的紧密协作，以及企业内部生产、供应与销售的高效对接，从而减少能源消耗。

四　发展新质生产力有利于满足人民美好生活需要

发展新质生产力有利于促进社会财富积累。高质量发展的目标是实现更高质量、更高效率、更加公平、更可持续的发展，以满足人民不断增长的美好生活需要，促进人的全面发展。以人民为中心是高质量发展的根本立场，实现发展成果的共享，逐步实现共同富裕，是高质量发展的必然要求。高水平的生产力是实现共同富裕的物质基础，没有高水平生产力带来的大规模社会财富积累，共同富裕这一宏伟目标就难以实现。当前以数字技术为核心的新一轮科技革命，正以前所未有的速度促进新质生产力的产生和发展，对社会生活产生深远影

[①] 黎元生：《生态产业化经营与生态产品价值实现》，《中国特色社会主义研究》2018 年第 4 期。

[②] 孙博文：《建立健全生态产品价值实现机制的瓶颈制约与策略选择》，《改革》2022 年第 5 期。

[③] 吕指臣、胡鞍钢：《中国建设绿色低碳循环发展的现代化经济体系：实现路径与现实意义》，《北京工业大学学报》（社会科学版）2021 年第 6 期。

响,成为提高劳动生产率和创造社会财富的关键动力,从而为不断满足人民群众对美好生活的多元化、个性化需求奠定了坚实的物质基础。①

发展新质生产力有利于促进共同富裕。新质生产力作为当代社会生产力发展的最前沿形态,其核心目标与追求远远超越了单纯的经济增长范畴,而是深刻融入了以人为本的发展理念,致力于构建一个全民参与、共建共享的发展新模式。这一生产力形态不仅聚焦于技术革新与产业升级,更将目光投向了人民福祉的全面提升,力求通过高质量发展满足人民日益增长的美好生活需要,成为推动社会进步的强大引擎。新质生产力的发展观强调"人人参与、人人建设、人人享有"的核心理念,它意味着社会发展的每一环节都应确保公民的广泛参与和深度融入,让每一个体都能成为推动社会进步的积极力量。同时,这种发展模式将人民对美好生活的向往作为发展的根本出发点和落脚点,致力于通过科技创新、制度创新等手段,让发展的成果更多更公平地惠及全体人民。②

第五节　发展新质生产力的世界影响及意义

生产力的发展是世界各国实现现代化的共同特征。推动新质生产力加快发展,为世界经济复苏注入新动能,将进一步改变世界格局,深刻影响国际分工和全球要素配置,重塑全球经济格局,为发展中国家提供新的发展路径。

一　发展新质生产力将深刻影响国际产业分工和全球要素配置

新质生产力的发展深刻影响各国在国际分工中的作用和地位。一

---

① 徐政、郑霖豪、程梦瑶:《新质生产力赋能高质量发展的内在逻辑与实践构想》,《当代经济研究》2023年第11期。

② 黄群慧、盛方富:《新质生产力系统:要素特质、结构承载与功能取向》,《改革》2024年第2期。

方面，发展新质生产力所需的交叉领域技术和产业合作使国际分工更加细化，各国之间需要建立更加紧密的合作关系。另一方面，新质生产力的发展将改变当前的国际分工模式。数字技术的创新和应用使传统意义上相对分割的三大产业都逐步成为数字产业链条上的一环，过去的垂直型国际分工和水平型国际分工将让位于以数字技术控制全球产业链的分工模式，未来数字霸权可能加剧全球"中心—边缘"结构。[①] 中国数字经济的发展有助于打破发达资本主义国家数字霸权，以平等合作的方式促进共同发展。低碳技术和新能源技术的开发应用使受制于国际气候协议、环保公约等的发展中国家获得工业化机会，这些国家的现代化发展将给现行的国际分工模式带来挑战。

新质生产力的发展对国际分工的影响将进一步改变全球要素配置。在劳动力方面，拔尖创新人才是各国发展新质生产力的关键要素。人才的集中有利于更快形成和发展新质生产力，而新质生产力的发展又将培育和吸引更多人才。当前各国在吸引全球人才方面的竞争和人才的全球化流动将呈现出新态势。在生产资料方面，资本、技术、数据等生产要素将随着国际分工的改变而发生全球化转移和重新配置。数据和技术的转移对于其他要素配置发挥着至关重要的作用。

二 发展新质生产力将重塑全球经济格局

新质生产力的发展将推动全球产业链、创新链、价值链发生重构。一方面，美国、欧盟等主要经济体都紧锣密鼓地在人工智能、大数据、量子信息、区块链、核能、太阳能、地热能等领域布局，全球科技竞争、产业竞争、人才竞争日益激烈。中国发展新质生产力有利于突破国际上的科技垄断、技术封锁，打破上一轮技术革命给中国带来的产业链、创新链、价值链"中低端锁定"。另一方面，新技术的突破要求基础研究、应用研究、基础设施建设、人才培养等共同发力；新产业的发展往往不是靠单一的技术创新，而是需要多项技术交

---

① 徐秀军：《开放条件下新质生产力的内涵与国际影响》，《战略决策研究》2024年第4期。

叉融合甚至不同产业之间的协调配合，如新能源和新材料之间的交叉、人工智能与新能源之间的交叉等，国际合作变得更加重要。中国在发展新质生产力过程中，将以更加开放、包容的姿态参与全球科技创新和产业合作，有利于提高全球产业链、创新链、价值链韧性和安全。目前中国已与160多个国家和地区建立科技合作关系，在航天探索、新能源、人工智能等领域积极融入全球合作创新网络，加入国际热核聚变实验堆、平方公里阵列射电望远镜等一批国际大科学计划和大科学工程。①

新质生产力的发展将重塑国际关系。纵观人类发展历史，每一次重大技术突破都带来科技革命浪潮和国际关系变革。当前的全球治理体系由发达国家主导，新兴市场国家和发展中国家很难获得同发达国家"并跑"的机会。新一轮科技革命和产业变革为这些国家提供了"并跑"甚至"领跑"的机会。中国作为世界上最大的发展中国家，发展新质生产力能够给中国带来更多参与全球治理的机遇，而中国在深刻践行人类命运共同体理念之下，也将带动更多国家平等参与到全球治理中，使国际力量对比更加平衡、全球生产的利益分配更加合理。

三 发展新质生产力能够为发展中国家提供新的发展路径

弱国如何发展成为强国是广大发展中国家面临的共同问题。自李嘉图提出比较优势理论以来，借助自身劳动力优势和自然资源优势发展劳动密集型产业和资源密集型产业成为许多落后国家的选择。但是，无论李斯特时代的德国、汉密尔顿时代的美国，还是20世纪五六十年代的日本，都不是依靠农业优势、劳动力优势等崛起的，而是选择了附加值更高的重化工业。中华人民共和国成立后，中国同样选择了以优先发展重工业为目标的赶超战略，在较短的时间内建立起较为完备的工业体系。然而，发展传统工业能让广大发展中国家实现

---

① 《探索科技前沿 协力应对挑战——中国深入践行构建人类命运共同体理念让科技更好造福人类》，2024年6月28日，https：//www.gov.cn/yaowen/liebiao/202406/content_6959783.htm。

"赶",却难以实现"超",这些国家在全球化过程中逐渐被固定到产业链的中间环节。在这样的背景下,中国发展新质生产力,为发展中国家实现"变道超车"提供新的可能。目前大国竞争的本质是具有决定性的高科技的竞逐。而新质生产力着眼于大数据、云计算、人工智能、新能源、新材料等新技术的理论研究和技术应用,已经成为新技术和新生产要素有机融合的关键环节和重要体现。加快形成和发展新质生产力不仅是发展中国家提高核心竞争力的必然要求,而且是其抓住新机遇、应对新挑战、解决新困难的关键。

发展新质生产力是实现高水平科技自立自强的过程。在全球科技竞争和技术垄断之下,发展中国家发展新质生产力,就要鼓励并支持企业加大研发投入,集中力量攻克一批"卡脖子"技术难题,特别是在关键核心技术领域实现自主可控,同时加强知识产权保护,推动科技成果的转化与应用,从而在国际市场上构建起基于创新能力和技术水平的全新竞争优势。当前,中国在信息技术、人工智能、5G 等领域取得了引人注目的进步,已经具备了自主研发和生产这些先进技术的实力,这使得中国减少了对外部技术的依赖,更在一定程度上减轻了以美国为首的部分发达国家对中国技术封锁带来的影响。[1]

数字学习资料

思考题

1. 当前为什么要加快发展新质生产力?
2. 简述发展新质生产力的理论意义。
3. 简述发展新质生产力的实践意义。
4. 简述发展新质生产力的世界意义。

---

[1] 姚树洁、张小倩:《新质生产力的时代内涵、战略价值与实现路径》,《重庆大学学报》(社会科学版)2024 年第 1 期。

第一章　新质生产力的理论内涵与发展水平

新质生产力的提出，既是对马克思生产力理论的深化发展，也是对人类社会发展规律的深刻总结，更是对新时代中国发展内在要求的准确把握。依循马克思生产力理论，在明确"生产力"概念的基本内涵及其属性特质的基础上，科学把握发展新质生产力的理论逻辑，深入探析"新质生产力"的"质"是什么与"新"在何处，对加快发展新质生产力具有重要的理论和现实意义。

第一节　理论渊源

生产力概念属于马克思主义理论的核心范畴。马克思在唯物史观视域下，科学考察了生产力的概念、类型、影响因素、属性等深刻内涵，充分揭示了生产力对于推动人类社会发展的决定性作用。因此，准确理解马克思的生产力概念及其内涵特质是科学认识和把握新质生产力意蕴的基本前提。

一　马克思的生产力理论

与古典政治经济学家将生产力作为孤立的存在不同，马克思从唯物史观的视角考察生产力，并且从生产力与生产关系的互相联系出发，将生产力视为决定生产关系的重要力量。马克思的这一研究视角纠正了前人在生产力理论研究上的不足，将生产力研究提升到了一个全新的高度。

（一）马克思生产力概念的提出

马克思在《资本论》中关于生产力概念的界定主要包括两个层面。一是生产率层面。马克思指出："劳动生产力，即由于生产条件发展程度的不同，等量的劳动在同样时间内会提供较多或较少的产品量。"① 二是生产能力层面，即人们利用自然、改造自然的能力。前者侧重于结果，而后者更侧重于过程和原因，生产率的变化将随着生产能力的变化而变化，二者有机统一，共同构成了马克思广义生产力的概念。在此基础上，为了分析便利，马克思还进一步提到了多种生产力的类型。例如，按照生产力阶级归属分为"劳动（的）生产力"与"资本（的）生产力"，按照生产力决定因素分为"个人生产力""自然生产力""社会生产力"（又分为"社会劳动的生产力"或"劳动的社会生产力"和"一般社会生产力"）以及"物质生产力"等。此外，马克思还曾使用"死的生产力"与"主体生产力"的概念体现劳动者的主体性和能动性。

（二）马克思生产力概念的内涵

关于生产力的决定性因素，马克思鲜明地指出："劳动生产力是由多种情况决定的，其中包括：工人的平均熟练程度，科学的发展水平和它在工艺上应用的程度，生产过程的社会结合，生产资料的规模和效能，以及自然条件。"② 进一步而言，生产力的影响因素可归纳为自然条件与社会生产形式两个方面。一方面，自然条件首先是"人本身的自然"，即由人种差异产生的劳动能力的差异。其次是"人周围的自然"，即外界自然条件，包括自然界的土壤和水资源等生活资料的条件，以及金属和煤炭等生产资料的条件。另一方面，构成社会生产形式的基础是人本身的生产能力，特指后天通过社会学习产生的知识水平与文化素养的差异。同时，还包括社会劳动的生产能力，如分

---

① 马克思：《资本论》第1卷，人民出版社2004年版，第594页。
② 马克思：《资本论》第1卷，人民出版社2004年版，第53页。

工、协作等，以及一般的社会生产水平，特别是科学的作用。马克思在分析社会大生产条件下一个产业部门生产力发展可以推动另一产业部门利润率提高时指出："生产力的这种发展，最终总是归结为发挥着作用的劳动的社会性质，归结为社会内部的分工，归结为脑力劳动特别是自然科学的发展。"①

综合来看，生产力概念是系统性的，所谓"系统性"主要体现在以下几个方面：一是形成生产力的要素（因素）并不是单一的，而是复杂的，受多种要素（因素）共同影响。二是生产力构成要素（因素）之间并不是孤立存在的，而是相互融合、相互促进，共同决定生产力总体水平。三是整个生产力系统中劳动者始终居于主体和主导地位，如果没有劳动者主观能动性的发挥，就谈不上生产力的形成，所以"在一切生产工具中，最强大的一种生产力是革命阶级本身"。②四是生产力的转化问题，即生产力的影响因素转化为现实生产力具有过程性。恩格斯在《反杜林论》中肯定新的发明和发现能够提升现实生产力时一并强调："但在许多情况下也不见得是这样，世界上一切专利局的大量档案废纸就是证明。"③马克思也曾将机器的应用所形成的生产力界定为"物化的知识力量"。④可见，机器大工业生产条件下，知识要素向生产力的转化是一个系统过程，更多体现为"知识→科学（自然科学与社会科学）→技术→机器设备（'社会实践的直接器官'）→生产过程"的系统性转化。

（三）马克思生产力概念的属性

生产力范畴贯穿马克思主义理论体系的始终。虽然马克思在其著作中并未对生产力的属性特质做出明确说明，但是从马克思主义理论体系的基本内容来看，其中深刻蕴含着生产力的基础性、阶级性和历史性特质。

首先，生产力具有基础性，为人类社会形态演进提供了原动力。

---

① 马克思：《资本论》第3卷，人民出版社2004年版，第96页。
② 《马克思恩格斯选集》第1卷，人民出版社2012年版，第274页。
③ 《马克思恩格斯选集》第3卷，人民出版社2012年版，第603页。
④ 《马克思恩格斯全集》第46卷下册，人民出版社1980年版，第219页。

马克思在《〈政治经济学批判〉序言》中充分揭示了生产力与生产关系、经济基础与上层建筑的辩证关系原理，并认为生产力是推动人类社会发展的革命性和决定性力量。一方面，马克思指出："无论哪一个社会形态，在它所能容纳的全部生产力发挥出来以前，是决不会灭亡的；而新的更高的生产关系，在它的物质存在条件在旧社会的胎胞里成熟以前，是决不会出现的。"① 由此说明，整个人类社会形态从"原始社会→奴隶社会→封建社会→资本主义社会→共产主义社会"的每一次跃升都是生产力发展变化的必然结果。另一方面，任何一个社会形态自身发展的过程中，每一次社会生产关系的变化也都离不开生产力的作用，即"社会制度中的任何变化，所有制关系中的每一次变革，都是产生了同旧的所有制关系不再相适应的新的生产力的必然结果"。② 以资本主义社会为例，生产力的发展，不仅是资本本身形成的基础和条件，还是资本积累的原因与结果，进而也构成了资本主义生产关系发展的原因与结果。机器生产就是资本主义社会"新的生产力"的标志，但资本主义与机器生产不会永久适应，"机器生产发展到一定程度，就必定推翻这个最初是现成地遇到的、后来又在其旧形式中进一步发展了的基础本身，建立起与它自身的生产方式相适应的新基础"。③

其次，生产力具有阶级性，生产力的发展和使用要坚持人民立场。马克思认为，资本主义制度下，协作、分工、机器体系等劳动形式都表现为资本的发展形式，所以"从这些社会劳动形式发展起来的劳动生产力，从而还有科学和自然力，也表现为资本的生产力"，④ 即生产力具有资本属性。特别地，在资本主义机器体系中，"知识和技能的积累，社会智慧的一般生产力的积累，就同劳动相对立而被吸收在资本当中，从而表现为资本的属性"。⑤ 恩格斯也进一步指出，即便

---

① 《马克思恩格斯选集》第2卷，人民出版社2012年版，第3页。
② 《马克思恩格斯选集》第1卷，人民出版社2012年版，第303页。
③ 马克思：《资本论》第1卷，人民出版社2004年版，第439页。
④ 《马克思恩格斯选集》第2卷，人民出版社2012年版，第850页。
⑤ 《马克思恩格斯全集》第46卷下册，人民出版社1980年版，第210页。

到了垄断资本主义时期同样不会消除"生产力的资本属性"。① 而对于在生产力构成要素中起主导作用的工人而言,其在资本主义社会中存在的价值也仅仅是作为一种单纯的生产力而已,"工人作为社会工人所发挥的生产力,是资本的生产力"。② 基于此,马克思明确指出,人民群众社会状况的改善,"不仅仅决定于生产力的发展,而且还决定于生产力是否归人民所有"。③ 因此,与"以资本为中心"的资本主义生产力发展逻辑不同,未来社会,在工人自己占有自己的剩余劳动以后,生产力的发展和使用将秉持"以人民为中心"的基本原则,"生产将以所有的人富裕为目的",④ "通过有计划地利用和进一步发展一切社会成员的现有的巨大生产力,在人人都必须劳动的条件下,人人也都将同等地、愈益丰富地得到生活资料、享受资料、发展和表现一切体力和智力所需的资料"。⑤

最后,生产力具有历史性,随着历史条件的发展变化而不断发展变化。恩格斯在《反杜林论》中指出:"政治经济学本质上是一门历史的科学。它所涉及的是历史性的即经常变化的材料。"⑥ 生产力作为政治经济学的核心范畴,其自身发展变化自然也体现着鲜明的历史性特征。在马克思看来,资本主义社会,"作为资本关系的基础和起点的现有的劳动生产率,不是自然的恩惠,而是几十万年历史的恩惠"。⑦ 恩格斯也指出:"生产力是人们应用能力的结果,但是这种能力本身决定于人们所处的条件,决定于先前已经获得的生产力,决定于在他们以前已经存在、不是由他们创立而是由前一代人创立的社会形式。"⑧ 可见,生产力的历史性特征已然揭示出了生产力新旧更替的

---

① 《马克思恩格斯选集》第3卷,人民出版社2012年版,第810页。
② 马克思:《资本论》第1卷,人民出版社2004年版,第387页。
③ 《马克思恩格斯选集》第1卷,人民出版社2012年版,第861页。
④ 《马克思恩格斯文集》第8卷,人民出版社2009年版,第200页。
⑤ 《马克思恩格斯选集》第1卷,人民出版社2012年版,第326页。
⑥ 《马克思恩格斯选集》第3卷,人民出版社2012年版,第525页。
⑦ 马克思:《资本论》第1卷,人民出版社2004年版,第586页。
⑧ 《马克思恩格斯选集》第4卷,人民出版社2012年版,第409页。

理论可能与现实必然。在此基础上，生产力的历史性特征进而构成了人类发展历史的鲜明标志，即"各种经济时代的区别，不在于生产什么，而在于怎样生产，用什么劳动资料生产"。① 工业经济时代，马克思和恩格斯使用"现代生产力"概念与以往加以区分，一方面揭示了"现代生产力"的发展推动了现代工业和商业的发展；另一方面明确了"现代生产力"发展中科学技术的基础性和重要性，"现代工业通过机器、化学过程和其他方法，使工人的职能和劳动过程的社会结合不断地随着生产的技术基础发生变革"。②

二 中国共产党人关于生产力理论的创新发展

新质生产力是中国共产党人基于生产力理论的创新成果。一代又一代的中国共产党人将马克思主义生产力理论同中国革命、建设和改革实践相结合，不断推动着生产力理论发展。

在新民主主义革命时期，中国共产党人根据马克思主义的生产力理论，推翻了束缚生产力发展的一系列旧制度，建立了中华人民共和国。在《论联合政府》中，毛泽东同志指出，"中国一切政党的政策及其实践在中国人民中所表现的作用的好坏、大小，归根到底，看它对于中国人民的生产力的发展是否有帮助及其帮助之大小，看它是束缚生产力的，还是解放生产力的"。③ 毛泽东同志还对社会主义下生产力与生产关系的互动进行了分析，指出"所谓社会主义生产关系比较旧时代生产关系更能够适合生产力发展的性质，就是指能够容许生产力以旧社会所没有的速度迅速发展，因而生产不断扩大，因而使人民不断增长的需要能够逐步得到满足的这样一种情况"。④ 毛泽东同志将马克思主义基本原理同中国实践相结合，为后来中国共产党人的生产力理论创新奠定了基础。

---

① 马克思：《资本论》第 1 卷，人民出版社 2004 年版，第 210 页。
② 马克思：《资本论》第 1 卷，人民出版社 2004 年版，第 560 页。
③ 《毛泽东选集》第 3 卷，人民出版社 1991 年版，第 1079 页。
④ 《毛泽东文集》第 7 卷，人民出版社 1999 年版，第 214 页。

改革开放后，中国共产党确立了以经济建设为中心的基本路线，更加重视解放和发展生产力，明确将是否有利于发展生产力作为检验一切工作的根本标准。邓小平同志指出，推进改革开放各项工作的根本标准就是"是否有利于发展社会主义社会的生产力，是否有利于增强社会主义国家的综合国力，是否有利于提高人民的生活水平"。① 针对社会主义制度下的生产力发展，邓小平同志进一步从生产力视角强调了社会主义优越性的根本体现，"社会主义的优越性归根到底要体现在它的生产力比资本主义发展得更快一些、更高一些，并且在发展生产力的基础上不断改善人民的物质文化生活"。② 邓小平同志还注意到科学技术在生产力系统中日益重要的作用，多次强调"科学技术是第一生产力"，③ 极大地提升了科学技术在生产力系统中的重要地位，为中国解放和发展生产力提供了重要的科学指导。

江泽民同志提出"三个代表"重要思想，指出中国共产党要始终代表中国先进生产力的发展要求。江泽民同志还进一步明确了科学技术在发展生产力中的关键作用，提出科学技术是先进生产力的集中体现和主要标志。针对当时社会主义制度的实践探索，江泽民同志站在生产力的高度上对一些矛盾和问题进行了论述，指出"如果不坚决改变那些不适应社会生产力发展要求的制度和办法，革除过去体制中的弊端，我们的事业就无法前进"。④ 在建设有中国特色社会主义理论的过程中，江泽民同志注重生产力这一根本判断标准。在社会主义市场经济体制的建设过程中，江泽民同志指出，"实践的发展和认识的深化，要求我们明确提出，我国经济体制改革的目标是建立社会主义市场经济体制，以利于进一步解放和发展生产力"。⑤ 江泽民同志关于生产力的论述，为完善中国特色社会主义制度，进一步解放和发展生产

---

① 《邓小平文选》第 3 卷，人民出版社 1993 年版，第 372 页。
② 《邓小平文选》第 3 卷，人民出版社 1993 年版，第 63 页。
③ 《邓小平文选》第 3 卷，人民出版社 1993 年版，第 274 页。
④ 中共中央文献研究室编：《十三大以来重要文献选编》（中），人民出版社 1991 年版，第 1431 页。
⑤ 《江泽民文选》第 1 卷，人民出版社 2006 年版，第 226 页。

力，开辟了理论和实践道路。

胡锦涛同志在总结吸收马克思主义生产力理论和中国共产党人探索实践的基础上，进一步提出了科学发展观，认为生产力的发展必须建立在可持续发展的基础上，不能把当代人的幸福建立在对后代人的资料的过度消耗之上。在具体建设实践中，强调坚持全面协调可持续发展，"要按照中国特色社会主义事业总体布局，全面推进经济建设、政治建设、文化建设、社会建设，促进现代化建设各个环节、各个方面相协调，促进生产关系与生产力、上层建筑与经济基础相协调"。① 胡锦涛同志进一步强调了解放和发展社会生产力的重要作用，强调"发展，对于全面建设小康社会、加快推进社会主义现代化，具有决定性意义。要牢牢抓住经济建设这个中心，坚持聚精会神搞建设、一心一意谋发展，不断解放和发展社会生产力"。② 胡锦涛同志的生产力思想，与邓小平理论、"三个代表"重要思想中关于生产力的理念是一脉相承的，既强调了发展生产力的重要性，又提出了发展生产力过程中协调可持续的重要性。

习近平总书记指出，"高质量发展需要新的生产力理论来指导，而新质生产力已经在实践中形成并展示出对高质量发展的强劲推动力、支撑力，需要我们从理论上进行总结、概括，用以指导新的发展实践"。③ 这一论断既体现了马克思主义对生产力发展规律的深刻认识，又体现了习近平总书记对中国目前发展阶段、发展问题和发展动力的深刻把握，是习近平经济思想的重要组成部分。新质生产力这一创新性概念提出以来，习近平总书记围绕什么是新质生产力、如何发展新质生产力等关键问题作出了一系列重要论述，发展了马克思主义生产力理论，对新时代新征程推动生产力跃升和生产关系变革提供了科学指引。

---

① 《胡锦涛文选》第 2 卷，人民出版社 2016 年版，第 624 页。
② 《胡锦涛文选》第 2 卷，人民出版社 2016 年版，第 623、624 页。
③ 习近平：《发展新质生产力是推动高质量发展的内在要求和重要着力点》，《求是》2024 年第 11 期。

第二节 理论逻辑[①]

生产力的发展变革是从量变到质变的过程。关键性技术与前沿技术的突破引发生产力核心因素的变化。随着数字经济快速发展，在数字化、信息化、智能化发展条件下，新的物质生产力正在形成。相对于传统生产力而言，这种新的物质生产力不仅是社会生产力经过量的不断积累后质变生成，而且与社会生产力的发展与社会制度的变革紧密相连。从本质上说，新质生产力是先进生产力的一种，是"创新起主导作用，摆脱传统经济增长方式、生产力发展路径，具有高科技、高效能、高质量特征，符合新发展理念的先进生产力质态。它由技术革命性突破、生产要素创新性配置、产业深度转型升级而催生，以劳动者、劳动资料、劳动对象及其优化组合的跃升为基本内涵，以全要素生产率大幅提升为核心标志，特点是创新，关键在质优，本质是先进生产力"。[②]

新一轮科技革命和产业变革在全球范围内深度推进，颠覆性技术与前沿技术不断涌现与突破，形成新质态的生产资料，在国民经济中表现为战略性新兴产业与未来产业。这些产业与传统产业不同，其拥有新技术、新要素、新设备，以及更强大的改造自然的能力和更高的发展质量。新质生产力发展有利于加强科技创新的驱动力并进一步加速新兴产业的培育与壮大。[③] 通过落实创新驱动发展战略、夯实产业发展基础、前瞻布局未来产业，才能充分利用并发挥颠覆性技术和前沿技术的潜在现实生产力，推动经济社会持续发展。

[①] 本节部分内容已发表在盖凯程、韩文龙《新质生产力》，中国社会科学出版社 2024 年版，第 41—51 页。

[②] 习近平：《发展新质生产力是推动高质量发展的内在要求和重要着力点》，《求是》2024 年第 11 期。

[③] 李晓华：《新质生产力的主要特征与形成机制》，《人民论坛》2023 年第 21 期。

一　创新驱动

党的二十大报告指出："科技是第一生产力、人才是第一资源、创新是第一动力。"① 科技是社会进步的核心力量，人才是科技发展的核心驱动，而创新作为推动科技进步的关键，成为经济发展的根本动力。科学技术进一步转化为现实生产，能够推动产业升级与变革。在人类生产力发展的历程中，科学技术始终扮演着重要的角色，是推动社会进步的重要力量。从第一次工业革命到当前科技革命和产业变革，科学技术在推动社会生产力发展的作用越来越强，在人类社会发展中的地位与作用越来越突出，其已经成为各国经济和综合国力竞争的关键。②

中国科技事业经历了从"向科学进军"到提出"科学技术是第一生产力"，从实施科教兴国战略到建设创新型国家，从全面实施创新驱动发展战略到开启科技强国建设新征程的壮阔旅程。③ 同时，在科学技术与产业技术发展期间也面临诸多的难题。社会主义革命与建设时期遭受西方资本主义国家的技术封锁，开创了独立自主、自力更生的科技发展之路，④ 尽管取得一定成就，但是科学技术发展仍然相对落后。改革开放以来，中国产业技术的发展很大程度上依赖发达国家的技术转让。⑤ 这种过度依赖可能导致"引进—落后—再引进"的恶性循环，在面临技术封锁时会对国家的产业链安全、供应链安全造成严重威胁。⑥ 党的十八大以来，以习近平同志为核心的党中央坚持把

---

① 习近平：《高举中国特色社会主义伟大旗帜　为全面建设社会主义现代化国家而团结奋斗——在中国共产党第二十次全国代表大会上的报告》，人民出版社2022年版，第33页。

② 盛朝迅：《"十四五"时期推进新旧动能转换的思路与策略》，《改革》2020年第2期。

③ 《创新驱动发展成效显著　科技强国建设有力推进——新中国75年经济社会发展成就系列报告之十二》，2024年9月18日，https://www.stats.gov.cn/sj/sjjd/202409/t20240918_1956553.html。

④ 杨凤城：《毛泽东同志的独立自主思想及其时代价值》，《光明日报》2023年12月26日第11版。

⑤ 徐政、郑霖豪、程梦瑶：《新质生产力赋能高质量发展的内在逻辑与实践构想》，《当代经济研究》2023年第11期。

⑥ 陈健、张旭：《新发展理念的政治经济学阐释》，《中州学刊》2023年第6期。

科技创新摆在国家发展全局的核心位置，提出科技创新是发展新质生产力的核心要素。必须将科技创新置于国家发展的核心位置，将其作为国家发展的战略支撑。只有这样，才能在科技竞争和未来发展中占据制高点，成为关键科技领域的领军者和新兴领域的开拓者。[①]

新质生产力具有领域新、技术含量高的特点，符合高质量发展要求。它以科技创新为主导，进一步推动产品、技术和模式的创新。首先，产品创新是新质生产力发展的重要体现。通过不断研发新技术、开发新产品，企业能够满足市场不断变化的需求，并在竞争中获得优势。产品创新不仅有助于提高产品质量、降低生产成本，还能够拓展新的市场领域，为企业创造更多商机。在全球化背景下，拥有创新产品的企业更有可能在国际市场上获得一席之地，提升国家整体经济实力。其次，技术创新是新质生产力发展的关键因素。随着科技的不断进步，传统产业面临转型升级的压力，新兴产业则依靠技术创新得以迅速崛起。通过引入新技术、开发新工艺，企业能够提高生产效率、降低能耗，推动产业向高技术、高附加值方向发展。技术创新还能够促进企业与高校、科研机构之间的合作，推动科技成果的转化与应用，形成产学研一体化的创新体系。最后，模式创新是新质生产力发展的重要支撑。在新时代，单纯依靠产品和技术优势已经难以满足市场的多样化需求。企业需要转变传统经营模式，探索新的商业模式和盈利模式，以适应快速变化的市场环境。通过模式创新，企业能够打破传统行业格局，实现跨界融合与合作，拓展业务范围和市场空间。这不仅能够激发企业活力，还能够提升企业核心竞争力，使其在激烈的市场竞争中立于不败之地。

将科学技术运用于生产过程，渗透于生产要素之中，能够产生更为庞大的现实生产能力，促进并引起生产力的深刻变革和发展。新质生产力不是由一般的科技创新推动的，而是由具有颠覆性且对经济社会发展影响广泛而深远的科技创新所推动的。这些颠覆性创新在早期

---

① 李政、廖晓东：《发展"新质生产力"的理论、历史和现实"三重"逻辑》，《政治经济学评论》2023年第6期。

阶段可能无法与既有的技术和产品竞争，但它们具有巨大的发展潜力，代表了科技和产业发展的方向。一旦越过临界点，它们就会释放出改变劳动资料、劳动对象的巨大力量。

目前，"科学技术和经济社会发展加速渗透融合，基础研究转化周期明显缩短，国际科技竞争向基础前沿前移"。① 正如习近平总书记所强调的，"在激烈的国际竞争中，我们要开辟发展新领域新赛道、塑造发展新动能新优势，从根本上说，还是要依靠科技创新"。② 要以国家战略需求为导向，积聚力量进行原创性引领性科技攻关，坚决打赢关键核心技术攻坚战。

二 产业为基

现代化产业体系是新质生产力的产业载体，也是现代化的核心。建设现代化产业体系是以创新要素赋能新质生产力，培育未来产业、壮大战略性新兴产业和推动传统产业转型的过程。因此，必须推动科技创新与产业创新深度融合，大力推进现代化产业体系建设，才能加快发展和形成新质生产力，形成驱动经济发展的强大引擎。③

同过去的产业相比，现代新兴产业在以颠覆性技术和前沿技术突破为核心的新一轮产业变革中不断扩展自身覆盖的领域范围。从纺织、煤炭等行业到电力、化学、石油和汽车工业，再到信息技术和网络技术，新兴产业的领域在不断扩大。如今，新兴产业已涉及节能环保、高端装备制造、新能源、新材料和智能制造等多个领域，新技术从研发到推广应用正在经历一个不断成熟的过程，同时新兴产业也正在经历一个产生、发展和壮大的成长过程。④ 历次科技革命和产业变革具有的共同特点之一，是经济结构和发展方式发生重大调整。面对

---

① 习近平：《加强基础研究　实现高水平科技自立自强》，《求是》2023年第15期。
② 《习近平在参加江苏代表团审议时强调　牢牢把握高质量发展这个首要任务》，《人民日报》2023年3月6日第1版。
③ 吴柯：《大力推进现代化产业体系建设　加快发展新质生产力》，《中国经济时报》2024年5月14日第A02版。
④ 赵振华：《新质生产力的形成逻辑与影响》，《经济日报》2023年12月22日第11版。

科技革命的新形势和国家发展的新要求，迫切需要充分发挥科技对产业发展的前瞻引领作用，以科技创新引领产业全面振兴。[①] 目前，中国基本形成了规模大、体系全、竞争力较强的产业体系。但是，在质量方面，产业"大而不强""全而不优"的问题依然存在，重点领域和关键环节存在不少瓶颈短板，产业发展还不平衡不充分，整体处于爬坡过坎、优化升级的关键时期。在规模方面，中国是全球最大的贸易国和外资流入国，参与了多个重要的全球产业链。在位置方面，中国主要处于全球产业链的中游环节。

建设现代化产业体系，就是要建设由科技创新支撑引领的产业体系，关键在于培育形成新产业，特别是战略性新兴产业。战略性新兴产业是新质生产力的最重要的组成部分之一，以重大技术突破和重大发展需求为基础，对经济社会全局和长远发展具有重大引领带动作用。首先，战略性新兴产业以先进技术为支撑，是发展新质生产力的主阵地之一。它以人工智能、数字技术等通用技术为支撑，以强大渗透与融合能力为基础，不断引领带动其他产业实现技术创新突破，推动生产效率提升并产生积极的示范效应。例如，人工智能、5G通信等新质生产力的突破，为新一代信息技术产业的发展提供了有力支撑；无人机、智能灌溉系统等新技术使用，提高了农业的智能化水平，推动了传统农业向精准农业转型。其次，战略性新兴产业以强大的辐射作用为依托，带动产业发展变革。随着需求结构的变化，亟须在供给侧创造出符合市场需求的新产品。以新能源汽车产业为例，通过终端产品新能源汽车的创新，带动中上游电池、电机、电控等关键技术革新，拉动全产业链条升级更新，推动形成汽车产业新动能，形成经济高质量发展的重要支撑力量。最后，战略性新兴产业以推动提升自主创新能力为突破口，是塑造国际竞争新优势的关键领域。当前国际环境日趋复杂，要求各国增强自身核心竞争力和自主创新能力以应对国际市场变化产生的风险挑战和保障国内经济平稳健康发展。通过抢占战略性新兴产业发展的技术高地，构筑产业发展新优势和新生

---

① 黄群慧：《建设现代化产业体系的重点政策方向》，《国际经济评论》2023年第3期。

长空间，实现从跟随到引领的突破，增强在国际标准制定和国际市场中的话语权。

新质生产力的发展也是维护产业链供应链的韧性、安全和自主可控的重要抓手，是中国主动寻求提升国内大循环可靠性、提升国际循环的质量和水平的必要举措，而产业基础的夯实需要从产业链、供应链和产业集群等方面着手。

在产业链方面，新质生产力的发展，一方面能够推动产业链的优化升级。随着科技的进步，新兴产业不断涌现，这些产业具有更高的技术含量和附加值，能够带动整个产业链的升级。例如，智能制造的兴起推动了制造业的数字化转型，进而影响了原材料、零部件等上游产业的发展。另一方面有助于完善产业链的薄弱环节。在新质生产力的推动下，产业链中的薄弱环节（如核心技术、关键零部件等）得以突破，从而提升整个产业链的竞争力。例如，新能源产业的发展推动了电池技术的创新，进而解决了电动汽车产业链中的续航问题。

在供应链方面，新质生产力的发展，一方面促进了供应链的智能化、柔性化。新质生产力在技术和组织上的创新使得供应链管理更加智能化，提高了供应链的响应速度和灵活性。例如，物联网、大数据技术的应用使得供应链中的信息流更加透明、实时，从而提高了供应链的协同效率。另一方面也要求供应链进行相应的调整和优化。新兴产业对供应链的需求与传统产业有所不同，这就要求供应链进行相应的创新和调整。

在产业集群方面，新质生产力的发展有助于新兴产业集群的培育。一方面，在新质生产力的推动下，新的产业集群不断涌现，这些集群往往具备更高的创新能力、更紧密的企业合作网络。例如，新一代信息技术产业集群的出现，推动了各行业的信息技术应用和创新。另一方面，新质生产力的发展能够提升现有产业集群的竞争力。通过引入新技术、开发新产品、优化生产流程等手段，现有产业集群得以转型升级，进而提升整体的竞争力。例如，生物医药产业集群在新技术和新产品的推动下，不断拓展其产业链和价值链。

新兴产业是形成新质生产力的重要载体，产业基础是新质生产力发展的必要条件。通过发展新质生产力，我们可以推动产业链的优化升级、完善薄弱环节，促进供应链的智能化、柔性化，培育新兴产业集群、提升现有产业集群的竞争力，推动技术和产业变革朝着信息化、数字化、智能化方向加速演进。①

三　未来布局

未来产业是由前沿技术推动、满足经济社会不断升级的需求、代表科技和产业长期发展方向的新兴产业，未来具有高成长性、战略性、先导性的产业，主要包括未来制造、未来信息、未来材料、未来能源、未来空间和未来健康等产业。② 这些产业目前尚处于孕育孵化阶段，③ 但它们是新质生产力的方向指引，对国民经济具有重要支撑和巨大带动作用。在未来产业赛道上，世界各国处于相同的起跑线上，都面临相同的不确定性，因此成为后发国家"换道超车"的重要领域。科技创新—未来产业—战略性新兴产业是一个连续的光谱，在这个光谱上，未来产业已经进入商业化开发阶段。如果不及早进行布局，当产业到达爆发式增长的拐点时，可能会因为前期人才积累不足、工程技术进展慢、产业配套弱、市场开发不力而被甩在后面。

未来产业代表着技术的前沿和新一轮科技革命和产业变革的发展方向，是重塑全球创新版图与经济格局最活跃的先导力量，更是牢牢把握未来发展主动权的关键所在。未来产业已经成为从中央到地方加快打造新增长引擎的关键领域，发展未来产业不仅有望培育形成一批千亿级甚至万亿级新支柱产业与产业集群，还通过广泛赋能推动传统优势产业向绿色化、智能化、低碳化转型，在强链补链延链上发挥更大作为。④ 与战略性新兴产业相比，未来产业处于产业生命周期的早期阶段，产业

---

① 杨蕙馨、焦勇：《理解新质生产力的内涵》，《经济日报》2023年12月22日第11版。
② 张金丹：《加快开辟"未来产业"新赛道》，《光明日报》2024年5月28日第6版。
③ 李晓华、王怡帆：《未来产业的演化机制与产业政策选择》，《改革》2021年第2期。
④ 胡拥军：《未来产业的发展态势、时空布局与政策建议》，《中国经贸导刊》2023年3月第11期。

发展不确定性大，培育周期长。①而新质生产力作为未来产业发展的关键因素，对于实现未来产业的可持续发展具有决定性作用。

首先，新质生产力的创新性能够引领未来产业创新发展。未来产业技术路线不确定、发展模式不固定、技术范式有待形成，要在技术路线、底层逻辑、标准体系、经营思路等方面加快探索实践。而新质生产力能够依托互联网规模优势和应用优势，加大对未来网络、元宇宙、生成式人工智能、未来显示等领域的前沿探索，加快产业化发展步伐；加大类脑智能、脑机接口、人形机器人等领域的科学研究投入力度，探索商业化、产业化运行模式；大力发展量子信息、基因技术、生命科学、深海空天开发、氢能与储能等，为未来产业发展提供创新源泉。②其次，新能源、新材料、生物技术、智能制造、数字经济等新兴产业领域，具有高技术含量和高附加值，可以带动传统产业的升级和转型，为未来产业的升级壮大奠定基础。例如，量子科技、生物制造、类脑科学等未来产业代表了未来科技发展的方向和趋势，可以为未来的经济发展和社会进步带来新的动力和机遇。最后，数字技术、网络技术、人工智能、大数据、生物技术等新质生产力的发展，不仅可以提高生产效率和提升质量，还能够实现精准营销和个性化定制，满足消费者的多样化需求。并且，人工智能技术的发展，使得机器能够自主进行决策和执行任务，从而提高生产自主性，使得生产更加自主化和协同化，提升未来产业的效率和普及度。③

第三节　具体内涵

马克思在其著作中曾使用"新（的）生产力""新兴生产力"等

---

① 洪银兴：《加快形成新质生产力》，《经济日报》2023年11月27日第10版；刘典：《发展新质生产力锻造竞争力》，《经济日报》2023年10月5日第6版。
② 《向"新质生产力"发力》，《中国青年报》2023年12月19日第5版。
③ 李政、廖晓东：《发展"新质生产力"的理论、历史和现实"三重"逻辑》，《政治经济学评论》2023年第6期。

概念来表示生产力的发展。特别地，马克思认为，18世纪人的生产的社会性，"一方面是封建社会形式解体的产物，另一方面是16世纪以来新兴生产力的产物"。① 站在新的历史时点，习近平总书记立足新时代中国社会主要矛盾的转化以及新的发展要求，进一步提出了新质生产力概念，深刻体现了对马克思生产力理论的深化与发展。

习近平总书记围绕发展新质生产力作出一系列重要论述，② 为新发展阶段全面落实创新驱动发展战略、推动经济动力引擎转换与加快构筑国家竞争新优势提供了根本战略遵循。发展新质生产力，需要深刻把握新质生产力的精髓要义，理解其理论内涵与创新。新质生产力是区别于传统生产力的先进生产力质态，其依托新产业、新模式、新动能，表现出新特征与新要求。探究新质生产力的具体内涵，需从研究新质生产力的"新""质""先进性"出发，理解其作为先进生产力具体体现的关键，进一步明晰其与传统生产力的区别及其理论创新。

一 新质生产力的"新"在何处

明晰新质生产力理论内涵与创新的关键在于考察其"新"在何处。事实上，新质生产力的"新"是相对的，并不是绝对的，形成新质生产力的一些要素本身就是生产力，只是形成的条件不够，重要性不突出。具体地，"新"同样也体现在两个方面，即"质变"的"新"和"质态"的"新"，且前者的新变化引起后者的新表现。

一方面，"质变"的"新"关键在于科技创新。党的十八大以来，习近平总书记多次强调："现在，我国经济社会发展和民生改善比过去任何时候都更加需要科学技术解决方案，都更加需要增强创新这个第一动力。"③ 由此表明，在加快形成新质生产力的过程中科技创新的作用更加凸显，而且对科技创新的要求也显著提升。以传统生产

---

① 《马克思恩格斯选集》第2卷，人民出版社2012年版，第683页。
② 参见本书绪论第一节。
③ 习近平：《论科技自立自强》，中央文献出版社2023年版，第238页。

力为基础，又区别于传统生产力的"质变"，新质生产力的"质变"，以包含一定科技创新水平的现代生产力为起点，以颠覆性技术突破为纽带，以实现颠覆性技术成果产业化为最终归旨。这里的"新"具体体现在三个层层递进的方面：一是与传统生产力中实物要素占比相对较高不同，新质生产力对科技含量的占比要求大幅提升。马克思指出："劳动生产力是随着科学和技术的不断进步而不断发展的。"① 中国特色社会主义进入新时代，习近平总书记特别强调："科学技术从来没有像今天这样深刻影响着国家前途命运，从来没有像今天这样深刻影响着人民生活福祉。"② 二是与传统生产力中对科技水平的要求不同，新质生产力对科技创新的要求更高，并不仅仅满足于科技进步所带来的生产力的量的增加，而是更加注重新旧技术的更替，更加重视代表时代发展前景的高端化、智能化、绿色化、服务化的颠覆性技术突破。三是新质生产力的加快形成对于科技创新成果转化为现实生产力的要求更高，科技创新要以推动产业链再造和价值链提升为目标，更加重视由颠覆性技术推动形成新的产业形态、产业结构、产业组织方式以及新材料、新产品、新业态。

另一方面，"质变"的"新"进而决定了生产力的"新"的"质态"，重点体现为"精神"形态内部由信息化、自动化（现在一般科技的代表）向数字化、智能化（未来颠覆性技术的发展方向）的转变。马克思指出："发展为自动化过程的劳动资料的生产力要以自然力服从于社会智力为前提。"③ 具体而言，传统生产力首先主要体现为以劳动者、劳动资料、劳动对象的实物形态优劣为主导，而后伴随科学技术特别是信息技术的发展与人类社会的进步，一系列以知识、信息等为基础的生产力形态（如"信息生产力"④"文化生产力"⑤）

---

① 马克思：《资本论》第 1 卷，人民出版社 2004 年版，第 698 页。
② 习近平：《论科技自立自强》，中央文献出版社 2023 年版，第 198 页。
③ 《马克思恩格斯选集》第 2 卷，人民出版社 2012 年版，第 788 页。
④ 周延云、李琪：《生产力的新质态：信息生产力》，《生产力研究》2006 年第 7 期。
⑤ 李春华：《文化生产力：丰富和发展马克思生产力理论的新视角》，《马克思主义研究》2009 年第 9 期。

逐渐凸显，习近平总书记特别指出："信息革命则增强了人类脑力，带来生产力又一次质的飞跃。"① 进一步地，当前在新一轮科技革命背景下，人工智能、大数据、云计算、量子调控等以数字化、网络化、智能化为支撑的数字经济形态迅猛发展，推动信息化发展进入新的更高阶段，其中数据作为新型关键生产要素，蕴含着巨大生产力，不断推动传统生产方式发生全面、系统性变革，生产力发展的智能化"新质态"已然居于主导地位，正如习近平总书记所言："人工智能是引领这一轮科技革命和产业变革的战略性技术，具有溢出带动性很强的'头雁'效应……加快发展新一代人工智能是我们赢得全球科技竞争主动权的重要战略抓手，是推动我国科技跨越发展、产业优化升级、生产力整体跃升的重要战略资源。"②

综上所述，论证并揭示了新质生产力是马克思生产力理论深化发展的理论逻辑。新质生产力既包含构成生产力的传统要素，又涵盖了一些新的要素，与传统生产力相比，新质生产力内涵更丰富、要求更高，主要体现为"质态"的"新"和"质变"的"新"两个方面。习近平总书记强调："新质生产力是创新起主导作用，摆脱传统经济增长方式、生产力发展路径，具有高科技、高效能、高质量特征，符合新发展理念的先进生产力质态。它由技术革命性突破、生产要素创新性配置、产业深度转型升级而催生，以劳动者、劳动资料、劳动对象及其优化组合的跃升为基本内涵，以全要素生产率大幅提升为核心标志，特点是创新，关键在质优，本质是先进生产力。"③

二 新质生产力的"质"是什么

科学界定新质生产力概念的理论前提是明确其"质"是什么。依循马克思的生产力理论，所谓"质"，意指两个方面：一是"质态"，即事物本身存在的形态，从生产力种类划分的角度而言，主要体现为

---

① 习近平：《论科技自立自强》，中央文献出版社 2023 年版，第 118 页。
② 习近平：《论科技自立自强》，中央文献出版社 2023 年版，第 212、213 页。
③ 习近平：《发展新质生产力是推动高质量发展的内在要求和重要着力点》，《求是》2024 年第 11 期。

"物质"形态（要素、资源等）和"精神"形态（智力、知识、科技等）的差别。按照马克思的观点，一方面，所谓"物质"形态，主要是指劳动者及其"生活资料的自然富源"和"劳动资料的自然富源"。① 另一方面，所谓"精神"形态，马克思在《资本论》中指出："一个生产部门，例如铁、煤、机器的生产或建筑业等等的劳动生产力的发展，——这种发展部分地又可以和精神生产领域内的进步，特别是和自然科学及其应用方面的进步联系在一起。"② 可以看出，马克思对于依靠自然科学及其应用来提升"精神生产力"的高度重视。二是"质变"，即事物由一种质态向另一种质态的转变，"质变"的重点不在于数量的变化，而在于质量的跃升，每一次质变的起点都要比以往任何一次质变的起点要高。依据生产力的"质态"划分，生产力的"质变"既体现为"物质"形态内部的转变（如由"生活资料的自然富源"占主导向由"劳动资料的自然富源"占主导转变），也体现为由"物质"形态向"精神"形态的转变，同时还体现为"精神"形态内部的转变（如由一般科学技术占主导向颠覆性科学技术占主导的转变）。总之，"质态"体现的是生产力及其发展变化的结果与表现形式，"质变"则重点体现的是生产力发展变化的过程。

新质生产力的"质"体现为新本质、高质量、高品质、"质"优势四个方面。

一是新本质。传统生产力推动的经济增长，主要依赖劳动资料、劳动对象和劳动者大量投入，这种水平型扩张的经济增长路径是粗放式、不可持续的，在初期可能会带来经济的快速增长，但随着资源和环境的压力增大，局限性也愈发明显。新质生产力与传统生产力有本质区别。新质生产力的形成源自基础科学研究的重大突破、对原有技术路线的根本性颠覆和战略性新兴产业、未来产业的大规模出现。随着基础研究的深化，原创技术策源地的形成，关键共性技术、前沿引领技术、颠覆性技术的不断突破，以及新产业和未来产业的集群式发

---

① 马克思：《资本论》第1卷，人民出版社2004年版，第586页。
② 马克思：《资本论》第3卷，人民出版社2004年版，第96页。

展，会形成推动经济社会进步的巨大力量。

二是高质量。推进中国式现代化、全面建设社会主义现代化国家，要求新质生产力必须服务于高质量发展的目标取向。新质生产力可以通过牵引效应赋能经济高质量发展，以高新科技为引领，带动产业变革，进而深刻地改变生产方式和生活方式，形成具有国际竞争力的技术创新体系和产业集群，带动经济高质量发展。新质生产力可以通过结构效应赋能现代社会经济发展。新质生产力的发展必然推动战略性新兴产业和未来产业的链条式与集群式发展，使得战略性新兴产业和未来产业成为劳动生产率和全要素生产率最高的行业及部门，进而通过经济结构的不断优化推动经济高质量发展。新质生产力可以通过乘数效应赋能经济高质量发展。在新质生产力下，经济增长函数不再表现为依靠资本、劳动、土地等传统要素投入的累加式增长，而是通过高质量要素投入和科技创新驱动产生乘数式增长。新质生产力聚焦的新技术、新产业、新业态和新领域，正是生产率高和附加值高的部门和产业，有利于通过乘数效应带动经济总量的持续增加和发展质量的持续跃升。新质生产力可以通过增长效应赋能经济可持续增长，经济可持续增长正是实现高质量发展的前提。发展新质生产力必然要求在重大科技领域实现新突破，在战略性新兴产业和未来产业领域形成新优势。通过促进科技创新、升级产业结构、提升资源配置效率和创新体制机制可以不断提高全要素生产率，进而不断释放经济增长潜力，确保经济可持续、高质量发展。

三是高品质。现阶段，"我国社会主要矛盾已经转化为人民日益增长的美好生活需要和不平衡不充分的发展之间的矛盾"。[1] 发展新质生产力有利于提高生产效率、降低环境污染、增加产品多样性，以便更好地满足人民群众对高品质生活的需要。新质生产力依托于先进技术和智能化设备，通过数字化、自动化等技术手段大幅提升了生产过程的效率和精度，缩短了产品的生产周期、降低了生产成本，使得企

---

[1] 习近平：《决胜全面建成小康社会 夺取新时代中国特色社会主义伟大胜利——在中国共产党第十九次全国代表大会上的报告》，人民出版社2017年版，第11页。

业能更快地适应市场需求，提供更丰富、更优质的产品。并且，传统的大规模生产方式无法满足市场的变化。新质生产力的发展使得企业从同质化、流水线式的生产方式向柔性制造、定制生产的方式转变，通过研发设计、应用新材料等方式不断推陈出新，满足多样化、个性化的消费者需求。另外，传统的生产方式往往伴随大量资源消耗和环境污染。而新质生产力通过发展绿色技术和绿色产业，推动生产方式和生活方式绿色化转型。

四是"质"优势。中华民族伟大复兴的战略全局，要求新质生产力必须服务于构筑"质""量"并重的国际竞争新优势。从"质"上来说，新质生产力是实现高水平科技自立自强，构建自主可控、安全高效的产业链供应链的重要基础，通过充分发挥政府、市场和社会各类主体的协同作用，大力推动基础研究取得突破性进展，聚焦产业链短板、"卡脖子"技术、关键零部件、未来技术等领域，加快实现关键共性技术突破，突破美国等西方国家在高技术领域构筑的"小院高墙"的限制，打造具有国际竞争力的硬核优势。从"量"上来说，新质生产力以其数字化、网络化、智能化、绿色化的生产方式促进传统产业结构优化升级和加快形成战略性新兴产业和未来产业，不断提高企业的创新力和生产效率，从而促使企业提高市场竞争力，取得国际市场竞争中的"量"优势。由此，新质生产力服务于构筑"质""量"并重的国际竞争新优势。

三　新质生产力的"先进性"体现

新质生产力是数字经济时代先进生产力的具体表现形式。先进生产力主要在结构和内容两个主要方面体现先进性，新质生产力也是如此。

（一）新质生产力的结构先进性

新质生产力在要素结构、技术结构、企业规模结构、产业结构和世界市场结构等方面都体现了先进性。从简单要素结构来看，先进生产力主要体现在高素质的劳动者、以先进生产工具为代表的新生产资料、新的劳动对象和劳动领域等。新质生产力是先进生产力的具体体现，因此，数字经济时代，掌握新科技的新型劳动者、人工智能设备等新生产资料、数据要素等新劳动对象正在重塑新质生产力的结构，形成推动生产力变革的新动能。从技术结构来看，技术结构是生产的技术与工艺的组成情况，包括尖端技术、先进技术、中等技术和初级技术等组成部分。只有尖端技术、先进技术占主导地位，生产的技术结构才算是先进的。发展新质生产力必然要求不断提升技术结构，尤其需要新一代数字技术、人工智能等尖端技术和先进技术发挥主导性作用。从企业规模结构来看，企业是实践先进生产力的微观主体，高新技术企业数量越多、规模越大，先进生产力的发展才会越有微观基础。新质生产力的发展必然要求在科技前沿领域和产业新领域中出现大量的高新技术企业，通过市场化的发展形成具有竞争力的头部企业等。从产业结构来看，先进生产力需要在农业、工业、服务业领域合理布局，同时需要在重点领域和行业中形成发达的产业集群。新质生产力主要布局在战略性新兴产业和未来产业中，是推动产业结构优化和高级化的重要推动力量，需要围绕战略性新兴产业和未来产业不断做大做强相关产业链和产业集群。从世界市场结构来看，历次工业革命的经验表明，拥有先进生产力的国家的企业和商品一般在世界市场上占据着主导地位。当前，世界市场竞争中，高新技术和科技产品成为形成国家竞争优势的关键内容。新质生产力的发展就是要在战略性新兴产业和未来产业中构筑供应链、产业链和创新链新优势。

（二）新质生产力的内容先进性

新质生产力在认知能力、知识创新能力、科技创新能力、分工与协同关系方面也要体现先进性。先进生产力的发展是基于对自然和社会认知能力的巨大提升为前提的。历次科技革命和产业变革的重要前提就是人类对自然世界和人类世界的认知能力实现了巨大的提升。以第一次工业革命为例，通过14—16世纪的文艺复兴运动和17—18世纪的启蒙运动，使得法国等欧洲主要国家的资产阶级和人民大众逐渐摆脱了封建制度和教会的思想束缚，转向了追求人的权利和理性崇拜。由于思想解放的推动作用，人类对自然和社会的认知能力不断提升，推动了自然科学和社会科学的繁荣发展，也推动了工业革命的发生和人类社会生产力的巨大进步。当前，随着科学技术的进步，人类认识世界和改造世界的能力延伸到了更加微观的基因、更加宏观的宇宙、更加深邃的海底和地心等领域，进一步推动了基因工程、新材料、航空航天、深海探测和地心勘探等新领域的创新发展，正在形成该领域的新质生产力。

新质生产力的发展依赖知识创新能力的不断跃升。知识的获得、利用、创新和积累是人类社会不断进步和发展的重要前提。先进的知识生产能力是一个国家和社会发展进步的重要源泉。在自然经济时代，主要通过实践经验和有限的科学途径积累知识，并通过古代教育体制进行知识的传递，其知识的积累和创新是比较缓慢的。在工业经济时代，通过现代科技手段和实验室精准研究可以获得大量的知识，同时通过现代教育体系来完成知识的传承和创新等，其知识的积累规模是巨大的，创新的速度是非常快的。在数字经济时代，通过网络空间和数字技术等，可以进一步扩大知识创新的范围，提升知识创新的速度，进而通过网络等途径加快知识的传播和应用。在工业经济时代，知识的创新主要来源于科学家和工程师等专业人员。数字经济时代通过互联网和数字平台等，普通劳动者也加入了知识创造的行列，使得整个社会的知识创新能力不断提高。知识创新能力的提高，带动了社会生产力的快速发展，尤其是新质生产力的不断"跃升"。

新质生产力的发展需要科技创新能力作为重要支撑。科学技术是第一生产力，科学技术的发展可以极大地推动先进生产力的进步。新质生产力发展的主要推动力就是科技创新。通过资源投入和人才培养来不断推动信息技术、生物技术、新能源、新材料、量子信息、基因技术、未来网络、深海空天等领域的科技创新，促进新质生产力的创新可持续发展。

新质生产力的发展需要科学合理的社会分工与协作体系。马克思指出，"由于协作、工场内部的分工、机器的应用，总之，为了一定的目的而把生产过程转化为自然科学、力学、化学等等的自觉的应用，转化为工艺学等等的自觉的应用，正像与这一切相适应的大规模劳动等等一样［只有这种社会化劳动能够把人类发展的一般成果，例如数学等，应用到直接生产过程中去，另一方面，这些科学的发展又以物质生产过程的一定水平为前提］"。① 发展先进生产力不仅需要劳动者个体生产能力的提高，还需要社会整体的分工和协作。只有通过社会的分工和协作才能形成"总和的生产力"。现代市场经济中，分工和协作关系覆盖了企业内部的劳动者专业分工与协作、企业之间的产品分工与协作、行业之间的产业链分工与协作、地区之间的价值链分工与协作、国家之间的生产与贸易网络的分工与协作等。分工与协作可以提高专业化水平，进而提高生产效率，扩大市场规模，提高国家竞争力等。在数字经济时代，随着互联网、数字技术和平台经济的发展，推动新质生产力的分工与协作关系更加网络化和数字化，不仅降低了交易成本，还提升了资本循环的效率等。

（三）体现先进生产力的两个辩证统一关系

从辩证唯物主义和历史唯物主义的立场来看，推动人类社会不断进步的先进生产力既是绝对性和相对性的统一，也是历史性和现实性的统一。任何时代的先进生产力都具有革命性、先导性和高效性等共性特征，这是它的绝对性。同时，任何时代的先进生产力都必须与特定的生产条件和科技水平相适应，体现时代特征，受到当时科技发展水平的限制，具有相对性。从长期看，先进生产力的发展是随着时代的变化而不断变化的，其发展中心也是在世界范围内不断演变的，具有历史性和世界性特征。同时，先进生产力又是立足现实的劳动对象、劳动资料和劳动者等发展起来的，以生产工具来衡量和体现当时的生产力发展水平，具有实践性和现实性。

在当前科技革命和产业变革的浪潮中，新质生产力作为先进生产力的具体表现形式，必然体现绝对性和相对性、历史性和现实性的辩证统一关系。新质生产力主要体现在新一代信息技术、生物技术、新

---

① 《马克思恩格斯文集》第8卷，人民出版社2009年版，第505页。

能源、新材料、高端装备等战略性新兴产业，以及类脑智能、量子信息、基因技术、未来网络、深海空天开发等未来产业中，这些新产业和新领域所孕育的生产力是革命性和先导性的，对于推动高水平科技自立自强和构建现代化产业体系具有决定性作用。随着科技革命和产业变革的"跳跃式"发展，新的战略性新兴产业和未来产业又会出现，必然要求我们不断去适应新需求和新变化。

从科技革命史来看，历次工业革命中，科学技术领域的重大突破总会带来产业变革，进而深刻影响人类的生产方式和生活方式。第一次工业革命，以蒸汽机的发明和使用为代表，大机器生产成为主要生产方式，棉纺织业出现了大发展；第二次工业革命，以电气的发明和使用为代表，人类进入了电气化时代，新技术和新发明不断出现，促进了经济快速发展；第三次科技革命，以信息技术等的发明和使用为标志，人类进入了信息化、网络化时代。当前，以5G、人工智能、石墨烯、虚拟现实、量子信息技术、可控核聚变、清洁能源等为代表的新科技革命正在孕育和发展，将会对人类的生产方式和生活方式产生更加深刻的影响。如果说前三次科技革命和产业变革主要是西方国家主导的，推动了西方国家的现代化进程，那么新一轮科技革命和产业变革呈现出东西并存的趋势，形成了美国、中国和欧洲的多元竞争格局。无论是从近代中华民族遭受的种种挫折来看，还是以中国式现代化推动实现中华民族伟大复兴的实践需求来看，都需要通过大力发展新质生产力，推动高质量发展，构筑国际竞争新优势。

第四节　理论创新

马克思在《哲学的贫困》中指出："随着新生产力的获得，人们改变自己的生产方式，随着生产方式即谋生的方式的改变，人们也就会改变自己的一切社会关系。"[①] 发展新质生产力，既是对人类社会发

---

① 《马克思恩格斯选集》第1卷，人民出版社2012年版，第222页。

展规律的深刻总结，又是中国共产党坚持以人民为中心发展思想的集中体现，同时也是顺应新时代中国发展要求的必然选择。

一 深刻总结了人类社会生产力发展的客观规律

马克思关于生产力与生产关系、经济基础与上层建筑的辩证统一原理，深刻揭示出人类社会文明进步的一般规律。正是伴随生产力的不断新旧更替及其与旧的生产关系发生矛盾，人类社会才依次由农业文明向工业文明进而向信息化时代不断演进。然而，值得注意的是，这种进步生产力的变化绝不仅仅是因为固有的生产力的单纯的量的扩大，关键在于每一次进步都源于生产力发生了"质"的飞跃，产生了新的"质变"。

首先，自然范畴的生产力的更替推动人类社会农业文明的发展。这一时期，以自然生产力为主导，生产力的更替发生在"物质"形态内部。按照马克思的观点，生产力本身与自然条件紧密相连，具体又包括"人本身的自然"和"人周围的自然"，其中前者主要与人种、性别等有关，而后者在经济向度又可细分为两大类，即"生活资料的自然富源，例如土壤的肥力，鱼产丰富的水域等等；劳动资料的自然富源，如奔腾的瀑布、可以航行的河流、森林、金属、煤炭等等"。[①] 鉴于此，整体来看，农业文明时期的生产力主要体现为以自然生产力为主导，由此也就内在规定了，农业文明时期生产力的发展变化仅限于生产力"物质"形态内部的变化。具体体现为，从文明初期（原始社会与奴隶社会）由"生活资料的自然富源"程度起决定性作用，向相对较高文明阶段（封建社会）由"劳动资料的自然富源"程度起决定性作用的转变。这一时期，以农业的产生为起点，并伴随农业生产材料的发展变化，又先后经历了新石器时代、青铜器时代、铁器时代，而每一次变化也都引起了生产力的新的发展变化。

其次，工业革命等推动人类社会进入了工业文明时期。这一时

[①] 马克思：《资本论》第1卷，人民出版社2004年版，第586页。

期，以社会生产力为主导，生产力的"质变"主要体现为由"物质"形态向"精神"形态的转变，同时进一步体现为"精神"形态内部由劳动的社会生产力（包括协作、分工）占主导向一般社会生产力（以科学技术为典型代表）占主导的转变。马克思指出："人们所达到的生产力的总和决定着社会状况，因而，始终必须把'人类的历史'同工业和交换的历史联系起来研究和探讨。"① 随着三次社会大分工的完成，商品交换的广度和深度得以提升，加速了商品货币化的进程，而大规模的财富积累以及劳动者和劳动资料的彻底分裂又为货币资本化提供了条件，进而为工业的产生和发展奠定了基础。起初，工场手工业主要以简单协作和分工作为提高生产力的重要手段，从而打破了传统依靠自然生产力的瓶颈，局部工人的产生及其不同方式的分组与结合，推动了新的社会的劳动生产力的形成与发展，但这种发展只是"工人畸形化"的结果。随着工场手工业难以满足更大交换需求弊端的显现，科技进步占据了生产力发展的主导地位。之后，以蒸汽机和电力的发明和使用为标志，先后推动生产力发生了新的"质变"，推动资本主义社会进入了机器大工业时代。正如马克思所言："机器生产同工场手工业相比使社会分工获得无比广阔的发展，因为它使它所占领的行业的生产力得到无比巨大的增长。"②

最后，信息革命等推动人类社会进入了信息化时代，而信息化时代依然属于工业文明中的一个新的更高的发展阶段。这一时期，以一般社会生产力，即科学技术的发明与使用为主导，而且在新的阶段和起点上，生产力的新的"质变"突出体现为由一般科学技术向颠覆性科学技术的转变。2014年，习近平总书记在国际工程科技大会上的主旨演讲中指出："信息技术成为率先渗透到经济社会生活各领域的先导技术，将促进以物质生产、物质服务为主的经济发展模式向以信息生产、信息服务为主的经济发展模式转变，世界正在进入以信息产业

---

① 《马克思恩格斯选集》第1卷，人民出版社2012年版，第160页。
② 马克思：《资本论》第1卷，人民出版社2004年版，第512页。

为主导的新经济发展时期。"①这一时期，数据成为新型关键生产要素，信息技术以对数据的挖掘、处理和使用为典型特征。近年来，随着大数据技术的蓬勃发展和广泛应用，进一步推动信息化发展进入一个新的阶段，即数字经济时代。数字经济的特点在于创新性高、渗透性强、覆盖性广，通过推动数字经济与实体经济深度融合，既可以培育新的战略性新兴产业，又可以带动传统产业改造升级。当今时代，以数字化为支撑的科技创新的重要标志，就是以智能机器人为代表的智能技术的迅猛发展，而智能技术的发展为颠覆性技术创新和群体性技术革命的产生提供了关键支点。未来，在人工智能由弱到强的发展加持下，新质生产力必将加快形成，数据驱动、人机协同、跨界融合、共创分享的智能经济形态将推动人类进入一个"人机物"三元融合的万物智能互联时代。

二 深刻总结了中国特色社会主义社会生产力发展的经济规律

在马克思看来，资本主义社会与以往人类社会形态相比，在生产力发展方面具有一定的历史进步性，即"资产阶级在它的不到一百年的阶级统治中所创造的生产力，比过去一切世代创造的全部生产力还要多，还要大"。②然而，这种生产力的发展是建立在"以资本为中心"并对无产阶级进行强烈剥削的基础之上的，从而注定了它的独特性、历史性和暂时性，这种发展的直接结果就是两极分化以及随之而来的周期性经济危机，"一切现实的危机的最后原因，总是群众的贫穷和他们的消费受到限制，而与此相对比的是，资本主义生产竭力发展生产力，好像只有社会的绝对的消费能力才是生产力发展的界限"。③一次比一次来得更猛烈、影响更深远的经济危机所带来的最终后果，就是资本主义的必然灭亡与社会主义的必然胜利。社会主义社会，首要任务依然是发展生产力，但与资本主义社会不同，社会主义

---

① 习近平：《论科技自立自强》，中央文献出版社 2023 年版，第 70、71 页。
② 《马克思恩格斯选集》第 1 卷，人民出版社 2012 年版，第 405 页。
③ 马克思：《资本论》第 3 卷，人民出版社 2004 年版，第 548 页。

社会的生产力归人民所有，生产力的发展是建立在"以人民为中心"且以所有人的富裕为目的的基础之上的。

实质上，发展生产力是社会主义的本质要求，加快发展生产力能够充分彰显社会主义发展生产力的优越性。马克思和恩格斯在《共产党宣言》中表示，工业变革与机器生产的最重要的产物就是无产阶级，无产阶级作为新的生产力的代表，作为真正革命的阶级，其历史使命就是"上升为统治阶级"并"尽可能快地增加生产力的总量"。[①] 原因在于，社会主义只是共产主义的第一阶段，而要想达到共产主义的最高阶段依然要以生产力的巨大增长和高度发展为前提。按照马克思主义基本观点，社会主义发展生产力有其独特的优越性，恩格斯在《反杜林论》中特别强调："摆脱了资本主义生产的局限性的社会可以更大踏步地前进……这样的社会将创造新的生产力。"[②] 列宁也指出："只有社会主义才能使科学摆脱资产阶级的桎梏。"[③] 社会主义制度下生产力发展的优越性主要体现为，一方面，领导权掌握在始终代表无产阶级利益的共产党人手里，利益的高度一致决定了管理者和劳动者之间不存在不可调和的对抗性矛盾关系，而且可以形成社会合力，共同推动生产力的发展。另一方面，生产力的发展以生产资料的全体人民共同占有为基础，从而也就内在规定了所有劳动者可以共同参与生产力发展成果的分配，进而又能够进一步调动全体社会成员共同提高生产力的积极性、主动性和创造性。中国作为社会主义国家，发展新质生产力，不仅有利于推动经济社会发展，而且能够有力彰显社会主义制度优势，推动实现中国式现代化强国建设目标。

三 深刻总结了以高质量发展推动中国式现代化的发展经验

新时代，中国特色社会主义制度更加完善，全面建成小康社会伟大目标如期完成，生产力发展水平总体跃升，为开启全面建设社会主

[①] 《马克思恩格斯选集》第1卷，人民出版社2012年版，第421页。
[②] 《马克思恩格斯选集》第3卷，人民出版社2012年版，第684页。
[③] 《列宁选集》第3卷，人民出版社2012年版，第546页。

义现代化国家新征程奠定了坚实的制度、物质和技术基础。同时，中国也正处于全面推进中华民族伟大复兴最为关键的历史时期，国内经济发展方式转型与国际经济技术封锁的双重压力，迫切要求我们必须尽快在发展动能上寻求新的突破，而加快形成新质生产力，成为推动经济高质量发展，重塑世界经济格局，以及全面建成社会主义现代化强国的必然选择。

（一）发展新质生产力是经济高质量发展的内在要求

习近平总书记强调："实现高质量发展，必须实现依靠创新驱动的内涵型增长。"[①] 根据马克思的社会总资本扩大再生产理论，扩大再生产包括外延型和内涵型两种方式，前者以量的扩大为主导，后者则关键在于质的提高，即更加注重要素投入质量与使用效率。"高质量发展"重点突出的就是质量变革、效率变革、动力变革，并且动力变革又是质量和效率变革的重要基础和决定因素。立足新发展阶段，劳动力成本攀升，资源环境承载力达到瓶颈，加之"双碳"目标约束，以往的"人口红利"与资源优势逐渐式微，单纯依靠传统生产力已然不能满足新的发展需要。恰逢此时，新一轮科技革命和产业变革滚滚来袭，为加快形成新质生产力，探寻和培育经济发展新动能提供了方向与契机。此外，推动经济高质量发展还要求贯彻新发展理念。对此，习近平总书记强调："协调发展、绿色发展、开放发展、共享发展都有利于增强发展动力，但核心在创新。"[②] 只有以创新为引领，才能促进新发展理念形成相互贯通、相互促进的集合体，共同推动新质生产力加快形成。进一步地，推动经济高质量发展还要求构建新发展格局。习近平总书记指出："提升自主创新能力，尽快突破关键核心技术，是构建新发展格局的一个关键问题。"[③] 可见，加快形成新质生产力也是构建新发展格局的题中应有之义。

（二）发展新质生产力是重塑世界经济格局的重要支点

马克思和恩格斯在《德意志意识形态》中指出："各民族之间的

---

① 习近平：《论科技自立自强》，中央文献出版社2023年版，第235页。
② 习近平：《论科技自立自强》，中央文献出版社2023年版，第113页。
③ 习近平：《论科技自立自强》，中央文献出版社2023年版，第46页。

相互关系取决于每一个民族的生产力、分工和内部交往的发展程度。这个原理是公认的。"① 任何新的生产力的发展最明显地表现为分工（包括世界分工）的发展，而分工的发展又会进一步创造出一种更新的生产力。回顾近代世界发展历程，国际关系的重大转折无不源于由科技革命所引起的生产力的发展进而产生的国际分工的变化。科技创新已然成为一国塑造国际竞争新优势的最关键因素。从第一次工业革命助推英国成为世界强国，到此后美国抓住历次工业革命成功超越英国成为新的世界霸主，充分彰显出科技创新对于国家发展及其国际地位的决定性作用，也正是由于技术落后致使中国经历了长期的列强侵略和社会动荡。因此，习近平总书记指出："从某种意义上说，科技实力决定着世界政治经济力量对比的变化，也决定着各国各民族的前途命运。"② 中华人民共和国成立，特别是改革开放以来，我国以经济建设为中心，大力发展生产力，取得显著成效。但是与发达国家"高起点""高投入"的持续发展相比，中国在科学技术特别是关键核心技术领域仍然存在一定差距，导致中国在国际分工上一直处在全球产业链和价值链的中低端。当前，在世界百年未有之大变局下，新一轮科技革命与世界经济格局加速演变形成历史性交汇，抓住战略机遇，掌握战略主动，加快形成以颠覆性技术创新为核心的新质生产力，对于提升中国在世界经济格局中的发展自主权和核心竞争力具有重要意义。

（三）发展新质生产力是全面建成社会主义现代化强国的动力支撑

现代化是人类社会发展的必然走向，也是中国特色社会主义发展的现实底色。中华人民共和国成立之初，以毛泽东同志为核心的党的第一代中央领导集体就提出了"四个现代化"的建设目标，改革开放以后，邓小平同志又提出了"中国式的现代化"，即"小康之家"。新时代，习近平总书记进一步科学阐释了"中国式现代化"的本质要求与中国特色，并指出："从现在起，中国共产党的中心任务就是团

---

① 《马克思恩格斯选集》第1卷，人民出版社2012年版，第147页。
② 习近平：《论科技自立自强》，中央文献出版社2023年版，第76页。

结带领全国各族人民全面建成社会主义现代化强国、实现第二个百年奋斗目标，以中国式现代化全面推进中华民族伟大复兴。"[1] 无论是最初"四个现代化"的提出，还是全面建设社会主义现代化强国，都始终包含着科学技术现代化这一重要内容。习近平总书记特别强调："实现建成社会主义现代化强国的伟大目标，实现中华民族伟大复兴的中国梦，我们必须具有强大的科技实力和创新能力。"[2] 新时代，进一步推进和拓展中国式现代化的总体思路在于，以信息化、数字化、智能化技术为依托，以颠覆性关键核心技术突破为抓手，以促进新型工业化、信息化、城镇化、农业现代化深度融合发展为路径，推动建成高标准、高水平的现代化产业体系。整体来看，在开启全面建成社会主义现代化强国之际，最根本、最紧迫的任务之一就是大力提升科技创新能力，加快发展新质生产力。

第五节　发展水平[3]

新质生产力这一重大理论范畴提出以来，迅速成为理论界与实践领域的热点问题。在理论界，学者就新质生产力的内涵、特征和应用路径等方面展开了深入研究。在实践领域，政府和企业积极探索和实践新质生产力的应用路径，将其作为推动经济发展的重要动力。在此背景下，采取科学的测度方法对中国新质生产力的发展现状进行定量分析显得尤为重要。

为了对不同层面新质生产力的发展水平进行全面精准的刻画，本节立足于新质生产力的基本内涵构建指标体系，即劳动者、劳动资

---

[1] 习近平：《高举中国特色社会主义伟大旗帜　为全面建设社会主义现代化国家而团结奋斗——在中国共产党第二十次全国代表大会上的报告》，人民出版社2022年版，第21页。
[2] 习近平：《论科技自立自强》，中央文献出版社2023年版，第194页。
[3] 本节内容可进一步参见韩文龙、张瑞生、赵峰《新质生产力水平测算与中国经济增长新动能》，《数量经济技术经济研究》2024年第6期；韩文龙、张瑞生《新质生产力的发展水平测算与发展趋势分析》，《中国财政》2024年第10期。

料、劳动对象及其优化组合的跃升。从这一内涵可见，新质生产力的提高一方面要依赖劳动者、劳动对象和劳动资料等实体性要素的提质增量，另一方面要依靠科技、产业组织等渗透性要素不断促进实体性要素优化组合的跃升。但是，考虑到各地区和行业的发展水平存在差异，同一年份的不同地区或行业也存在发展差距，为了使新质生产力发展水平的测算实现横向可比和纵向可比，本节从劳动者、劳动资料、劳动对象、科技、产业组织等维度选取了多个指标，形成了多维度的二级和三级指标，建立了新质生产力指标体系，并采用熵值法对各指标进行降维，对各地区、各省份以及主要城市的新质生产力发展水平进行测算。

一　省级新质生产力发展现状及趋势

党的十八大以来，中国坚定不移推动创新驱动发展战略，新质生产力呈现快速发展态势。科技创新体系全面升级，关键核心技术攻关取得重大突破，新兴产业集群如信息技术、高端装备制造以及新能源等领域加快发展。测算数据显示，各地区、各省份以及主要城市经济正逐步从传统的要素驱动模式转向创新驱动模式，新质生产力不仅成为推动高质量发展的内核引擎，而且成为在国际竞争中赢得持久性创新优势的关键。

2012—2022年，中国省级新质生产力指数总体呈现高速增长的态势（见图1-1）。整体来看，2022年中国省级平均新质生产力水平增长到2012年的2.5倍左右。分阶段来看，2017—2022年的增长速度较2012—2017年更快，这表明中国培育新质生产力的内生动力正在不断增强。从各构成要素的增长情况来看，科技指数的增长最为迅速，创新的作用日益增强。新一轮科技革命和产业变革不断演进，加速改变着人们的生产方式和生活方式，成为新质生产力水平提升的主要推动力。创新型劳动者和新劳动对象的涌现，也促进了中国新质生产力的发展，一方面随着教育水平的提高和科学技术的普及，高技能劳动者不断涌现，实现了人才赋能；另一方面新能源和新材料等新型劳动对象不断提质增量，提高了生产效能。颠覆性技术、前沿技术等新一轮产业技术革命催生了新劳动资料，成为新质生产力的最重要构成要素和根本特征，智能算法等虚拟的生产工具则为生产活动提供了更准确的预测决策和持续的效率提升。

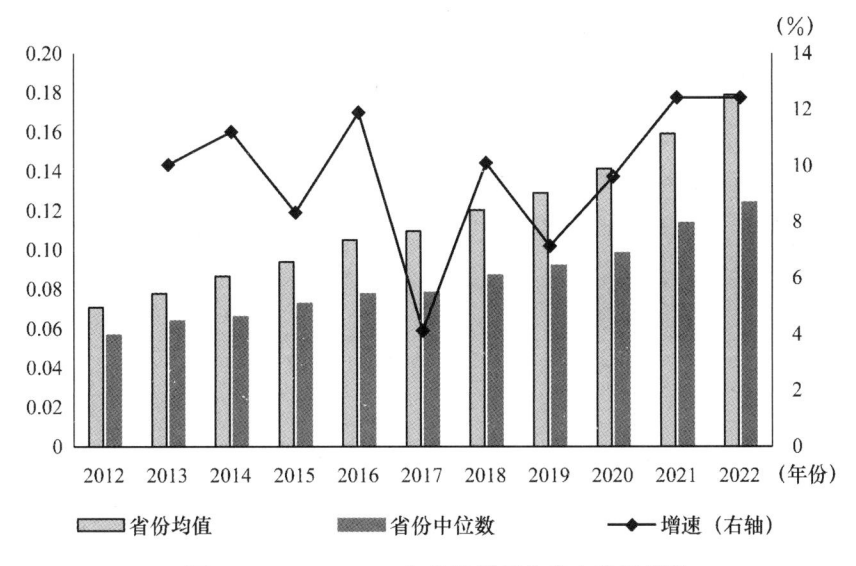

图 1-1 2012—2022 年省级新质生产力发展情况

分地区来看，不同地区的新质生产力水平存在差异，各地方要因地制宜发展新质生产力。图 1-2 反映了 2012—2022 年东部、中部、西部和东北四个地区新质生产力水平的差异。其中，东部地区新质生产力水平最高，中部其次，西部和东北地区相对较低。从时间趋势来看，四个地区的新质生产力水平均呈现出迅速上升的趋势，且东部、中部的上升趋势比西部和东北地区的上升趋势更为明显，增速更快。东部地区具有相对较好的地理禀赋和经济基础，新质生产力发展能够获得较高的初速度和加速度；中部地区的传统产业不断转型升级，为新质生产力的发展提供了越来越坚实的产业基础；而西部和东北地区在各方面仍具有较大的发展空间。东部、中部、西部、东北地区具有不同的资源禀赋，要因地制宜培育新质生产力，加快释放高质量发展新动能。

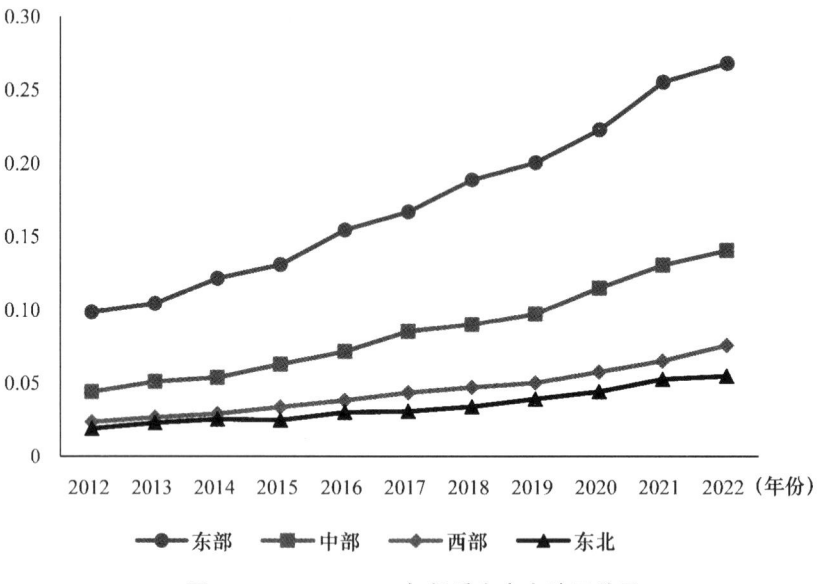

图 1-2 2012—2022 年新质生产力地区差异

图 1-3 反映了京津冀、长江经济带、泛珠三角、长三角以及黄河流域五大重要经济区域的新质生产力水平。2012—2022 年，各区域的新质生产力均呈现出显著的加速增长趋势。分区域来看，首先，长三角地区是中国区域一体化发展起步最早、基础最好、程度最高的地区，以日渐活跃的协同创新、更为扎实的产业协作、加速联通的基础设施等不断构建新质生产力的培育基础，因而其始终保持着最高的新质生产力水平和较高的增速。其次，京津冀地区在近几年内加速布局新质生产力产业链，加强原创性、颠覆性科技创新，不断提升产业链、供应链的韧性和安全水平，其新质生产力发展十分迅猛。再次，长江经济带是中国重要的制造业基地和创新策源地，不断孕育着有竞争力、影响力的现代产业集群，传统产业的数字化、智能化、绿色化发展为战略性新兴产业和未来产业的发展提供了基础产业支撑。泛珠三角地区依托沿海开放有利条件以及强化跨区域合作机制，其新质生产力增长模式也具有较强竞争力。黄河流域作为中国生态保护的重要一环，坚定不移走生态优先、绿色发展之路，筑牢绿色屏障、激活绿色动能，推动生态高质量发展、促进产业的可持续发展，其新质生产力水平呈稳步增长态势。

图 1-3 2012—2022 年新质生产力区域发展差异

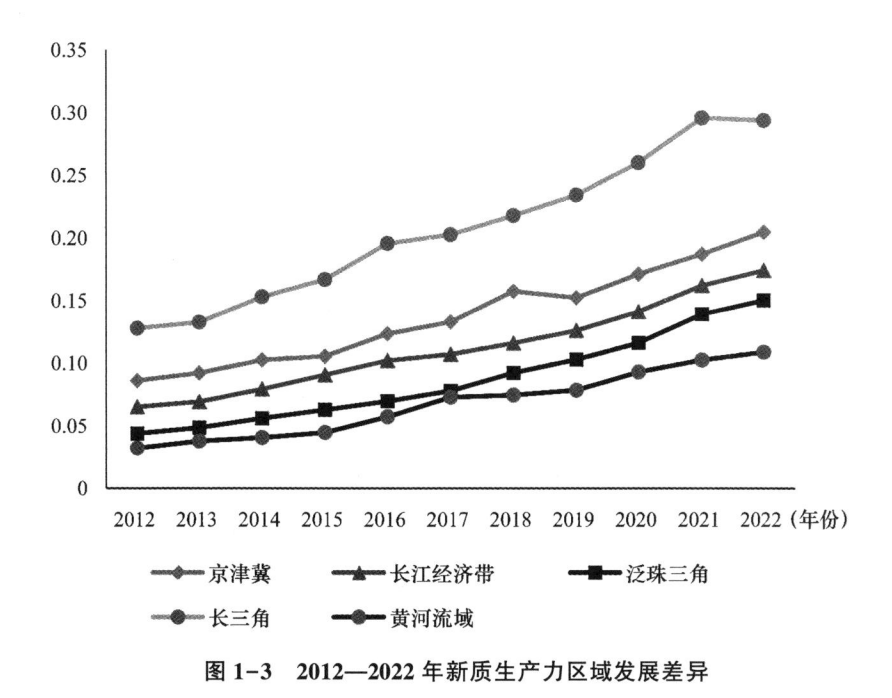

二 重点城市新质生产力发展现状及趋势

直辖市、省会城市与副省级城市是中国区域经济发展的重要支点，是新质生产力发展的领头羊。图 1-4 反映了 2012—2022 年 35 个重点城市①新质生产力水平。整体来看，重点城市新质生产力发展水平稳步上升，同时各城市呈现出明显的差异化发展趋势，体现出城市之间资源禀赋的不同。重点城市的新质生产力发展水平在 2012—2022 年实现了持续稳定的增长，处于较高的增速水平。从指数均值和中位数来看，2022 年重点城市新质生产力指数均值比 2012 年总体增长 3 倍有余。从增长情况来看，大部分年份的新质生产力均值增长率高于 10%，重点城市新质生产力发展水平实现了高速增长。

---

① 35 个重点城市为：北京、上海、深圳、广州、杭州、武汉、西安、重庆、青岛、郑州、太原、天津、成都、合肥、长沙、济南、宁波、福州、兰州、厦门、哈尔滨、大连、贵阳、南宁、南京、海口、长春、昆明、沈阳、石家庄、西宁、南昌、呼和浩特、银川、乌鲁木齐。

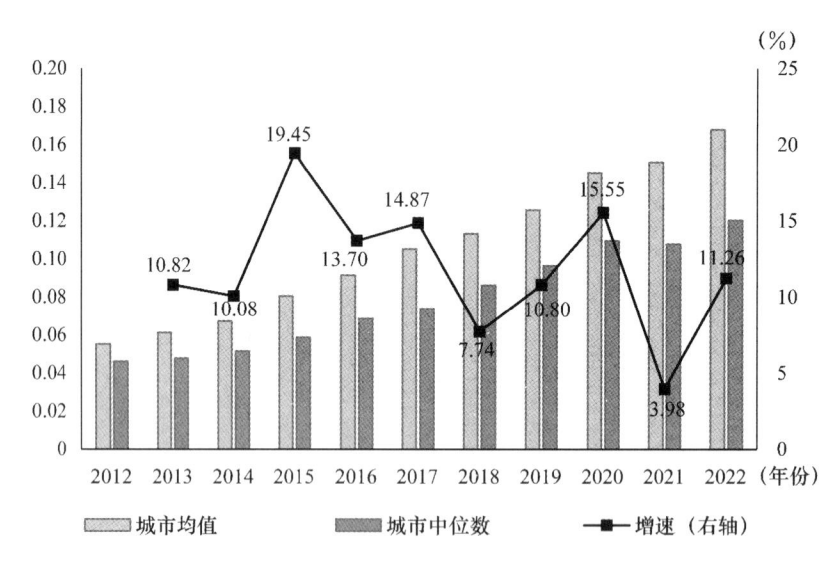

图 1-4　2012—2022 年重点城市新质生产力增长情况

进一步考察重点城市新质生产力结构的发展差异性，如图 1-5 所示，劳动者、劳动资料、劳动对象、科技与产业组织 5 个分指数均值基本上呈现出稳步上升趋势，与新质生产力总体发展趋势相同。具体而言，劳动者指数均值提升到原来的 1.63 倍，劳动资料指数均值提升到原来的 2.58 倍，劳动对象指数均值提升到原来的 12.50 倍，科技指数均值提升到原来的 3.48 倍，产业组织指数均值提升到原来的 2.43 倍。劳动者指数均值总体提升最小，劳动者生产经验的积累和劳动技能的发展推动新质生产力的进步，但劳动者素质的提升是一个长期的过程，其提升需在更长的时间范围内才能显现出来。劳动对象指数均值总体提升最大，可见新能源和新材料等新型劳动对象已经成为推动生产力发展的关键构成要素。

三　行业新质生产力发展现状及趋势

2024 年，全国两会将"大力推进现代化产业体系建设，加快发展新质生产力"列为 2024 年政府工作任务首位。新质生产力对于行业发展意义重大，不仅能够推动行业的技术进步和模式创新，还能够

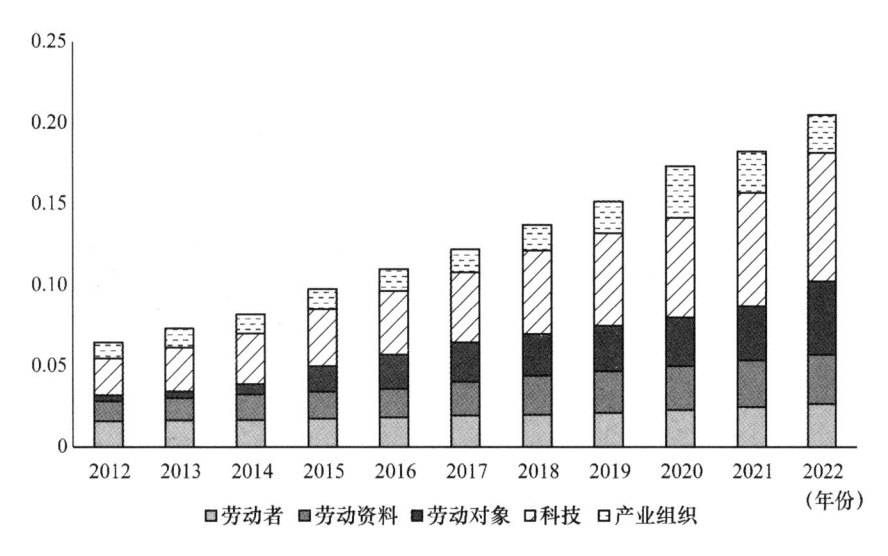

图 1-5 2012—2022 年重点城市新质生产力分指数

优化资源配置、促进人才培养和知识更新。各行业应加快新质生产力发展，提高市场竞争力，不断适应市场需求的变化。

本节根据《国民经济行业分类（2017）》的产业门类划分，测算了行业新质生产力总体发展水平。从测算结果来看，总体上中国行业新质生产力呈上升趋势，2012—2022 年行业新质生产力增长约 50%。从历年产业梯队来看，信息传输、软件和信息技术服务业，科学研究和技术服务业以及交通运输、仓储和邮政业的新质生产力水平长期位居前列，其劳动者、劳动资料、科技水平等方面发展情况较好。图 1-6 报告了 2022 年各行业新质生产力水平分布的具体情况，其中信息传输、软件和信息技术服务业新质生产力水平最高。可见，当前新质生产力水平较高的行业多为知识密集型或技术密集型行业，这是新质生产力创新驱动的重要体现。从另一角度而言，排名较低的行业多为传统产业，这也说明了传统产业加速转型升级的重要性和紧迫性。

根据工业和信息化部等四部门印发的《新产业标准化领航工程实施方案（2023—2035 年）》，其中聚焦"8+9"产业，包括新一代信息技术、新能源、新材料、高端装备、新能源汽车、绿色环保、民用

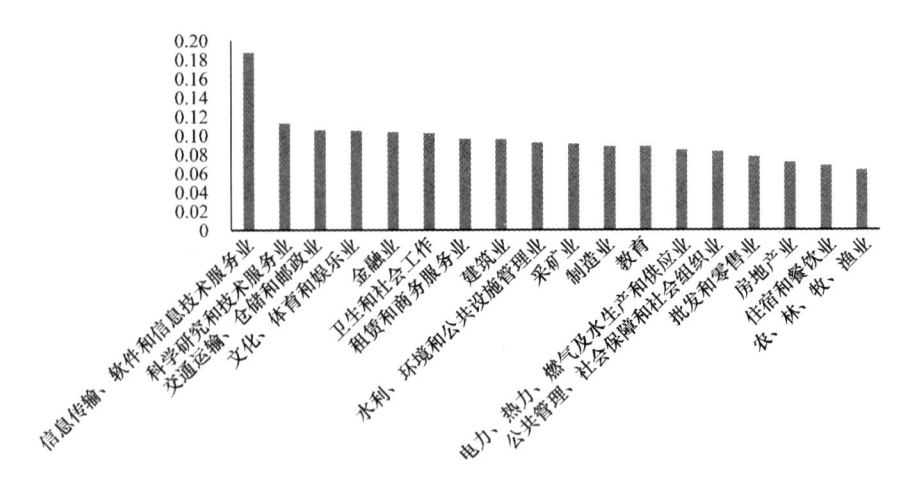

图 1-6 2022 年各行业新质生产力水平分布

航空、船舶与海洋工程装备 8 个领域在内的新兴产业，以及元宇宙、脑机接口、量子信息、人形机器人、生成式人工智能、生物制造、未来显示、未来网络、新型储能 9 个领域在内的未来产业，我们将产业分为战略性新兴产业、未来产业以及其他产业，对其新质生产力水平进行了测算。从表 1-1 的计算结果来看，三大产业新质生产力水平总体上均呈上升趋势，一方面说明战略性新兴产业与未来产业不断壮大，另一方面也说明传统产业改造升级不断深入。从年均增长速度上看，未来产业年均增长率为 2.73%，战略性新兴产业年均增长率也达到 2.39%，两大产业处于培育壮大阶段。其他产业新质生产力水平年均增长率达到 2.79%，转型升级速度较快。

表 1-1 战略性新兴产业、未来产业与其他产业新质生产力水平

年份	战略性新兴产业	未来产业	其他产业
2012	0.077	0.079	0.077
2013	0.082	0.084	0.083
2014	0.086	0.089	0.088
2015	0.093	0.094	0.093

续表

年份	战略性新兴产业	未来产业	其他产业
2016	0.096	0.097	0.097
2017	0.095	0.099	0.099
2018	0.098	0.099	0.100
2019	0.098	0.099	0.100
2020	0.097	0.097	0.098
2021	0.098	0.089	0.089
2022	0.098	0.103	0.102

四 因地制宜发展新质生产力

各省应遵循因地制宜原则，充分利用和发挥自身资源禀赋与比较优势发展新质生产力。对于新质生产力发展水平较高的东部地区，应着力推进已有优势产业的高端化、智能化进程，同时引导资本和技术流向科技创新和新兴领域，以保持和扩大领先优势。而对于中西部和东北地区，政策应侧重于强化基础科研设施建设、提升教育与人力资源开发水平，以及优化营商环境，吸引更多优质企业和项目落地，促使这些地区在追赶过程中实现跨越式发展。从表1-2的政策梳理来看，新质生产力提出以来，各省份陆续出台了系列政策文件，基于地区发展禀赋选择发展方向和侧重点，契合了因地制宜这一发展新质生产力的基本原则。

表1-2 各省份培育新质生产力的政策文件和发展侧重点

省份	代表性政策文件	新质生产力发展侧重点
北京	《北京市促进未来产业创新发展实施方案》	六大领域：未来信息、未来健康、未来制造、未来能源、未来材料、未来空间
天津	《天津市工业布局规划（2022—2035年）》	量子信息、未来网络、新一代通信、基因技术、类脑智能、无人驾驶、先进材料、深海深空等未来产业

续表

省份	代表性政策文件	新质生产力发展侧重点
河北	《河北省战略性新兴产业融合集群发展行动方案（2023—2027年）》	空天信息产业、先进算力产业、鸿蒙欧拉产业生态、前沿新材料产业、基因与细胞产业、绿色氢能产业等
山西	《山西省未来产业培育工程行动方案》	人工智能、智能传感及物联网、数字孪生与虚拟现实、区块链、氢能、核能、量子、碳基芯片、高速飞车
内蒙古	《内蒙古自治区建设多元发展多极支撑现代化产业体系实施方案》	新能源、新材料、现代装备制造、生物医药、数字经济五大新兴产业
辽宁	《2024年辽宁省政府工作报告》	新材料、航空航天、低空经济、机器人、生物医药和医疗装备、新能源汽车、集成电路装备等
吉林	《2024年吉林省政府工作报告》	人工智能、人形机器人、生物制造、元宇宙、新型储能等
黑龙江	《2024年黑龙江省政府工作报告》	新能源、航空航天、高端装备、新材料、生物医药等
上海	《2024年上海市政府工作报告》	新能源汽车、高端装备、先进材料、民用航空、空间信息等高端产业集群
江苏	《江苏省人民政府关于加快培育发展未来产业的指导意见》	第三代半导体、未来网络、氢能、新型储能、细胞和基因技术、合成生物、通用智能、虚拟现实、前沿新材料、零碳负碳（碳捕集利用及封存）10个成长型未来产业，量子科技、深海深地空天、类人机器人、先进核能等一批前沿性未来产业，初步形成"10+X"未来产业体系
浙江	《浙江省人民政府办公厅关于培育发展未来产业的指导意见》	未来网络、元宇宙、空天信息、仿生机器人、合成生物、未来医疗、氢能与储能、前沿新材料、柔性电子9个快速成长的未来产业
安徽	《安徽省未来产业先导区建设方案（试行）》	通用智能、量子科技、空天信息、低碳能源、生命与健康、未来网络、先进材料、第三代半导体、先进装备制造、区块链、元宇宙
福建	《2024年福建省政府工作报告》	培育壮大新一代信息技术、新能源、新材料、生物医药、低空经济等战略性新兴产业
江西	《江西省未来产业发展中长期规划（2023—2035年）》	未来信息通信、未来新材料、未来新能源、未来生产制造、未来交通、未来健康

续表

省份	代表性政策文件	新质生产力发展侧重点
山东	《山东省制造业创新能力提升三年行动计划（2023—2025年）》	人形机器人、元宇宙、量子科技、未来网络、碳基半导体、类脑计算、深海极地、基因技术、深海空天开发等
河南	《河南省加快未来产业谋篇布局行动方案》	量子信息、氢能与储能、类脑智能、未来网络、生命健康、前沿新材料等
湖北	《湖北省制造业高质量发展"十四五"规划》	量子信息、下一代网络、精准医疗、脑科学与类脑研究、液态金属
湖南	《湖南省现代化产业体系建设实施方案》	人工智能、生命工程、量子科技、前沿材料
广东	《关于加快培育发展未来产业的行动方案》	未来网络、通用智能、生命与健康、低碳能源、先进材料、未来空间、量子科技等
广西	《2024年广西壮族自治区政府工作报告》	新能源汽车、生物医药、新材料等战略性新兴产业，人工智能、生命科学等未来产业
海南	《2024年海南省政府工作报告》	种业、深海、航天、绿色低碳、生物制造、低空经济等
重庆	《深入推进新时代新征程新重庆制造业高质量发展行动方案（2023—2027年）》	卫星互联网、生物制造、生命科学、元宇宙、前沿新材料、未来能源、高成长性产业
四川	《2024年四川省政府工作报告》	人工智能、生物技术、卫星网络、新能源与智能网联汽车等产业
云南	《2024年云南省政府工作报告》	新材料、稀贵金属、先进装备制造、光电等新兴产业，人工智能、生物制造、卫星应用、低空经济、氢能及储能等未来产业
陕西	《2024年陕西省政府工作报告》	打造氢能、光子、低空经济、机器人等新增长点
新疆	《2024年新疆维吾尔自治区政府工作报告》	人工智能、生物医药、绿色算力、电子信息、动力电池、航空器制造、低空经济等
宁夏	《2024年宁夏回族自治区政府工作报告》	现代化工、新型材料、装备制造、数字信息、轻工纺织等
甘肃	《2024年甘肃省政府工作报告》	石化化工、冶金有色、新能源及新能源装备制造等
青海	《2024年青海省政府工作报告》	实施新能源、新材料等重点产业链高质量发展行动
西藏	《2024年西藏自治区政府工作报告》	以"整体推进"模式谋划区域产业布局，以大工程振兴大产业、带动大发展

续表

省份	代表性政策文件	新质生产力发展侧重点
贵州	《2024年贵州省政府工作报告》	加快发展数据标注、模型训练等人工智能基础产业，大力发展北斗、元宇宙、平台经济等新产业

资料来源：笔者根据各省份人民政府网公开文件整理。

针对重点城市的新质生产力发展，应实施精细化的城市层级差异化政策。一线及强二线城市应在巩固现有优势的基础上，加大研发投入，创建国家级甚至世界级创新中心，引领区域及全国的新质生产力发展潮流。而对于发展潜力较大的二线及以下城市，政策应鼓励其依托本地特色资源，发展具有地方特色的新兴产业集群，并通过城市间协同发展，形成互补共赢的局面，共同提升整体新质生产力水平。

面对各行业新质生产力发展的不均衡，要对各个行业精准施策，尤其是对传统行业的转型升级、战略性新兴产业和未来产业的培育给予大力支持。对于新质生产力增长较快、具备较强竞争优势的行业，应推广成功的经验和模式，引导行业内部企业加快技术创新和产业升级。同时，鼓励不同行业间的技术跨界融合，如通过推动制造业与数字技术、人工智能技术和绿色技术的深度融合，推动智能制造的快速发展。此外，对于新质生产力发展相对滞后的行业，应通过政策倾斜和技术援助，引进先进的生产设备、科学技术和管理模式，提升其全要素生产率，促进全行业的高质量发展。

数字学习资料

思考题

1. 简述马克思生产力理论的主要内涵。
2. 简述生产力与生产关系矛盾运动的基本规律。

3. 简述新型生产关系推动新质生产力发展的现实依据与重点把握。

4. 简述新质生产力的基本内涵。

5. 简述中国新质生产力发展水平及各地发展情况。

第二章　新质生产力的实践内涵

新质生产力的提出，有着重大的现实意义和丰富的实践内涵。从实践逻辑来看，新质生产力是新一轮科技革命和产业变革的产物，是在传统生产力发展基础上的跃升，是中国产业转型升级的必由之路，是满足人民美好生活需要的根本途径。新质生产力的本质是先进生产力，相较传统生产力而言具有质上的显著优势。新质生产力充分体现新发展理念的要求，为贯彻新发展理念提供了强大动力和技术保障，是实现中国经济高质量发展的必然选择。加快培育新质生产力，必须遵循生产力发展的客观规律，坚持从实际出发，先立后破、因地制宜、分类指导。从具体内容来看，新质生产力是一个包括新技术、新要素、现代化产业体系三个方面在内的有机整体，其中新技术是实践动力，新要素是实践核心，现代化产业体系是实践载体。近年来，中国适应新质生产力发展要求，在技术、产业、制度等各方面进行了卓有成效的探索创新，为新质生产力的发展开辟了广阔前景，充分体现出中国特色社会主义市场经济在适应技术经济变革、推动创新发展上的独特优势，同时也为科技创新、环境治理、共享发展等全球性课题贡献了中国方案。

第一节　实践逻辑

新质生产力是科技革命和产业变革的必然要求，其是在传统生产力要素基础、产业基础、基础设施和市场需求发展的前提背景下，结合新时代发展要求与人民美好生活需要的现实呼唤而实现的生产力进一步跃升发展,既是中国产业转型升级的必由之路,也是满足人民美好生活需要的根本途径。

一 新质生产力是适应新一轮科技革命和产业变革的必然要求

从唯物史观来看,生产力是推动社会变革最活跃、最革命的因素。自工业革命以来,人类社会历次科技革命和产业变革都推动了社会财富的井喷式增长,并引发经济、政治、文化各方面的剧烈变革。在科技革命和产业变革中占得先机的国家,获得了爆发式发展,占据世界经济、政治、文化的主导权,走向繁荣富强;而在科技革命和产业变革中落后的国家,则陷于停顿、贫困和衰败,在国际经济、政治、文化中丧失话语权,甚至面临生存危机。

当前,世界正处于百年未有之大变局,一个根本性的变化就是新一轮科技革命和产业变革。以大数据、云计算、物联网、人工智能、区块链、虚拟现实、清洁能源、新材料、合成生物、量子信息、可控核聚变等颠覆性技术为代表的新科技革命正在孕育兴起。受技术革命的推动,新产业、新业态、新商业模式如雨后春笋般涌现,深刻改变着世界经济格局。对世界各国特别是发展中国家而言,这既是重大的发展机遇,也是一个严峻的挑战。抓住这一机遇,就能实现"弯道超车""换道超车",迅速缩小与发达国家的差距,推动经济快速发展,极大地改善人民的生活;反之,如果错失这一机遇,必然与发达国家进一步拉开差距,继续陷于贫困的泥潭,甚至已经发展起来的国家也可能重返贫困。

历史告诉我们,落后就要挨打。近代以来,拥有五千年灿烂文明、长期处于领先地位的中国急速坠落,遭遇百年屈辱,深陷贫困泥潭,根本原因就是在工业革命中落后了。经过几代人的不懈奋斗,中华民族大踏步地赶上了时代,基本实现了国家的工业化,改变了贫穷落后的面貌。但是,我们要清醒地看到,我们目前取得的发展成就大多仍是在传统技术经济范式内,属于"跟跑"性的发展。新一轮科技革命和产业变革是技术经济范式的根本性变革，与传统生产力有着质的区别。当今世界，大国竞争的焦点已经逐渐从传统产业向科技驱动的战略性新兴产业转移，单边主义、保护主义、霸权主义抬头，全球治理体系和国际秩序面临一系列挑战。在这样一个全新的时代，不进则退。如果我们不能在新一轮科技革命和产业变革中占据领先地位，与西方发达国家的差距就会重新扩大。新质生产力正是在这一时代背景下提出来的，是我们应对新一轮科技革命和产业变革、争夺国际竞争制高点的战略举措。

二 新质生产力是在传统生产力发展基础上的跃升

社会生产力的发展是一个前后相继的连续过程。虽然新质生产力是全新质态的生产力，但并非不需要前提而凭空产生，它的培育和发展仍然需要建立在传统生产力发展的基础之上，是在传统生产力发展基础上的跃升。

从历史上看，历次科技革命和产业变革无一不是在之前的生产力基础上，经历长期发展酝酿的产物。以第一次工业革命为例。在瓦特的蒸汽机横空出世之前，欧洲特别是英国已经完成了近代科学革命，培养了大批科学家和技术人员，发明了珍妮纺纱机等重要的新型工具机；持续数百年的大规模圈地运动将大批农民赶向城市，为城市大工业的发展准备了充足的廉价劳动力；自15世纪末开始的海外贸易和殖民地掠夺为大工业积累了所需的巨额资本和广阔市场；在政治上，经过了资产阶级革命，新兴资产阶级推翻封建贵族掌握了国家政权，为工业革命扫清了制度障碍。我们回过头来看，实际上工业革命的所有条件在工业革命之前都已具备，所差的只不过是一台动力机。而这些条件都是经过前工业时代、在手工生产的基础上形成的，没有这些发展基础，瓦特的蒸汽机就不会出现，即使出现了也不可能得到如此广泛的应用，掀起轰轰烈烈的工业革命。

从理论上看，新质生产力需要具备一些基本的前提条件，包括要素、产业、基础设施和市场需求。从要素方面看，新质生产力对生产要素有着较高的要求，需要高素质的劳动者、高额资本投入、基本的物质技术基础，以及富有创新能力的企业家。从产业方面看，新质生产力要求农业、工业、商业、服务业达到较高的发展水平，特别是要求扎实的工业基础；否则，新质生产力必将因为缺乏必要的软硬件基础和应用场景而发展乏力。从基础设施方面看，如果没有发达的交通、充足的能源（特别是电力）、完善的网络通信设施，新质生产力将无从发展。从市场需求方面来看，如果没有各个产业发展带来的生产性需求，没有居民收入水平提高带来的消费性需求，新质生产力必然由于缺乏足够的市场需求而无从发展。显然，这样的要素、产业、基础设施和市场需求不会从天而降，只有经过传统生产力的长期发展、达到较高水平的情况下才能形成。

中华人民共和国成立以来，特别是改革开放四十多年的发展积累，中国已成为世界第二大经济体，培育和发展新质生产力的各项条件已经成熟。从要素方面来看，拥有十几亿人口的中国普及基础教育，大量转移农村剩余劳动力，形成世界上最大规模的产业工人群体；高等教育快速发展，理工科毕业生数量居世界第一，拥有世界上最大规模的工程师群体；经过多年的市场经济发展熏陶，中国形成了一批极具创新能力的企业家群体；经过长期的引进、模仿和自主研发，中国在技术上取得长足进步，与西方的技术差距大大缩小，开始具备一定的自主创新能力；经过长期的资本积累，中国的资本存量已经极为庞大，可为资本密集型的新质生产力提供充足的资本。从产业方面看，中国已经成为"世界工厂"，拥有世界上最完整的工业体系和完善的产业链、供应链，雄厚的工业基础使我们能够大量嫁接新一代信息技术，快速推进传统工业的智能化升级，从"中国制造"转向"中国智造"；农业、商业、服务业也取得了长足发展，为引入新质生产力奠定了良好的产业基础。从基础设施方面来看，经过多年的"大基建"，中国已经拥有完善的水、路、电、气、网，工业化、信息化所需要的基础设施条件一应俱全。从市场需求方面来看，作为超大规模经济体，中国拥有巨大的内需市场，极利于新质生产力的孵化，中国的互联网经济、新能源汽车、高铁、新能源等战略性新兴产业的迅速兴起无不得益于此。这些条件使得中国新质生产力能够快速发展，并极大地放大其对整个经济的辐射带动作用。可以说，从各个方面看，中国培育和发展新质生产力的条件已经成熟，提出这一发展战略正当其时。

三 新质生产力是中国产业转型升级的必由之路

中国在传统生产力的范围内，成为"世界工厂"和世界第二大经济体，有两个重要的动力：从外部来讲就是国际贸易，通过承接西方低端产业转移，在国际产业链中从事低端制造业；从内部来讲是快速的城镇化，带来了基础设施和房地产的巨大需求，推动钢铁、煤炭、水泥、建材、化工等传统产业大发展，进而拉动整个经济快速增长。这两个发展动力与中国丰富的廉价劳动力资源相结合，从国外引进成熟技术，发展劳动密集型的低端产业，创造了中国经济增长的奇迹。然而，时移世易，曾经在传统生产力范围内推动中国经济快速发展的因素和模式已经潜力耗尽，中国经济的持续发展必须寻找新的动力。

（一）传统产业的产能过剩限制其继续发展

从经济学原理上讲，随着劳动生产率的提高，各类产业经过一段时间的发展必然过剩，要化解过剩产能，就必须通过技术和产业创新，寻找新的经济增长点。马克思在《1857—1858年经济学手稿》中详细阐述了这一原理："由于生产力提高一倍，以前需要使用100资本的地方，现在只需要使用50资本，于是就有50资本和相应的必要劳动游离出来；因此必须为游离出来的资本和劳动创造出一个在质上不同的新的生产部门，这个生产部门会满足并引起新的需要。"[①] 中国依靠基建、房地产业发展起来的钢铁、水泥、建材、化工等产业，以及在出口刺激下发展起来的服装、家具、家电、日用品等低端制造业已严重过剩，不可能再依靠这些传统产业实现经济的进一步发展。

---

① 《马克思恩格斯文集》第8卷，人民出版社2009年版，第89页。

只有发展新产业,才能化解产能过剩。

(二) 资源环境的约束

低端的劳动密集型产业依赖劳动力、土地、能源、矿产的持续投入,全要素生产率低,缺乏核心技术和自主品牌,在全球产业链、价值链的低端,大部分利润都被技术方和品牌方占有。在这一过程中,劳动力、能源、矿产被大量消耗,环境被污染。这种靠要素驱动的发展模式,实际上是拼资源,而中国作为一个人均资源相对匮乏的国家,并没有条件走这样的发展道路。从目前来看,我们的资源环境已经难以延续这种粗放式发展。并且,这一模式能够实现的发展水平也是非常有限的,不可能达到真正的高收入。对中国这样一个人口众多、资源相对短缺的大国而言,要想真正地、稳定地富裕起来,就不能满足于低端制造业,必须打破西方高技术和高端产业垄断,重塑当前的国际产业分工格局,在高科技、高附加值的高端产业领域占有一席之地。从传统生产力转向新质生产力,正是实现这一目标的必由之路。

四 新质生产力是满足人民美好生活需要的根本途径

经济发展归根结底是为了人民,必须坚持以人民为中心的发展。中华人民共和国成立以来,特别是改革开放以来,中国的经济发展取得了举世瞩目的成就,国际地位不断提高,但与人民日益增长的美好生活需要仍有距离。之所以产生这样的矛盾,一方面是由于传统生产力范围内以要素驱动的经济发展成本高昂,而全要素生产率和要素回报较低,经济发展质量不高。低端的劳动密集型产业不可能提供大量高收入、高闲暇的工作岗位,导致人们的收入增长慢,劳动时间长,劳动强度高,生活压力大;经济增长主要依靠资源环境的投入,经济增长与环境保护之间存在尖锐矛盾,生态环境付出了沉重代价。在这种发展方式下,虽然经济增长了、收入提高了、生活改善了,但人民的幸福感、满意度仍然难以提高。另一方面是由于中国发展到今天的水平,人民的需求已经在潜移默化中发生了重大变化,在收入水平、生活水平、工作体验、生态环境等方面提出了更高的要求。一般来讲，在收入水平较低的年代，压倒一切的需求是摆脱贫困，人们常常更重视看得见的经济价值；而在经济发展到较高水平后，单纯的收入提高对人们幸福感提升的边际作用逐渐弱化，而健康、闲暇、快乐、成就感、绿水青山等非经济价值对人们幸福感、满意度的影响日益增强。而传统的粗放式发展只能在有限的范围内实现收入水平的提高，无法满足这些新的更高要求和非经济价值。

党的十九大报告指出："中国特色社会主义进入新时代，我国社会主要矛盾已经转化为人民日益增长的美好生活需要和不平衡不充分的发展之间的矛盾。"[①] 解决这一矛盾的关键是提高社会生产力水平，从传统生产力向新质生产力跃升。首先，新质生产力的发展将显著提升中国在全球产业链、价值链中的地位，创造大量高质量就业岗位，在劳动时间减少的同时提高劳动收入，促进个人发展，提升人们的生活品质。其次，随着人工智能、机器学习等技术的运用，劳动者可以从简单重复的劳动中解放出来，更多地投身于创意与创新活动，使人们在工作中获得更多成就感与幸福感。最后，新质生产力能极大地提高社会的有效供给能力，提供更高质量的产品和服务，满足人们更高水平的需求。例如，AR/VR 技术应用在电影、游戏、旅游等休闲娱乐领域，为人们提供身临其境的极致享受；新能源汽车相较于传统燃油车，产品迭代更快，更智能、更舒适、更环保，开发出了大量迎合新的消费需求的配置，如露营野炊的外放电功能、"冰箱彩电大沙发"等。

第二节 实践品质

新质生产力是创新起主导作用，摆脱传统经济增长方式、生产力

---

① 习近平：《决胜全面建成小康社会 夺取新时代中国特色社会主义伟大胜利——在中国共产党第十九次全国代表大会上的报告》，人民出版社 2017 年版，第 11 页。

发展路径，具有高科技、高效能、高质量特征，符合新发展理念的先进生产力质态，其能推动创新、协调、绿色、开放、共享的新发展理念，构成新时代经济发展的新动能和新引擎。

一 新质生产力推动创新发展

习近平总书记强调，"发展新质生产力是推动高质量发展的内在要求和重要着力点……必须继续做好创新这篇大文章，推动新质生产力加快发展"。[①] 理论上，创新能力是由主导的技术经济范式决定的。在传统生产力的时代，创新对于发展的驱动力较弱，创新的推动力自然也较弱；而在新质生产力的时代，创新和新质生产力是互为因果、相互促进的强相关关系，这种统一性使得新质生产力具有推动创新的内生动力。这种推动力体现在两个方面。

从创新的可能性上看，传统生产力的技术经济范式已基本成熟，技术、产业、商业模式的创新窗口大大缩小，创新难度大、速度慢，难以为发展提供强大动能；而新质生产力的技术基础发生颠覆性变革，形成在质上不同的技术经济范式，不同技术、产业之间打破边界、深度融合，创新窗口巨大，新技术、新产业、新业态、新商业模式呈井喷式发展态势，创新实际上成为驱动发展的主要动能。因为新质生产力下创新速度的加快、创新潜能的扩大，为社会加大创新投入提供了有效的激励，为创新发展提供了强大动能。

从创新的必要性上看，新质生产力不同于传统生产力，主要依靠创新驱动，这种现实的迫切要求必然为创新提供强大推动力。传统生产力主要靠要素投入驱动，需要的是守纪律的熟练劳动力，是土地、资源以及体现传统工业技术的物质资本，创新对经济发展的贡献相对较弱。因为创新的要求不那么迫切，创新的投入力度也就不足，创新也就缺乏推动力。新质生产力本身是创新的产物，没有创新就没有新质生产力。在这种情况下，创新的重要性达到前所未有的高度，成为决定国家、企业乃至个人命运的关键，整个社会必须自觉提高创新意

[①] 习近平：《发展新质生产力是推动高质量发展的内在要求和重要着力点》，《求是》2024年第11期。

识和创新能力，必然推动创新成为经济发展的主要动能。

从中国自身的情况看，在传统生产力的时代，我们主要靠要素投入驱动，创新对经济增长的贡献率较低。在这种情况下，市场主体的创新意识不强，创新投入不足，自主创新能力较弱。而新质生产力的时代是创新的时代，引领时代发展的是创新能力强的高科技公司和创新人才，他们为社会带来了新技术、新产业、新模式、新方案，引领推动了新质生产力的发展，同时也从市场中得到了高额的回报。从这个意义上看，新质生产力本身是创新发展理念的最好宣传，是培养创新意识、提高创新能力、建设创新型国家的最有效机制和最强大动力。

二　新质生产力推动协调发展

传统生产力与协调发展之间有着内在矛盾，这主要体现在三个方面：一是在传统生产力范围内，地理位置、资源禀赋等物理世界的差异不可跨越。城乡、地区之间往往存在这些差异，常常导致发展不平衡不协调。例如，中西部偏远山区由于土地不足、交通不便、信息闭塞，工农业发展条件不利，长期处于贫穷落后状态。偏远地区由于山川阻隔、居住分散、发展水平较低，往往缺乏优质的教育、医疗资源，阻碍了这些地区人力资源的开发和培养，进一步加大了地区差距。

二是在传统生产力范围内，产业边界清晰，从而因为分工的不同而在城乡、地区、行业之间形成差别和对立，导致发展不平衡不协调。例如，在工业化过程中，工业比农业更有利于利用现代科学技术，从而形成城市现代工业与农村传统农业并存的城乡二元结构，导致城乡之间的差别与对立。

三是在传统生产力范围内实现的发展质量较低，经济发展与政治、文化、社会、生态之间常常存在脱节甚至对立的情况，造成经济、政治、文化、社会、生态发展不平衡不协调的问题。例如，传统工业生产往往破坏生态环境，无法实现经济与生态的协调兼顾。解决传统生产力下的发展不协调问题，关键是实现生产力范式的转型。

新质生产力有利于解决这三个方面的问题，推动经济协调发展。首先，在地区差距方面，作为新质生产力重要组成部分的数字生产力，有利于消除城乡和地区之间在物理上的差别。数字生产力由数据要素驱动，由网络连接，具有跨时空特性，物理世界中的差距被极大地缩小甚至消除，有利于促进区域协调发展。因为空前便利的信息交流，偏远地区能够获得更多的发展机会。例如，借助直播平台，偏远地区的农产品可以直销到城市，从而促进偏远地区、农村地区的产业发展。新质生产力能使偏远地区突破长期以来制约发展的困境，变劣势为优势，形成更均衡的产业布局。例如，西部地区利用电力等能源优势以及气候凉爽利于节能的优势，布局数字经济时代核心的算力产业；西北地区利用丰富的太阳能资源，发展"光伏+"产业，助推绿色发展。借助信息化手段，通过远程教育、远程医疗，大山深处、偏远农村地区也能享受到优质的教育、医疗资源，推进公共服务均等化。

其次，在产业方面，新质生产力融合性强，有利于产业实现融合发展，缩小城乡、区域、行业之间的分工差异与二元对立。通过发展新一代信息技术、生物技术、新能源等，提升传统产业的效率与质量，催生新的产业形态和服务模式，促进资源要素在城乡间实现优化配置，进而加速城乡经济一体化进程。例如，智能农业利用物联网、大数据实现生产效率的提升，同时促进农产品加工和物流等相关产业链的发展。通过发展应用大数据进行区域优势分析，因地制宜发展新质生产力，各地区积极探索符合自身发展特点的产业发展路径，实现区域经济发展的互利共赢。例如，长三角地区可以利用物联网技术和智能制造系统提升制造业水平，同时促进服务业与制造业深度融合，形成以创新为核心竞争力的现代产业体系；在中部和东北部老工业基地，可以通过引入智能技术来优化传统重工业结构，推动绿色低碳转型。

最后，在经济、政治、社会、文化、生态协调发展方面，新质生产力能够兼顾多重目标，克服传统生产力的固有缺陷，使经济发展与政治、社会、文化、生态协调兼顾、相互促进。新质生产力有助于构建更加开放包容的政治环境和社会氛围。随着信息技术特别是互联网技术的应用普及，政府可以更有效地收集民意、公开信息，提高决策透明度和服务质量，增强公众参与感和信任度。同时，智能技术如人工智能辅助决策系统可以帮助政府部门更准确地预测社会需求变化趋势，制定科学合理的政策规划，确保公共资源分配更加公平合理。新质生产力也有助于推动文化传承与生态保护的创新实践，为经济社会发展与文化遗产传承相融合、生态环境保护相适应提供新的路径。在文化遗产传承方面，数字技术和虚拟现实等工具被广泛应用于文化遗产的保护和传播中，使中华优秀传统文化的瑰宝得到有效保护与传承。在生态环境保护方面，智能技术的应用使得环境监测更加精准高效，有助于及时发现环境污染问题并采取相应措施。同时，清洁能源技术的发展减少了对化石燃料的依赖，降低了温室气体排放，促进了绿色低碳生活方式的形成。

当然，由于资金、产业基础、基础设施、人才等方面的差异，新质生产力在地区、行业之间仍然可能存在发展水平的差距。但这些是发展过程中的问题，而非新质生产力本身的问题。通过政府的统筹协调，优化新质生产力区域布局，引导资源向中西部地区、农村地区倾斜，缩小东中西部地区、城乡之间在基础设施、公共服务方面的差异，可以充分发挥新质生产力促进协调发展的内在优势。

三 新质生产力推动绿色发展

建设生态文明，是关系中国人民福祉、关乎中华民族未来的长远大计，是社会主义现代化建设的重要内容。然而，在传统生产力中，经济发展和环境保护之间存在尖锐矛盾，常常难以兼顾，绿色发展面临诸多困难。新质生产力本身就是绿色生产力。新质生产力为兼顾经济发展和环境保护，推进绿色发展，提供了技术经济基础。

一是新质生产力依靠科技创新提升生产效率，减小资源消耗和环境污染，清洁能源技术和循环经济模式为环境保护提供了必要的技术支撑。大数据、物联网、人工智能等数字技术的应用，大大提高生产过程的智能化、精确化程度，使得生产中的资源消耗大幅降低。太阳能、风能、水能等可再生能源代替污染性较强的化石能源，生物制造替代传统化石原料和高污染的化学生产工艺，提升生物质资源等可再生资源利用率，对实现节能减排、可持续发展具有重要意义。

二是低碳环保产业和绿色产业市场潜力巨大，兼具经济效益和生态效益，践行"绿水青山就是金山银山"的绿色发展理念。近年来，国内节能环保产业快速发展，截至 2024 年 7 月 31 日，节能环保产业相关企业数量接近 500 万家，同比增长 19.3%。[①] 太阳能等新能源技术还与生态治理相结合，发展出"光伏+生态治理"等绿色发展模式。依托良好的生态环境，可以大力发展文旅产业、康养产业，将生态价值转化成经济价值。此外，通过完善生态产品价值实现机制和横向生态保护补偿机制，着力推动生态产品的生态效益向经济效益的转化，还可以有效激发社会主体参与生态环境保护的自觉性，实现生态保护与经济发展的共建共赢。

三是新质生产力有利于绿色治理和绿色生活方式的形成。生态环境既依赖发展，也依赖维护，绿色生活方式的形成以及绿色治理方式的落实是维护生态环境治理成果，实现生态安全屏障建设持续发展的核心。发展新质生产力要"在全社会大力倡导绿色健康生活方式"，倡导绿色消费和低碳生活理念，这既是加快发展方式创新的重要着力点，也为更长远地筑牢生态安全屏障，实现高质量发展提供不竭动力。同时，构建绿色保护治理制度是新质生产力的重要诉求，为绿色发展提供了重要保障。综合考量生态效益和经济效益，建立制度化、体系化的生态保护机制，合理化、精准化的生态治理机制，形成国土开发有序的空间发展格局，处理好发展与保护、眼前利益与长远利益的关系，构建政府、企业与社会和个人协同参与的治理格局，是形成生态安全屏障与绿色发展基石的制度依托。

---

① 《截至 7 月底 我国新能源产业相关企业数超 200 万家 同比增长 16.4%》，《人民日报》2024 年 8 月 29 日第 10 版。

四　新质生产力推动开放发展

开放发展是新质生产力的必然要求。发展新质生产力，不能闭门造车，必须开放合作，充分利用世界各国的人才、科技资源，取长补短，融合创新。新质生产力的发展是构建新发展格局的有效途径，能够有效地提高中国对外开放的质量，促进高水平对外开放的实现。具体而言，这种更高水平的对外开放，体现在以下三个方面。

一是更自主，具有更强的自主创新能力和自主发展能力，不怕在高技术领域被发达国家"卡脖子"。过去，中国在一些高技术领域曾面临被发达国家"卡脖子"的困境，这给我们敲响了警钟。新质生产力发展强调要不断加强自主创新，提高核心技术的自给率，占据国际竞争优势。为此，要以创新为关键核心要素，通过财政货币政策支持等方式鼓励企业加大研发投入，提高自主创新能力。例如，在 5G 通信技术领域，中国的企业通过自主研发，掌握了核心技术，成为全球 5G 技术的领导者之一。这不仅为中国的数字经济发展提供了强大的支撑，也为全球通信技术的进步做出了贡献。在半导体芯片领域，虽然中国目前还面临一些挑战，但我们正在加大投入，加快研发进程，努力实现芯片技术的自主可控。

二是更公平，因为新质生产力的发展，中国参与国际分工交换的方式不再是低端工业品与垄断性的高科技产品之间的不平等交换，而是高科技产品之间互惠互利的交换。过去，中国在国际分工中主要处于低端制造业环节，以出口低端工业品为主，而发达国家则凭借其垄断性的高科技产品在国际交换中占据优势地位。这种不平等的交换模式不仅限制了中国经济的发展，也不利于全球经济的平衡发展。随着新质生产力的发展，中国在高科技领域的实力不断增强，逐渐从低端制造业向高端制造业和服务业转型，出口产品中高科技产品占比逐渐增加，中国的高铁技术、新能源汽车、通信设备等在国际市场上备受青睐。同时，通过积极推动与其他国家的互利合作，实现高科技产品之间的互惠互利交换，也有助于打破发达国家的技术垄断，促进全球贸易的平衡发展。

三是更高效,可在国际产业链、价值链中占据更有利的地位,共享全球化带来的发展红利。全球化的背景下,各国之间的经济联系日益紧密,国际产业链和价值链的分工也越来越细化。一方面,新质生产力强调要推动现代化产业体系,不断提升产业的智能化、绿色化与高端化发展水平,从而占据产业链和价值链的高端环节,获得更高的附加值和利润。另一方面,新质生产力也强调建设更高水平的对外开放体系,要求中国积极参与全球经济治理,推动多边贸易体制的改革和完善,为中国企业在国际市场上创造更加公平、透明的竞争环境,分享全球化带来的发展红利。

五　新质生产力推动共享发展

生产力决定生产关系,传统生产力与共享发展之间存在内在矛盾。在马克思主义的发展观中,人的发展与生产的发展是统一的,人的发展才是真正的发展。然而,在传统的生产力中,这二者的统一性没有得到充分的体现。传统生产力的发展主要依靠的是对生产资料的改进,而不是直接劳动者的发展,甚至机器越改进,直接劳动者的劳动越片面、能力越退化,劳动者在生产中越受折磨,同时在生产中越处于从属的地位,从而越陷于绝对贫困或相对贫困。马克思在《资本论》中指出:"机器劳动极度地损害了神经系统,同时它又压抑肌肉的多方面运动,夺去身体上和精神上的一切自由活动。甚至减轻劳动也成了折磨人的手段,因为机器不是使工人摆脱劳动,而是使工人的劳动毫无内容。"[1] 生产力发展与人的发展之间的脱节使得传统生产力下共享发展缺乏内生动力。

新质生产力为更加公平、共享的新型生产关系的塑造提供了物质技术基础。新质生产力区别于农业、工业时代的生产力,要求劳动的创造性,这就为劳动者解放、自由全面发展奠定了物质技术基础。以

---

[1] 马克思:《资本论》第1卷,人民出版社2004年版,第486、487页。

大数据、物联网、人工智能为代表的新一代信息技术使自工业革命起就快速进步的劳动力的节省与替代达到了前所未有的高度，大量机械、重复、艰苦、危险的劳动被智能化机器替代，取而代之的是更加自由的创造性劳动。因为依赖劳动者的创造性劳动，新质生产力消除了生产力发展和劳动者自身发展之间的矛盾，提升了人力资本的重要性，从而有利于提高收入分配中劳动报酬的比例。例如，很多高科技公司都为核心员工提供股份分红，或者实行全员持股。值得指出的是，在传统生产力向新质生产力转型的过程中，必须充分重视新质生产力对传统生产力中的劳动者可能产生的挤出效应。为此，必须完善体制机制，要为各个利益群体尤其是传统行业中的就业群体提供经济机会，拓展发展空间。

第三节　实践方法论

新一轮科技革命和产业变革的深入演进推动新质生产力成为各国竞争的焦点环节。为把握科技革命的机遇与挑战，需坚持先立后破、因地制宜、分类指导的实践方法论，积极探索适合国情特色的新质生产力实践路径，以实现经济的持续增长和社会的全面进步。

一　坚持先立后破

坚持不立不破、先立后破，是发展的一条宝贵经验。统筹好新与旧、稳与进、当前与长远的辩证关系，才能确保经济社会发展的连续性和稳定性。从总体和长远来看，传统生产力向新质生产力的转型是生产力发展的必然趋势，是经济高质量发展的必然要求，但转型的过程可能充满矛盾和冲突。在发展过程中，新质生产力常常对传统生产力产生挤出效应。例如，电商对实体店铺、新能源汽车对传统燃油车、网约车对传统出租车造成剧烈冲击。当前，中国正处在新旧产业交替、新旧动能转换的转型期，曾长期拉动经济增长的房地产业、传统基础设施建设以及钢铁、水泥、建材等关联产业，已经出现不同程度的产能过剩，互联网经济、高端装备制造、新能源汽车、新能源、新材料等新兴产业部门虽然发展势头良好，但要达到足以替代房地产等传统支柱产业的体量，还需要一定的时间。产业的背后是就业。中国是一个人口大国，就业乃民生之本。传统产业大多是劳动密集型产业，解决了大量受教育程度较低的劳动者的就业问题，传统产业的过快退出，必然导致大量失业。虽然从理论上讲，新质生产力的发展能创造新增就业岗位，可以吸纳从传统产业中挤出的就业人口，但是新增就业岗位和减少的就业岗位，无论是在总量上，还是在结构上，都很难实现一一对应的代替。当然，面向新质生产力的教育和培训能够缓解结构性失业问题，但这无疑也需要时间。因此，在新质生产力的发展过程中不能忽视和放弃传统产业，必须坚持"先立后破"，兼顾当前和长远，统筹新质生产力的发展和传统生产力的转型、升级、退出，防范和避免"未立先破""快破慢立"或"只破不立"及其他风险。

在实践中，首先，要加大对传统产业的改造升级力度。通过技术创新、管理创新和模式创新，提高传统产业的生产效率、产品质量和附加值，使其适应新时代的发展要求，坚持发展传统产业，逐渐实现升级转化。其次，积极培育和发展新质生产力。加大对科技创新的投入，鼓励企业开展研发活动，提高自主创新能力，着力发展战略性新兴产业和未来产业，加快实现就业创造过程，推动原有劳动工人的转化就业。同时，加强人才培养和引进，提升劳动者数字化素质和素养，提升劳动者技能，为新质生产力的发展提供智力支持。最后，建立健全社会保障体系，通过保障劳动者的基本生活，加强对失业人员的培训和再就业指导，帮助他们尽快重新就业等方式缓解转型的阵痛问题。

二 坚持因地制宜

发展新质生产力，必须坚持因地制宜。2024年3月5日，习近平总书记在参加十四届全国人大二次会议江苏代表团审议时指出："要牢牢把握高质量发展这个首要任务，因地制宜发展新质生产力。"① 党的二十届三中全会进一步指出："健全因地制宜发展新质生产力体制机制。"② 中国幅员辽阔，各地区资源禀赋差别较大，发展水平不一。东部地区可以发展代表未来产业形态的新质生产力，中西部地区同样也可以培育符合自身发展水平的新质生产力。各地在发展新质生产力的过程中，应基于各地区、各产业既有的发展基础，深入剖析区位和产业发展特点，立足比较优势，找准各自赛道，有选择地推动新产业、新模式、新动能发展，避免搞单一模式建设。

具体而言，要从中央政府层面加强规划引领，立足各地区发展基础与实际资源禀赋情况，对标新质生产力前沿领域与重点产业和环节进行统筹规划，推动各地区个性化发展，避免重复。同时政府还要加强资源引导与政策扶持，推动地区特色产业发展壮大。从地方政府角度，要结合国家战略发展规划与需要，深入分析本地发展优势和特色，精准定位战略性新兴产业与未来产业发展方向。在此基础上制定具体的行动方案与发展规划，加强不同部门的资源协调与治理，统筹各部门资源全力支持和引导产业发展与布局，坚持高效、协同、创新发展新质生产力。

三　坚持分类指导

发展新质生产力，必须坚持分类指导。新质生产力包含丰富的内容，其各个组成部分在发展阶段、发展侧重、现实影响、发展步伐等方面各有不同，需要制定针对性和差异化的发展政策。

第一，不同发展阶段的新质生产力企业具有不同的发展诉求。例如，有的新质生产力发展已经达到较为成熟的阶段，形成了相当的产

---

① 《习近平在参加江苏代表团审议时强调　因地制宜发展新质生产力》，《人民日报》2024年3月6日第1版。
② 《中共中央关于进一步全面深化改革　推进中国式现代化的决定》，人民出版社2024年版，第10页。

业规模，其发展的政策重点应放在优化产业结构、提升产业竞争力上。在一些已经成熟的高新技术产业领域，可以通过鼓励企业加大研发投入、推动产业融合、拓展国际市场等方式，进一步巩固和提升其产业地位。而有的尚处于发展初期，其政策需求必然不同，其扶持的政策应侧重于扶持和培育，即通过提供资金支持、税收优惠、人才培养等措施，为其创造良好的发展环境，助力其快速成长。

第二，不同关键制约因素的新质生产力企业具有不同的发展侧重，需找准方向，精准发力。部分新质生产力发展的关键制约因素在技术方面，应加大对技术研发的投入，鼓励企业与科研机构合作，突破关键技术瓶颈。同时，加强知识产权保护，激发创新活力。在基础设施方面，就应加大对基础设施建设的投入，完善相关配套设施，为新质生产力的发展提供坚实的基础。在应用场景方面，需要积极拓展应用场景，创新新质生产力新兴技术在医疗、教育、交通等领域广泛应用，推动新质生产力与各行业的深度融合。在制度机制方面，需要深化体制机制改革，完善相关政策法规，为新质生产力的发展提供制度保障。

第三，不同新质生产力发展环节对社会发展的影响程度不同，其发展策略也应有差别。有些新质生产力对经济社会发展的影响是全局性、战略性的，必须集中资源、重点突破、加快发展，国家应制定专项发展规划、建设国家实验室和创新平台等，加大政策支持力度，集中优势资源，推动其快速发展建设。而有的新质生产力对发展全局的影响相对较小，或者就当下而言尚不迫切，则可稍缓一步，在资源有限的情况下，优先发展对经济社会发展具有重大影响的新质生产力，能够实现资源的优化配置，提高发展效益。

第四，不同行业的发展基础不同，新质生产力的发展速度也应有所差异。有些行业发展基础较好，如制造业、商贸物流等，新质生产力可以加快发展，通过引入先进的技术和管理理念，推动产业升级和转型，提高行业的竞争力。而有些行业基础薄弱，如农业，新质生产力的发展则不能急于求成，应结合农业的特点和实际需求，逐步推进农业现代化；有些新质生产力发展的技术经济条件已经成熟，可以在一个较短的时期内培育成战略性新兴产业，而有的新质生产力技术尚不成熟，或者缺乏商业化应用场景，就需要着眼未来，制定中长期发展规划，逐步创造发展条件。

第五，根据资源禀赋的不同，有些新质生产力适合布局在经济发达的东部，如互联网经济，有些新质生产力则更适合布局在资源丰富、气候适宜的中西部地区，如算力产业。凡此种种，都需要通过深入调研，瞄准实践需求，明确轻重缓急，坚持分类指导。

第四节　具体内容

在明确新质生产力的实践逻辑、实践品质以及实践方法论的基础上，需将其落实到具体实践内容与指导，从而推动新质生产力落地转化为现实生产力，以新技术为实践动力、以新要素为实践核心、以现代化产业体系为实践载体，推动经济高质量发展。

一　新质生产力的实践动力是新技术

新技术是新质生产力的原动力，新产业、新要素都是在新技术的推动下形成的。正如习近平总书记指出的："要以科技创新推动产业创新，特别是以颠覆性技术和前沿技术催生新产业、新模式、新动能，发展新质生产力。"[1] 因此，培育和形成新质生产力的关键在于科技创新，必须突破重大核心技术，以保障中国新质生产力不受外部干预和限制，实现持续健康发展。国家统计局数据显示，近年来，中国创新指数稳步增长，2023年中国创新指数达到165.3，比上年增长6.0%，创新能力持续提升，为高质量发展提供有力支撑（见图2-1）。

---

[1]《中央经济工作会议在北京举行习近平发表重要讲话　李强作总结讲话　赵乐际王沪宁蔡奇丁薛祥李希出席会议》，《人民日报》2023年12月13日第1版。

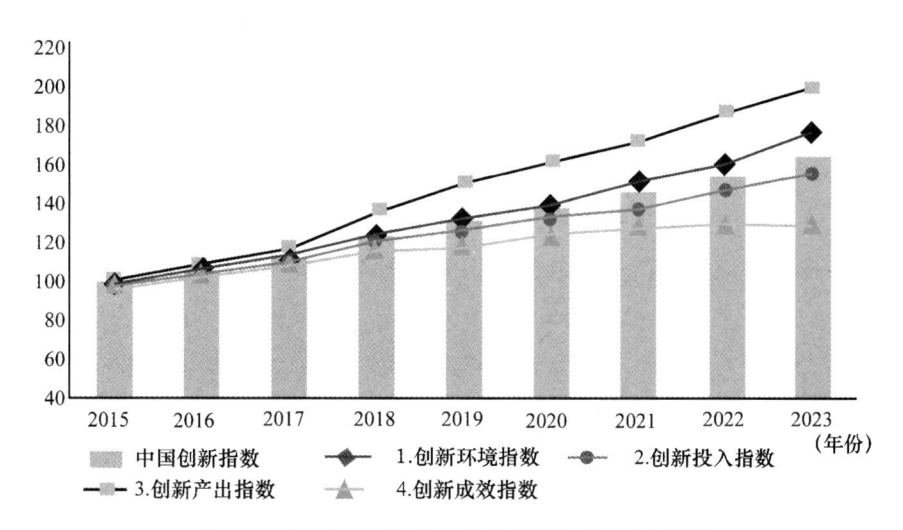

图 2-1 2015—2023 年中国创新指数及分领域指数

注：2015 年 = 100。

资料来源：国家统计局。

推动新质生产力发展的新技术具有颠覆性、通用性、融合性特点。首先，新质生产力是当前诸多重大颠覆性技术创新的产物，是质上的创新，是技术的质变而非量变。没有与传统技术具有质的差别的颠覆性技术创新，就不会形成在质上完全不同的生产力。从历史上看，没有蒸汽机这一颠覆性技术的出现，人类就不能从手工生产转向质上完全不同的机器生产，从农业时代迈向工业时代，并进而衍生出空前庞大和全新的工业部门。具体来看，形成新质生产力的颠覆性技术创新包括5G、大数据、云计算、物联网、互联网、人工智能、虚拟现实、区块链、量子信息等新一代信息技术，基因编辑、合成生物学、干细胞育种等新一代生物技术，纳米材料、智能材料、仿生材料、新型超导材料等新材料技术，节能低碳技术、清洁能源技术、污染治理技术等绿色技术。其次，形成新质生产力的新技术具有鲜明的通用性。以新一代信息技术、生物技术、新能源、新材料为代表的新技术在经济社会中应用极为广泛，从各个产业部门，到各项公共服务、社会治理，都存在应用新技术的广阔空间。最后，新的技术进步体现出前所未有的融合性。在实践中，各种颠覆性、通用性技术打破学科和技术边界，加速交叉融合，形成快速、广泛、深彻的技术创新。例如，信息技术和传统工业技术的融合，形成智能制造、工业机器人、无人驾驶等新技术；新一代信息技术和生物技术融合，形成类脑智能、基因编辑等新技术；生物技术与新能源、新材料等新技术融合，形成应用前景极为广泛的生物制造技术。这些技术特点使得其对要素、产业产生深刻的影响，决定了新质生产力的要素和产业特点。

一方面，科技自立自强水平持续提升，为新质生产力发展注入了新动能。2024年上半年，高技术产业投资同比增长10.6%，快于全部投资6.7个百分点。国内首个"地面空间站"通过验收，C919大型客机累计交付6架，深中通道正式通车试运营，嫦娥六号实现月背采样返回，成功搭建国际首个通信与智能融合的6G试验网，截至5月底，全国新建5G基站46万个；规划具有高性能计算机集群的智算中心达10余个，智能算力占算力总规模比重超过30%。[①] 另一方面，新技术不断创新发展并应用转化，实现与各领域、各场景之间的融合应用发展，对新要素与新产业产生影响，推动新质生产力与经济的高质量发展。2024年上半年，规模以上高技术制造业增加值占规模以上工业增加值的比重为15.8%，比第一季度提高0.6个百分点；集成电路、服务机器人、新能源汽车、太阳能电池等智能绿色新产品表现亮眼，产量均保持两位数增长，大数据、人工智能等新技术催生新的消费场景，直播带货、即时配送等消费新模式带动实物商品网上零售额同比增长8.8%，快递业务量突破800亿件。[②]

二 新质生产力的实践核心是新要素

新质生产力是生产力要素呈现全新质态的生产力，构成新质生产力

[①] 国家统计局：《国家统计局新闻发言人就2024年上半年国民经济运行情况答记者问》，2024年7月15日，https://www.stats.gov.cn/xxgk/jd/sjjd2020/202407/t20240715_1955622.html。

[②] 国家统计局：《国家统计局新闻发言人就2024年上半年国民经济运行情况答记者问》，2024年7月15日，https://www.stats.gov.cn/xxgk/jd/sjjd2020/202407/t20240715_1955622.html。

的新技术、新产业都离不开新要素。从"技术—要素"来看,二者是互为因果的关系,一方面,新技术催生出在质上完全不同的新要素,如创造出新的劳动资料、劳动对象,形成劳动者的新知识和新技能;另一方面,新技术又是新要素的产物,特别是创新性劳动的产物。从"要素—产业"来看,新产业的发展要求新的劳动者和新生产资料,同时新产业为新要素的形成提供了源源不断的资源。因此,新质生产力的实践核心是新要素,包括新劳动者、新劳动资料、新劳动对象。

从劳动者来看,新质生产力要求高素质、创新性的劳动者,代替传统工业时代机械、重复的简单劳动力。工业时代的产业工人,在流水线上从事机械重复劳动,主要的要求是技术熟练、遵守纪律,在知识、技能尤其是创造力上的要求相对较低。而在新质生产力中,重要的不再是熟练劳动和遵守劳动纪律,而是知识和技能水平、创新能力、团队合作能力以及终身学习能力,在现代科技上拥有大量知识储备并不断学习,能够融入智能化的生产系统与机器协同工作,通过创新推动技术、产业的持续升级,能快速适应不断变化的环境。新经济就业以其就业容量大、灵活性和兼职性强等特点,创造多个就业岗位并成为吸纳就业的重要渠道。2022 年新出版的《中华人民共和国职业分类大典》比 2015 年版净增 158 个新职业,职业数达到 1639 个,首次标注了 97 个数字职业,占职业总数的 6%。同时,劳动者素质不断提升。与 1982 年相比,2023 年就业人员中大专及以上受教育程度人员占比由 0.9% 上升到 25.7%,就业人员平均受教育年限由 2012 年的 9.7 年提高到 2023 年的 10.5 年。[1]

从劳动资料来看,新质生产力形成新的劳动资料。作为"人类劳动力发展的测量器",[2] 劳动资料总是随着社会生产力的发展而发展。新质生产力是人类社会生产力的又一次飞跃,必然带来劳动资料的重大变革。工业时代的劳动资料主要是机械性的劳动资料,马克思称为

---

[1] 国家统计局:《就业规模显著扩大 就业质量稳步提升——新中国 75 年经济社会发展成就系列报告之十六》,2024 年 9 月 20 日,https://www.stats.gov.cn/sj/sjjd/202409/t20240920_1956589.html。

[2] 马克思:《资本论》第 1 卷,人民出版社 2004 年版,第 210 页。

"生产的骨骼系统和肌肉系统"。① 新质生产力中的新材料、新能源技术的应用进一步提高了这类劳动资料的性能。更为根本性的变化是,新一代信息技术的应用使得劳动节约的方向从体力维度向脑力维度扩张。传统劳动资料的发展使得人类的体力劳动得到极大地节省,但是这类劳动资料缺乏信息的收集、储存、传递和处理能力,智能化程度低,对人类脑力劳动的节省和放大非常有限,且对人类劳动的依赖度较高,机器操作、设备维护检修等许多职能都不能脱离人类劳动而独立完成。而由于互联网、物联网、大数据、云计算、人工智能等新一代信息技术的应用,劳动资料进步的方向从"生产的骨骼系统和肌肉系统"向"神经系统"扩张,新型智能化劳动资料在信息收集、储存、传递、处理上的能力大大提高,使机械操作的精准度得到前所未有的提高,劳动资料对人类的依赖度大大降低。由于智能化在生产中日益重要,开始出现一类全新的劳动资料,那就是软件。在工业时代,劳动资料主要体现为硬件;而在智能化时代,工业软件、操作系统、算法的重要性极大地提高了,日益成为决定生产效率的关键劳动资料。

从劳动对象来看,新质生产力推动形成了新的劳动对象。人类社会生产力的发展就是在一次次科技进步中,不断提升人类利用和改造自然的能力,"从一切方面去探索地球,以便发现新的有用物体和原有物体的新的使用属性"。② 劳动对象包括两类,一是天然存在、未经劳动改造的劳动对象,如在原始森林中砍伐的树木、从地下矿藏中开采的矿石;二是已经被以前的劳动改造过的劳动对象(原料),如已经开采出来正在洗的矿石。对这两类劳动对象,新质生产力都进行了极大的拓展,形成了新劳动对象。对于天然存在的劳动对象,新质生产力将人类能够利用和改造的自然对象拓展到前所未有的范围。例如,纳米技术使得分子、原子层级的微观世界成为人类改造利用的劳动对象;基因编辑、生物合成等技术使得构成生命密码的基因成为人

---

① 马克思:《资本论》第 1 卷,人民出版社 2004 年版,第 210 页。
② 《马克思恩格斯选集》第 2 卷,人民出版社 2012 年版,第 715 页。

类的劳动对象；深海空天开发技术使得人类过去无法触及的深海、太空成为人类的劳动对象。对于经过劳动改造、为后续生产提供基础的原料，新质生产力同样取得了极大的突破，如碳纤维等各种新材料、太阳能等各种新能源。尤其重要的是，在数字时代，数据成为至关重要的劳动对象。自结绳计数开始，数据就成为人类的劳动对象。但受技术的限制，人类在数据的收集、传输、储存、处理等方面的能力非常有限，数据的潜在价值没有得到有效开发。直到计算机、互联网的出现，人类开发和利用数据的能力才得到了质的飞跃，而新一代信息技术则将这一能力又一次大大推进。借助于互联网、物联网技术，人类对数据的收集能力大大提高，形成真正的大数据；借助互联网、物联网技术，数据得以快速传输；大数据、云计算、量子计算等技术极大地提高了人类对海量数据的加工处理能力；各类算法、机器学习、人工智能等新技术极大地提高了数据的使用价值。新质生产力使数据的价值得到了前所未有的提升，真正成为人类的一种重要劳动对象。

三　新质生产力的实践载体是现代化产业体系

从理论上看，一方面，新技术、新要素，必然形成若干新兴产业。例如，5G通信技术可以推动物联网和智慧城市的建设；人脸识别等生物识别技术可以用于手机解锁、安防和金融服务安全管理；无人驾驶技术可以推动智能交通的发展。另一方面，新技术、新要素，最终要落地，实现可持续发展，就要创造新的产品和服务，形成"技术—要素—产业"的良性循环。新质生产力的巨大影响既在于对现有产业结构的全局性、颠覆性重塑，推动传统产业的智能化、绿色化、高端化，也在于能够催生一批具有重大影响的战略性新兴产业和发展潜力巨大的未来产业。

（一）新质生产力发展要求结合新技术推动传统产业智能化、绿色化、高端化发展

以智能制造为主攻方向，利用人工智能和数字化技术着力改造传统产业生产环节与流程，推动生产过程的自动化、智能化和可视化，

有效提升生产效率与产品质量。同时，不断完善工业互联网网络、平台、安全三大功能体系，为制造业智能化发展打造良好的生态环境，实现从"制造"向"智造"的转变，推动产业智能化改造升级。以绿色低碳循环经济建设为重点，对传统制造业进行绿色化改造。加快绿色科技创新和先进绿色技术的推广应用，深入实施制造业碳达峰行动，提高资源综合利用效率和清洁生产水平，提升产业链供应链的绿色化水平，促进降碳、减污、扩绿、增长协同共进，实现产业绿色化改造升级。以新旧动能转化为核心驱动，推动传统产业高端化发展是新质生产力的必然要求。既要加强制造领域的原创性、颠覆性技术创新，加强产业基础能力建设，突破制造业关键核心技术、基础零部件元器件、基础材料等瓶颈短板和"卡脖子"难题。又要实施制造业重大技术改造升级工程和大规模设备更新工程，为传统制造业注入新动能，推动传统产业高端化改造升级。

（二）战略性新兴产业以重大技术突破和国家发展战略需求为基础，相较于传统产业具有更高的科技含量、创新活跃度和发展潜力，代表着科技和产业发展的方向，对整个经济社会影响深远

按照国家统计局的划分，战略性新兴产业包括新一代信息技术产业、高端装备制造产业、新材料产业、生物产业、新能源汽车产业、新能源产业、节能环保产业、数字创意产业以及相关服务业九大领域。新一代信息技术产业涵盖下一代信息网络产业、电子核心产业、新兴软件和新型信息技术服务、互联网和云计算、大数据服务以及人工智能等产业。以工业互联网为代表的新一轮信息技术加速应用突破，赋能实体经济数字化、网络化、智能化转型升级。高端装备制造业是指生产制造高技术、高附加值的先进工业设施设备的行业，处于产业链高端，是推动工业转型升级的引擎，是实现由制造大国向制造强国转化的关键；主要包括航空装备业、卫星制造与应用业、轨道交通设备制造业、海洋工程装备制造业、智能制造装备业五大细分领域，常见产品有发动机、数控机床、传感器、控制器、太阳能发电装备和工业机器人等，主要用于航空、铁路、海运及智能制造等多个领

域。新材料产业是指新出现的具有优异性能或特殊功能的材料，或是传统材料改进后性能明显提高或产生新功能的材料，包括先进钢铁和有色金属材料、半导体和超导材料以及纳米材料、生物医用材料等多种形式。新材料广泛用于电子信息、新能源汽车、医疗器械、航空航天、建筑化工等领域，是高新技术与设备制造的基础和先导。生物产业是以生物学原理为基础，结合相关技术手段对生物体特性进行研究并生产产品的产业，包括生物医药、生物农业、生物质能、生物制造等相关产业。生物产业涉及医疗保健、农业、环保、轻化工和食品等重要领域，可实现新型疫苗研发、医疗设备升级、动植物品种改良、生物燃气等清洁能源挖掘以及生态修复等技术产品的开发。新能源汽车产业是新能源、新材料、数字技术融合发展形成的特色产业，呈现电动化、网联化、智能化发展趋势。新能源汽车产业的发展对于促进能源消费结构优化、建设清洁美丽世界，以及交通体系和城市运行智能化水平的提升具有重要意义。新能源产业是主要源于新能源的发现和应用所形成的产业，包括太阳能、地热能、风能、海洋能、生物质能和核聚变能等。节能环保产业是指为节约能源资源、发展循环经济、保护生态环境提供物质基础和技术保障的产业，涉及节能环保技术装备、产品和服务等。数字创意产业是现代信息技术与文化创意产业融合产生的一种新经济形态，以数字技术为工具，实现数字内容、视觉体验与创意服务的创新。

当前，中国战略性新兴产业持续发展。2024年8月，全国规模以上工业增加值同比增长4.5%；环比增长0.32%。装备制造业增加值同比增长6.4%，高技术制造业增加值增长8.6%，分别快于全部规模以上工业增加值1.9个和4.1个百分点。高技术产业投资同比增长10.2%，其中高技术制造业和高技术服务业投资分别增长9.6%、11.7%。高技术制造业中，航空、航天器及设备制造业，电子及通信设备制造业投资分别增长34.4%、10.0%。[①]

[①] 国家统计局：《8月份国民经济运行总体平稳》，2024年9月14日，https：//www.stats.gov.cn/sj/zxfb/202409/t20240914_1956487.html。

（三）未来产业是新质生产力的孵化池，为新质生产力的发展开辟了广阔的前景

未来产业代表着未来科技和产业发展新方向，对技术和产业模式的颠覆性更强，是未来可能出现的战略性新兴产业和支柱产业。随着全球化的深入，未来产业中的企业和技术创新不仅影响国内生产力的提升，也对全球产业分工和价值链的重新配置产生深远影响，是在新一轮科技革命和产业变革中赢得先机的关键所在。未来产业发展的不确定性大，培育周期长。为抢占未来产业竞争制高点，国家应当超前规划和促进未来产业发展。《中华人民共和国国民经济和社会发展第十四个五年规划和2035年远景目标纲要》指出，要"在类脑智能、量子信息、基因技术、未来网络、深海空天开发、氢能与储能等前沿科技和产业变革领域，组织实施未来产业孵化与加速计划，谋划布局一批未来产业"。[①] 顾名思义，类脑智能就是模仿人类神经系统的工作原理以实现低耗、快速、可靠的运算，是信息技术与生物技术融合形成的产业。量子信息泛指利用量子物理学相关理论探索量子通信、量子计算和量子精密测量等方向的研究和应用。量子通信聚焦于解决信息传输的安全问题；量子计算以量子比特为基本运算单位，能够突破经典算力瓶颈，优化算法过程，可应用于密码破译和人工智能等多个方面；量子精密测量则致力于提升测量的精确性和灵敏度。基因技术产业是以基因合成、基因编辑等基因相关技术为核心支撑的未来产业，其发展需要医学、遗传学、生物学、大数据和计算机等多个交叉学科，在基因诊断和检测、遗传性疾病治疗以及育种等方面具有重要作用。未来网络是下一代通信网络，能够实现高速普遍连接，连通手机、电脑、汽车、智能家居等各种智能终端设备，并可识别和满足主体不同需求，实现智能化连接。未来网络是一种通用技术创新，可与工业、交通、能源、人工智能等领域融合发展，构建工业互联网、能

[①]《中华人民共和国国民经济和社会发展第十四个五年规划和2035年远景目标纲要》，人民出版社2021年版，第28页。

源互联网等促进未来产业发展，具有极强的辐射带动作用。深海空天开发是利用海洋与航空、航天技术所开拓的特殊条件和活动空间进行的探索、开发和应用活动，涉及深海和空天两个维度。其中，深海开发侧重于深海工程设备的研发、深海资源的开发以及海洋生态保护等方面；空天开发则侧重于空天信息及装备领域的研究和应用，包括航天器、卫星、空间站等装备以及相关通信技术的研发。氢能是一种二次清洁能源，具有燃烧热值高、绿色清洁、资源丰富的优点。清洁、高效和安全的氢能开发和利用可为未来工业发展和交通运输等领域提供动力保障，促进绿色可持续发展。国家不断加大科学技术支出，为未来产业发展注入强劲动力。2023年，国家财政科学技术支出11995.8亿元，比上年增加867.4亿元，增长7.8%（见表2-1）。

表2-1　　　　　2023年财政科学技术支出情况

指标名称	财政科学技术支出（亿元）	比上年增长（%）	占财政科学技术支出的比重（%）
合计	11995.8	7.8	—
科学技术支出	10885.8	8.5	90.7
其他功能支出中用于科学技术的支出	1110.0	1.5	9.3

注：2023年其他功能支出中用于科学技术的支出增幅为同口径调整后的增幅。

资料来源：国家统计局：《2023年全国科技经费投入统计公报》，2024年10月2日，https://www.stats.gov.cn/sj/zxfb/202410/t20241002_1956810.html。

第五节　实践创新

新质生产力依托于新技术、新要素与现代化产业体系的发展表现出新的特征与实践路径安排，需从技术创新、产业创新以及制度创新等多角度着手，构建起新质生产力发展的实践创新框架，切实推动新质生产力的持续健康发展。

一 技术创新

新质生产力的核心要素是高科技,没有高科技,就不能发展新质生产力。从实践来看,中国的技术创新与产业创新高度契合、联动发展,以产业创新引领技术创新,技术创新支持产业创新,促进科技与经济的深度融合。这种融合发展使得技术创新的步伐不断加快,技术的更新换代极快,与发达国家的技术差距快速缩小,国际竞争力不断增强,逐渐形成中国独特的技术经济路线和竞争优势,从跟跑转变为并跑,甚至开始在许多重要技术领域处于领跑地位。

(一) 中国在芯片等面临西方"卡脖子"的关键技术领域快速发展,迅速补齐短板,形成自主创新能力

互联网经济是中国新质生产力发展的一大亮点和重要推动力。然而,构成互联网经济的技术基础,如芯片、操作系统、算法等,仍然掌握在外国手里。如果这些底层技术的供给被掐断,电脑、智能手机、智能驾驶汽车、无人机、可穿戴设备、智能家居等一切嵌入现代信息技术的智能终端都无法运行,整个高科技产业都只能瘫痪。当前,互联网经济正逐渐从消费互联网向产业互联网转型,对于产业互联网至关重要的核心技术,如高端传感器、工业软件、工业机器人、AI芯片和算法等,中国与世界发达国家仍存在差距。在西方技术封锁的压力下,中国在这些关键核心技术领域开始加速突破,自主创新能力不断增强。在芯片设计、操作系统上,华为等高科技企业已经取得重大突破,开发出替代产品和方案;对于芯片代工以及光刻机、光刻胶等芯片制造关键设备,中芯国际、上海微电子、中微半导体等高科技企业也取得了长足发展,在中低端芯片制造设备领域逐渐形成自给能力。

(二) 在传统生产力与新质生产力的融合发展方面,中国充分发挥工业基础优势,加快推进新型工业化

中国将传统工业技术与新一代信息技术有机结合,不断推动"中

国制造"向"中国智造"转型。"三一重工"等重型装备制造企业紧抓机遇,将互联网、物联网、大数据、人工智能等前沿科技与传统制造业深度融合,实现了数智化、低碳化转型,引领工程机械行业的创新发展。新一代信息技术与传统制造业企业深入合作,融合发展,呈现勃勃生机。其典型表现便是智能驾驶技术。一方面,互联网领域的高科技企业纷纷进入新能源汽车领域,推动汽车行业的智能化转型,如互联网安全领域的领军者奇虎360与哪吒汽车的合作、智能手机领域的头部企业小米创办的小米汽车等。另一方面,一些信息技术领域的高科技企业与传统汽车企业深度合作,实现双方技术优势的结合。例如,信息技术领域的高科技巨头华为与赛力斯、奇瑞、长安、北汽、江淮等著名汽车制造企业合作,推动中国智能驾驶技术快速发展,形成世界领先的竞争优势。

(三)中国在新能源、新材料、绿色技术、生物技术等新兴技术领域快速发展,取得世界领先地位,为全球绿色发展贡献中国方案

中国对新能源和新材料的研究也取得了长足进步,推动了可再生能源的应用和发展,轻量化和高强度的新材料在各领域应用广泛。在新能源汽车的驱动下,中国的电池技术快速发展,开发出磷酸铁锂电池等电池技术,全新的固态电池也在快速发展中。中国在可再生能源领域的投资和技术研发不断增加,已经成为全球领先的绿色技术创新者之一。在生物技术方面,中国在基因编辑、生物医药、生物制造等领域开展了大量研究,吸引了大量资本涌入,成为技术和产业创新的新蓝海。

二 产业创新

得益于庞大的内需市场、完善的供应链体系,以及政府的扶持政策,中国的新质生产力在应用场景、终端设备层面蓬勃发展,各种新产业、新业态、新模式层出不穷。产业的创新和发展为技术创新创造了丰富的技术应用场景,为新质生产力的发展提供了充足的市场需求,提供了强大的推动力。

（一）互联网经济加速向各行各业渗透，"互联网+"蓬勃发展

中国消费互联网经济起步较早，电子商务、搜索引擎、社交软件、移动支付等开启了中国消费互联网经济的先河。近年来，随着移动互联网、智能手机等终端的快速发展，消费互联网的发展呈现井喷态势，各种新业态、新模式层出不穷，深刻改变了中国的产业结构。电子商务、移动支付在国内迅速普及，在国际上处于领先地位；移动支付的普及带动互联网金融快速发展，深刻改变了中国的金融市场；各种形式的平台经济异彩纷呈，涌现出淘宝等电商平台、美团等外卖平台、抖音等数字娱乐和直播带货平台、滴滴等网约车平台，深刻改变了中国的商业模式与人们的生活方式；借助互联网平台的共享农庄、创意农业、市民农业，推动农村三大产业融合发展；"零工经济"兴起，创造第二职业，改变了人们传统的就业形态；无人驾驶、无人售货、智慧物流，正在引领流通业未来的创新发展。

（二）新能源汽车产业异军突起，在全球新能源汽车市场上一枝独秀

2023年中国新能源汽车产销量接近千万量级，培育形成了全球最大的新能源汽车消费市场，年销量连续8年位居全球第一。在新能源汽车兴起之前，国产汽车无论在国内市场还是国际市场上均缺乏竞争力。新能源汽车使得中国国产汽车实现了"弯道超车"，在很短的时间内迎头赶上和超越世界老牌汽车制造大国。与燃油车不同，中国新能源汽车企业拥有自主品牌和电池、智驾等核心技术，发展领先全球。在智能化、舒适化赛道上，中国的新能源汽车行业正全面超越传统燃油车。新能源汽车与传统燃油车的技术路线有着极大的差异，绕过了发动机、变速箱等传统汽车产业的技术壁垒，在智能化（各种智能辅助驾驶、无人驾驶）和舒适化（所谓的"冰箱彩电大沙发"）方向发力，形成超越进口车与合资车的竞争优势。

（三）半导体设备产业快速追赶

在信息化、智能化时代，半导体产业是最重要的基础产业，其重要性不亚于钢铁、石油对于传统工业经济。不论我们在终端设备上、

在消费互联网上发展多快多好，创造多少产值，解决多少就业，一旦这个命脉被掐断，建立在这个基础之上的全部上层应用都要轰然倒塌。中国在半导体上长期依赖进口，发达国家做底层技术，中国做上层应用，半导体相关产业发展薄弱。在大国竞争时代，这个国际分工格局已经被实践证明是不安全、不稳定的。中美贸易摩擦之后，中国开始认识到半导体产业的极端重要性，半导体产业开始迅速发展，迎头赶上。利用西方封锁造成的市场真空，在旺盛的市场需求刺激和国家大力扶持下，相关领域的投资极为旺盛，相关市场主体、各类供应商迅速成长起来，自主可控的产业链、供应链正在快速形成。随着研发力度的持续加大和产品技术的不断迭代，产品的良率不断提高，成本不断降低，与西方国家的技术差距不断缩小，产业竞争力快速增强。

（四）清洁能源与环境治理相结合，创造出光伏治沙的独特经验

近年来，中国以风电、光伏发电为代表的新能源发展成效显著，装机规模稳居全球首位，发电量占比稳步提升，成本快速下降，已基本进入平价无补贴发展的新阶段。水电、核电、风电和太阳能发电等清洁电力发电量从1978年的446亿千瓦时发展到2023年的3.2万亿千瓦时，年均增长10.0%，占全部发电量比重由17.4%提高至33.7%。截至2023年年底，可再生能源发电总装机15.19亿千瓦，占全国发电总装机的比重达到52.0%，占全球可再生能源发电总装机近四成。水电、风电、太阳能发电装机连续多年稳居世界首位，[1] 实现能源安全保供和清洁能源双提升、双平稳。其中，光伏发电还与荒漠化治理相结合，创造出光伏治沙新路径。荒漠化一直是中国西部发展的最大阻碍，国家在西部治沙方面投入了大量资源。光伏治沙是近年来最新探索出的成果，主要特点是把发展光伏和沙漠治理、节水农业相结合。光伏电站的外围用草方格沙障和固沙林组成防护林体系，

---

[1] 国家统计局：《能源供给保障有力 节能降碳成效显著——新中国75年经济社会发展成就系列报告之十三》，2024年9月19日，https：//www.stats.gov.cn/sj/sjjd/202409/t20240918_1956558.html。

光伏板下安装节水滴灌设施，种植绿色经济作物，实现经济效益和生态效益的共赢。

三 制度创新

技术和产业的发展都要受到制度的影响，新质生产力发展所需的技术创新和产业创新离不开制度创新。新质生产力发展的实践证明，中国特色社会主义市场经济在适应技术经济变革、推动创新发展上具有独特优势。中国独特的社会主义市场经济体制，既能充分发挥政府优势，也能充分发挥市场优势；既能发挥公有制优势，也能充分发挥非公经济的优势，形成中国特色的创新体系。

（一）政府与市场有机结合，构建关键核心技术攻关的新型举国体制

不同于西方以企业为主体、以市场为主导的技术经济创新路线，中国自社会主义国家工业化以来的技术和产业进步路线就是高度重视国家的作用，充分发挥社会主义制度优势，构建起技术和产业发展的举国体制，在极短的时间内，在"一穷二白"的基础上迅速建立起基础工业体系。在新质生产力发展过程中，中国构建起政府和市场相结合的新型举国体制，在加快科技创新和产业发展上展现出独特优势。在科技创新上，国家主持制定重大技术攻关规划，跨部门跨区域整合科技创新资源，引导资源向关键领域倾斜集中。在专业设置、人才培养上，适应新的技术进步方向进行动态调整。在产业创新上，通过财政补贴、税费减免、贷款贴息等各种优惠政策，引导资源流向战略性新兴产业和未来产业，培育相关产业的市场需求，推进新型基础设施建设，从各个方向推动新兴产业的发展。相对于传统举国体制而言，新型举国体制更加重视发挥市场的作用。中国创造出了许多不同于发达国家的独特技术经济产品和方案，新技术、新产品层出不穷，与市场主体和市场机制的创新优势分不开，也展现出中国特色社会主义市场经济的创新活力。适应新质生产力的发展要求，在政府的统筹和市场的激励下，推动教育科研体制创新，形成"教育—科研—产业"的联动，加快培育新质生产力所需的人才与技术。实践证明，在新质生产力的培育中，政府和市场的作用是互补的关系，而不是替代或对立的关系。正是依靠社会主义市场经济的制度优势，实现政府与市场有机结合，我们才能充分发挥中国超大规模经济体和长期发展积累的优势，在关键核心技术攻关、战略性新兴产业和未来产业的培育上，取得快速突破和领先。

(二) 公有制经济和非公有制经济融合发展，优势互补，相互促进，形成技术和产业创新合力

经过长期的国企改革，国有企业不断适应市场经济环境，改革经营体制，在股份制框架下，实现不同所有制经济的融合发展。中国的大型央企、国企技术实力雄厚，在重大技术创新上具有显著优势，主导研发出盾构机、特高压、重型自航绞吸船等一系列国之重器。在关键核心技术攻关上，我们通过整合各类资源，设立专门的国企、央企。例如，为了发展商用大飞机，中国在2008年组建了中国商飞，作为实施国家大型飞机重大专项中大型客机项目的主体；为了攻克航空发动机这个"工业皇冠上的明珠"，多家国企和央企在2016年联合出资组建了中国航空发动机集团。通过这样的组织载体整合各领域资源，将技术创新和产业发展融合起来、相互支撑。非公经济在产业、商业模式的创新上更加富有成效，机制更加灵活。近年来，中国通过完善国有资本授权经营体制，加快国有资本发展，从管企业向管资本转型。以此为基础，在资本市场上以股权为纽带，促进各种所有制经济之间优势互补，融合发展。例如，在具有战略意义的芯片领域，国有资本积极布局，参股控股中芯国际、上海微电子等相关高科技企业。

(三) 构建"东数西算"的数字产业布局，促进区域协调发展

"东数西算"是指通过构建数据中心云计算、大数据一体化的新型算力网络体系，将东部算力需求有序引导到西部，优化数据中心建设布局，促进东西部协同联动。中国东部地区经济发达，互联网行业蓬勃发展，但东部地区能源紧缺、电力成本高、土地资源紧张，大规

模发展数据中心难度较大，导致数据中心供不应求。西部地区可再生资源丰富，气候适宜，适宜发展数据中心，但本地经济相对落后，产生的数据较少，导致算力供过于求。"东数西算"旨在整合东西部资源优势，强化东西部跨域统筹发展，既缓解了东部地区的资源紧张，拓展发展空间，又可推动数据和信息要素从东部向西部流动，加快东部地区的互联网、大数据、人工智能等产业链环节向西部地区延伸，促进西部经济快速发展，推动形成以数据为纽带的东西部协调发展新格局。

数字学习资料

思考题

1. 如何理解当前中国加快发展新质生产力的重大意义？
2. 如何认识新质生产力与新发展理念的关系？
3. 试述发展新质生产力的实践方法论。
4. 新质生产力包含哪些具体内容？
5. 中国在发展新质生产力的实践中有哪些重要创新？

第三章　发展新质生产力的三大着力点

习近平总书记关于新质生产力的系列重要论述，创造性发展了马克思主义生产力理论，是习近平经济思想的最新成果，是历史逻辑、理论逻辑与实践逻辑的辩证统一。从历史逻辑看，新质生产力由技术革命性突破、生产要素创新性配置、产业深度转型升级而催生。技术革命性突破意味着对应的旧技术贯穿其中的生产方式将可能毁灭性瓦解，生产要素必然伴随新技术革命创新配置，形成新的生产力，产业深度转型升级，新质生产力被催生出来，新的生产关系也在此过程中相伴而生。技术史表明，新的通用技术和主导部门的形成是生产力质变的重要表征，新技术产生新要素，推动现代化产业体系的构建，从而形成先进的生产力。

第一节　新技术

随着科技的不断进步，一系列通用技术和先导性技术正以前所未有的速度推动着生产力的变革。从5G、大数据、云计算到人工智能、物联网，这些新一代数字技术正构建起新质生产力的坚实底座。同时，智能驾驶、虚拟成像、生命科学等先导性技术的突破，则为新质生产力的发展开辟了更为广阔的空间。这些技术不仅推动了新兴产业的崛起，还深刻影响着传统产业的转型升级，为经济社会发展注入了强劲动力。

一 新的通用数字技术

以人工智能为核心的数字技术,是构成新质生产力底座的通用目的技术。新一代数字技术主要包括移动通信技术、大数据、云计算、区块链、人工智能、物联网、数字孪生等。

(一) 移动通信技术

第五代移动通信技术(5G)是一种具有高速率、低时延和大连接等特点的新一代移动通信技术,人机物互联实现的物质基础就是5G通信设施。国际电信联盟(ITU)把增强移动宽带、超高可靠低时延通信和机器类通信定义为5G的三大类应用场景。随着移动互联网流量爆炸式增长,增强移动宽带可以为移动互联网用户提供VR、AR、3D视频等更加极致的应用体验;超高可靠低时延通信主要面向工业控制、远程医疗、自动驾驶等对时延和可靠性具有极高要求的垂直行业应用需求;机器类通信主要为解决智能家居、智慧城市、环境监测等以传感和数据采集为目标的应用需求。事实上,5G已经渗透到经济社会的各个行业和领域,成为支撑经济社会数字化与智能化转型的关键新型基础设施。为了更好地适应新质生产力的发展需求,第六代移动通信技术(6G)等更高迭代水平的移动通信技术正在快速研发。

(二) 大数据

大数据是指需要新处理模式才能具有更强的决策力、洞察力和流程优化能力的海量、高增长率和多样化的信息资产。大数据最小的基本单位是bit,由小到大的单位依次为bit、Byte、KB、MB、GB、TB、PB、EB、ZB、YB、BB、NB、DB。大数据的概念最早由维克托·迈尔-舍恩伯格和肯尼思·库克耶提出,是指不用抽样调查的捷径,而是采用所有数据进行分析处理。[1]

大数据具有四个特性:一是大量。随着数据集合规模从GB级向

---

[1] [英]维克托·迈尔-舍恩伯格、肯尼思·库克耶:《大数据时代:生活、工作与思维的大变革》,盛杨燕、周涛译,浙江人民出版社2013年版。

TB级甚至EB级增加，近年来，数据量已经开始以ZB单位计量。二是高速。主要是指大数据的数据产生、分析、处理的速率不断地提升。当前，批处理的处理模式已经向流处理转变。大数据的处理能力可以归纳为"1秒定律"，即能快速从各类数据中获取高价值信息，这一特性是构成其与传统数据处理技术之间最本质的区别。三是多样。主要是指大数据的类型繁多。现在的数据类型更多的是非结构化或半结构化数据，不再是格式化数据，如邮件、视频、照片、即时消息、日志文件等。企业需要对各类数据进行整合、存储和分析。四是价值。主要是指大数据的数据价值密度低，因大数据的数据体量不断增加，导致单个数据的价值密度持续减少，但是从数据的整体价值来看确实在提高。例如，在一小时的监控视频中，有用的数据往往只有一两秒。现今，大数据已经成为新的"石油"，这也从侧面体现出大数据具有巨大的商业价值。

（三）云计算

云计算是指通过网络"云"将巨大的数据计算程序分解为多个小程序，通过一定数量服务器组成的系统对这些小程序进行分析和处理，再把得到的结果返回给用户，是分布式计算的一种。云计算具有四种模式：一是公有云，由云服务提供商拥有和管理，通过互联网向企业或个人提供计算资源。二是私有云，单个组织专用的云服务，而无须与其他组织共享资源，私有云可以在内部管理，也可以由第三方云服务提供商托管。三是混合云，即同时使用公有云和私有云，允许公司将敏感数据保留在私有云中，以保证安全性，同时使用公有云来运行应用程序，以实现低成本。四是社区云，特定组织或行业共享使用的云计算服务方案，社区云由几个具有类似关注点（如安全性、隐私性和合规性）的多个组织共享。

云计算有三种服务类型：一是基础设施即服务（IaaS），它向云计算提供商的个人或组织提供虚拟化计算资源，如虚拟机、存储、网络和操作系统。IaaS是对计算、存储、网络等资源进行池化，通过自服务门户让客户便捷使用。它的代表有Dropbox、百度云、腾讯微云等。二是平台即服务（PaaS），它为开发人员提供通过全球互联网构建应用程序和服务的平台，使开发团队能够快速构建分发和运行应用程序。它的代表有Google的GAE（Google App Engine）、百度的BAE等。三是软件即服务（SaaS），通过互联网提供按需付费软件应用程序，云计算提供商托管和管理软件应用程序，并允许其用户连接到应用程序并通过全球互联网访问应用程序。它的代表有Amazon的AWS（Amazon Web Services）。

（四）区块链

2008年，化名为"中本聪"的学者在其发表的论文《比特币：一种点对点电子现金系统》中首次提到了区块链技术。[①] 该论文阐述了一个分布式系统交互过程普遍面临的难题——拜占庭将军问题，即分布式节点在缺少可信任的中央节点的情况下如何达成共识和建立互信。因此，论文引入一种去中心化数据库技术作为解决方案，这种解决方案就是区块链技术。但是，目前尚没有形成公认的区块链定义。但马尔科·扬西蒂和卡里姆·拉哈尼在《区块链真相》中指出，区块链技术的本质是公开分布式账本，由于它具备共识算法、不可篡改性、智能合约等特点，它可以高效记录买卖双方的交易过程，支持查证并且能够永久保存。[②] 区块链主要有公有区块链、行业区块链、私有区块链三种类型，其中，公有区块链是最早、应用最广的区块链，各大比特币系列的虚拟数字货币都是以公有区块链为基础的。

区块链具有以下五个特性：一是去中心化。这是区块链最本质的特性，其没有中心管制，不依靠额外的硬件设施和第三方管理机构，凭借分布式核算和储存，实现了各节点的信息自我验证、管理和传递。二是开放性。区块链技术除了对交易各方的私有信息进行加密，其他数据是开源的，即对所有人开放。三是独立性。以协商一致的协议和规范为基础（与比特币采用的哈希算法类似），整个区块链系统

[①] Nakamoto, S., "Bitcoin: A Peer-to-Peer Electronic Cash System", 2008, https://bitcoin.org/bitcoin.pdf.

[②] ［美］马尔科·扬西蒂、卡里姆·拉哈尼：《区块链真相》，《哈佛商业评论》（中文版）2017年1月刊。

是不依靠第三方的，在系统内的所有节点都能自动完成数据交换、安全验证，而不需要人为操作。四是安全性。只要掌握的数据节点不超过所有数据节点的一半，就不能随意修改操控网络数据，从而避免由于人的主观行为对数据进行修改，使区块链变得更加安全。五是匿名性。单从技术来看，除非法律硬性规定，各节点的身份信息是不需要进行验证或是公开的，可以匿名进行信息传递。

（五）人工智能

1956年，达特茅斯会议（Dartmouth Conference）首次提出人工智能这一概念。其后，随着计算能力、大数据和算法上的突破，人工智能迎来了最好的发展时期，并在全球掀起新一轮信息革命。人工智能是研究、开发用于模拟、延伸和扩展人的智能的理论、方法、技术及应用系统的一门新的技术科学。人工智能的驱动因素包括算法/技术驱动，数据/计算、场景和颠覆性商业模式驱动。其技术承载方式包括单机智能、平行运算/多核智能、高度分散/群体智能。人工智能与人的关系分为机器主导、人主导、人机融合三类。人工智能的前沿技术主要包括元宇宙、生成式人工智能（AIGC）等。

从对于人工智能的多种内涵规定来看，现阶段正处于从专有人工智能向通用人工智能的过渡时期，以计算、算法、数据为基础的互联网场景和技术群在不断自我演进、互相推动和协同发展。在此过程中，人是主导者（主要是设计破解问题的方案）、参与者（数据的使用者、数据反馈的产生者，也是数据的提供者）、受益者。人工智能跳出了模拟人的行为结果，延展到"泛智能"的应用，能更好地、有创意地解决问题。这些问题既包括在信息爆炸时代人面临的信息接收和处理问题，也包括企业所面临的消费者诉求转变、运营成本递增、商业模式改变等难题，同时包括社会稳定的维护、社会资源的优化以及环境的治理等挑战。

（六）物联网

物联网，通俗地讲，就是实现"万物互联"，即把所有物品通过信息传感设备与互联网连接起来，进行信息交换，即物物相息，以实现智能化识别和管理。物联网主要包括整体感知、可靠传输和智能处理等基本特征。物联网技术的核心概念包括智能化识别，即通过传感器和嵌入式系统对物体进行识别；定位和跟踪，即利用GPS和其他定位技术确定物体的位置；监控和管理，即实时监控物体的状态，并进行远程管理。物联网技术已经在智能家居、智能医疗、智能交通、工业4.0、智慧城市等多个领域展现出巨大的应用价值。随着5G乃至更高迭代移动通信技术、窄带物联网（NB-IoT）、远距离无线电（LoRa）等网络技术的广泛应用，物联网技术不断创新和发展，与大数据、云计算、人工智能等技术的结合，使得物联网应用场景越来越广泛，智能化程度也越来越高。

（七）数字孪生

数字孪生是一种通过数字模型对现实世界进行实时模拟和分析的技术。它通过收集物理实体的实时数据，实现现实世界与数字世界的有效连接。在实际应用中，数字孪生是某个实际场景、产品或作业流程的虚拟表示，用于在虚拟空间中测试真实的场景。数字孪生技术充分利用物理模型、传感器、运行历史等数据，集成多尺度、多物理量、多学科、多概率的仿真过程，在虚拟空间中完成映射，从而反映相对应的实体的全生命周期。这种技术在制造业、医疗、交通、城市建设、工程建设、教育、体育、军事等领域广泛应用，展示了其在不同行业中的潜力和价值。数字孪生的核心在于信息建模，旨在为现实世界中的实体对象在数字虚拟世界中构建完全一致的数字模型，通过这些模型对物理实体进行仿真分析和优化，实现现实物理系统向赛博空间（Cyberspace）[①] 数字化模型的反馈。

二　先导性技术

先导性技术是指在高技术领域中具有前瞻性、先导性和探索性的重大技术，是未来高技术更新换代和新兴产业发展的重要基础，也是

[①] 赛博空间是哲学和计算机领域中的一个抽象概念，指在计算机以及计算机网络里的虚拟现实。

国家高技术创新能力的综合体现。先导技术的发展对于国家的科技创新能力和产业升级至关重要。它们不仅能够推动新兴产业的发展，还能够带动传统产业的转型升级，提高国家的整体竞争力。此外，先导技术的应用还能够促进就业、提升生活质量，对社会经济发展产生深远的影响。

（一）智能驾驶技术

智能驾驶与无人驾驶是不同概念，无人驾驶是智能驾驶的最高形态。智能驾驶发展规划可以划分为五个阶段：L0 到 L4。L0 指不具备自动驾驶功能的汽车驾驶。L1 指具有特定功能的自动驾驶，主要代表功能有电子稳定控制系统（ESC）、自动紧急刹车系统（AEB）、车道保持辅助系统（LKA），早期主要在奔驰等高端车型中有所体现，现在已经较为普及。L2 指具有组合功能的自动驾驶，主要代表功能有自适应巡航（ACC）、主动车道保持、自动泊车、路牌识别和自动变道。主要成果有 Mobileye 辅助系统。L3 级自动驾驶是可以在限制条件下执行部分功能决策的自动驾驶模式，主要代表功能是高度自动驾驶功能。例如，2023 年 7 月，比亚迪集团获全国首张高快速路有条件自动驾驶（L3 级）测试牌照。2024 年 3 月，百度 L3 级自动驾驶测试在武汉开启，"萝卜快跑"无人驾驶出租车是其典型应用（见专栏 3-1）。同年 6 月，蔚来、比亚迪、长安汽车、广汽乘用车、上汽集团、北汽蓝谷、一汽集团、上汽红岩、宇通客车获批进入全国首批 L3 级自动驾驶准入和上路通行试点名单。L4 级自动驾驶即高度自动驾驶，是指在特定环境和条件下，车辆能够完全自主地完成驾驶任务并监控驾驶环境，无须人类驾驶员的干预。主要成果有谷歌完成 200 万千米路测、百度完成北京三环路测。2024 年 8 月，沈阳宣布将在北部欧盟管委会片区 5 平方千米范围内建设 35 千米智慧道路，开通东北首条 L4 级自动驾驶测试道路。其中，从 L1 到 L3 阶段以高级驾驶辅助系统（ADAS）为主导；从 L0 到 L4 阶段，汽车的智能化水平不断提高。ADAS 是一系列驾驶辅助系统的集合，以提升驾驶者安全和舒适为目的，通过雷达、摄像头等传感器感知周围环境，运用算法做出行为判断来提醒驾驶者，或直接以控制车辆的方式避免碰撞。

专栏 3-1　"萝卜快跑"——世界最大规模无人驾驶商业化运营服务

2024年6月，《纽约时报》报道了全球迄今为止最大的无人驾驶汽车商业化运营项目，在中国武汉这座拥有1100万人口、450万辆汽车的中部城市繁忙街道上如火如荼地进行。百度旗下的"萝卜快跑"无人车自2023年8月在武汉率先实现自动驾驶贯通城市道路和高速路线的机场接驳服务以来，已经成为全球关注的焦点，标志着中国进入无主驾安全员的商业化小规模应用阶段，并在Robotaxi行业中处于领先地位。

1. "萝卜快跑"自动驾驶出行服务在武汉的商业化实践

"萝卜快跑"是百度旗下的自动驾驶出行服务平台，自2021年5月在北京开启常态化、商业化运营以来，已在全国11个城市开放载人测试运营，并在北京、武汉、重庆、深圳、上海等地开展了全无人自动驾驶出行服务测试。作为国内首个、全球最大的自动驾驶出行服务提供商，"萝卜快跑"在2023年实现了技术上的快速提升和时空覆盖的拓展，全国日均订单量已达1万单。

武汉的交通网络复杂，由河流湖泊和11座跨江大桥构成。2022年8月，"萝卜快跑"在武汉经济技术开发区启动了车内全无人商业化示范运营。截至2024年7月，已经投入500多辆自动驾驶汽车进行测试，并取得了显著进展。

"萝卜快跑"采用智能网联技术路线，这一技术路线的成功离不开政府政策的引导和支持。武汉在智能网联基础设施和数据共享方面给予了大力支持，早在2019年9月，国家智能网联汽车（武汉）测试示范区正式揭牌，成为中部地区首个国家级的智能网联汽车测试示范区，并颁发了自动驾驶商用牌照。作为全国智慧城市基础设施与智能网联汽车协同发展（双智）第一批试点城市之一，武汉发布了一系列具有引领性的自动驾驶商业化示范

表3-1 "萝卜快跑"无人驾驶出行服务在武汉的发展实践简要梳理

实施时间	取得的成果及突破
2022年8月	武汉经济技术开发区启动车内无人商业化示范
2023年2月28日	武汉全无人车队已超过100辆,可覆盖的运营道路超过750千米
2023年8月25日	开通武汉天河机场的自动驾驶接驳服务。国内首次实现城市市区到机场之间的自动驾驶出行接驳服务,也是国内自动驾驶运营首次贯通城市道路和高速路线,百度也成为国内首个开通机场自动驾驶接驳服务的企业
2024年2月27日	自动驾驶汽车成功驶过武汉杨泗港长江大桥和武汉白沙洲大桥,完成了自动驾驶在长江上的首次跨越。武汉因此成为全国首个实现智能网联汽车跨越长江进行示范运营的城市
2024年3月7日	宣布武汉部分区域自动驾驶出行服务时间拓展至7×24小时
2024年5月15日	发布了全球首个支持L4级自动驾驶的大模型,以及搭载第六代智能化系统解决方案的"萝卜快跑"无人车(整车价格约20万元);同月,武汉市正式投入运营400多辆新一代"萝卜快跑"
2024年6月7—11日	"萝卜快跑"推出"敬老周"特别服务,活动期间60岁以上的老年人可免费乘坐"萝卜快跑"
2024年7月31日	武汉"萝卜快跑"无人驾驶网约车的单车单日最高订单量超过20单,与传统出租车司机的日均接单量相当

运营政策,开放的测试道路里程突破3378.73千米,辐射面积约3000平方千米,触达人口超770万,开放里程和区域数量位居全国第一。此外,武汉还是中国重要的汽车工业集聚区,拥有丰富的科研资源和人才优势,创新性地打造了"双智"融合产业生态,聚集了一批智能网联汽车产业链上下游企业和知名研发类企业,为自动驾驶提供了良好的产业基础。

2. "萝卜快跑"自动驾驶出行服务引发的质疑及出路

2024年7月17日,《中国财经报》刊发了名为《"萝卜快跑"跑出科技恐慌》的文章,报道了公众对"萝卜快跑"的质疑主要集中在两个方面:一是"太傻",在武汉被称为"傻萝卜",

因为其行驶速度较慢，有时会出现红灯时冲入路口中央、转弯时卡顿不动的情况，造成交通拥堵；二是"抢饭碗"，出租车司机担心"萝卜快跑"影响他们的收入，甚至认为这是在和底层人民抢饭吃。

无论是学术界，还是工程界，对自动驾驶汽车甚至广义智能领域项目的伦理考量都是重要议题。通过伦理考量，人们判断项目是否会导致用户与用户或用户与供应方之间的不平等。目前，关于自动驾驶汽车的研发与应用，主要存在算法歧视、信息泄露、就业危机三种伦理疑难。

为化解"萝卜快跑"所遭遇的伦理困境，需要从理论与实践两方面入手。理论方面，要解释伦理困境的成因，并提出化解问题的理论构想。不应外在否定现代智能技术，而应基于历史经验和人的基本生存特征，重申技术发展的人文主义立场。实践方面，应从国家、企业、个人三个层面应对。第一，国家层面。要明确区分自动驾驶技术对就业市场可能或已然的影响，并采取相应的应对措施。若已造成从业者失业，应优先考虑直接救济，再推动培训后再就业。第二，企业层面。承认新技术带来的就业机会，鼓励企业主动参与社会公益，设立基金项目直接援助受影响的从业者，资助其参加技能再培训，并与公共部门和公益项目分享数据。第三，个人层面。面对智能技术，我们应保持积极自信的态度，主动提升技能和适应能力，创造属于自己的新事业。

资料来源：根据《智能技术应用的伦理疑难与可能出路——基于对"萝卜快跑事件"的反思》［陈凡、史献芝，《南京邮电大学学报》（社会科学版）2024年9月3日网络首发］、《自动驾驶出行服务的公众关切与研究展望——兼评"萝卜快跑"世界最大规模无人驾驶商业化运营》（齐航、王光超、张运胜等，《交通运输工程与信息学报》2024年8月23日网络首发）的内容整理所得。

(二) 虚拟成像技术

虚拟成像技术是通过计算机生成的图像或视频，呈现出仿真的三维场景或物体，其已经在虚拟现实（VR）、增强现实（AR）、医学影像等多个领域得到广泛应用。这些生产的内容通过特定的软件和算法生成，主要包括静态的图片和动态的视频。通过虚拟成像，人们可以沉浸于虚拟世界中，探索与现实世界不同的体验和可能性，使得用户能够观察、交互和感知虚拟环境，从而创造出逼真的体验，元宇宙就是这一技术的一种前沿性应用。

此外，幻影成像也是虚拟成像的一种形式，利用干涉和衍射原理来记录并再现物体光波的全部信息，从而形成立体感强烈的虚拟影像。全息影像技术自20世纪60年代激光器问世后得到了迅速的发展。它是基于全息科技的成像技术，将物体的全息影像投射到透明介质上，产生3D立体观感，提升视觉效果。幻影成像系统通常由立体模型场景、造型灯光系统、光学成像系统、影视播放系统、计算机多媒体系统、音响系统及控制系统组成，可以实现大的场景、复杂的生产流水线、大型产品等的逼真展示。

(三) 生命科学技术

生命科学技术是以分子遗传学为核心的先进科学技术，用于认识种族、发育、遗传、活动、生殖、病变的科学。21世纪是属于生命科学的世纪，短短20年间，一大批生命科学相关的基础研究和先进技术在多个领域突飞猛进。2001—2021年，《麻省理工科技评论》评选出的200项全球突破性技术中，与生命科学相关的技术就多达52项，超25%的比例令人惊叹。[①] 分析各类生物大分子的独立组学技术迅速建立，如糖组学、代谢组学、蛋白组学、基因组学等。除了各自独立领域的发展，不同生物大分子之间的相互作用和整体研究也促进了比较相互作用组学、单细胞分析等先进技术的建立。

具体来看，各类组学中，基因组学异军突起。DNA测序技术的迭代发展帮助人们充分了解庞大的基因组序列。基因组的结构、功能、进化、定位和编辑等不断被表征。由此衍生的个人基因组学、单细胞

---

① DeepTech深科技：《科技之巅（20周年珍藏版）：全球突破性技术创新与未来趋势》，人民邮电出版社2023年版，第15页。

测序、癌症基因组学等多个技术，实现了人们快速、高效且低成本地诊断潜在疾病的可能性，"私人订制"的医疗措施走进大众视野。例如，基因组编辑和基因疗法2.0技术让本就源于基因的疾病（地中海贫血症和镰刀型细胞贫血症等罕见病）在源头得以解决；除了控制传染源，未来也可以从基因层面提高人体免疫力实现传染病的预防；可以使用相关的基因治疗实验来形成针对癌症及更为普遍的常见病的有效疗法。

（四）脑科学技术

脑科学是研究脑的结构和功能的科学。狭义上，脑科学是指神经科学，旨在了解神经系统内分子水平、细胞水平、细胞间的变化过程，以及这些过程在中枢功能控制系统内的整合作用。广义上，脑科学还包括认知神经科学等。脑科学的研究内容非常广泛，包括基础神经科学和临床神经科学两大类。基础神经科学通过基础理论研究神经生物学来认识大脑的结构和功能关系，包括分子神经生物学、系统神经生物学、行为神经生物学、细胞神经生物学、发育神经生物学、比较神经生物学等。临床神经科学则侧重于神经系统疾病的诊断和治疗。脑科学在高科技领域是人工智能、脑机接口、类脑计算的知识基础；在文学创作领域是意识上传、共享大脑的现实写照；在生命健康领域，脑科学不断破解大脑谜团，帮助治疗神经系统疾病。此外，脑科学还改善了教育方法，提高了学习效率。例如，清华大学研制出的类脑计算"天机芯"以及浙江大学联合之江实验室发布的包含1.2亿脉冲神经元、近千亿神经突触的类脑计算机等都是脑科学技术应用的重要成果。

（五）新能源技术

新能源技术是指用于生产、传输和使用新型能源的技术，旨在减少对环境的影响并提高能源效率。这些技术主要依赖太阳能、风能、水能、地热能和生物质能等可再生能源来生成电力和热能。这些技术的开发利用打破了以石油、煤炭为主体的传统能源观念，开创了能源开发利用的新时代。新能源技术的应用非常广泛，包括太阳能技术，即使用太阳能电池板、太阳能热水器等设备,将太阳能转化为电能或热能,主要包括太阳能光伏技术、集热式太阳能技术、太阳能储能技术等。风能技术,即通过风力发电机等设备,利用风能生成电力,主要分为陆上风电技术和海上风电技术。水能技术,即包括水力发电站、潮汐能发电等,利用水能转化为电力。地热能技术,即利用地热发电站等设备,挖掘地球内部热量来产生电力和热能。生物质能技术,即通过生物质发电、生物燃料等方式,将植物和动物废弃物转化为能源。

(六)新能源汽车技术

新能源汽车技术融合了众多前沿技术,涵盖电池技术、电机技术、电子控制技术以及充电设施技术等领域,是系列前沿技术的有效集成。第一,电池技术。电池技术是新能源汽车的核心,目前主要有锂离子电池、锂聚合物电池、镍氢电池和燃料电池等,未来还会开发出更为先进的钠离子电池、固态电池等。其中,具有高能量密度、长寿命、低自放电率等优点的锂离子电池是目前应用最广泛的电池类型。第二,驱动电机技术。新能源汽车的驱动电机主要有直流电机、交流电机、无刷电机、永磁电机等。其中,永磁电机由于其高效、高扭矩的特点,已经成为新能源汽车的主流驱动电机。第三,充电技术。新能源汽车的充电技术主要包括快速充电、无线充电、太阳能充电等。其中,快速充电技术可以在短时间内为电动汽车充满电,大大提高了充电效率,是未来的主要发展方向。2024年,广汽埃安推出了行业首家6C超充技术,搭载充电功率达到480千瓦的超充桩,可以实现充电5分钟,续航200千米的极速充电,基本上可以等同于加油的时间。第四,能源管理系统。新能源汽车的能源管理系统可以对电池、电机、充电等设备进行智能控制,实现能源的高效利用和延长电池寿命。第五,轻量化材料。新能源汽车的轻量化材料主要包括铝合金、碳纤维、高强度塑料等,这些材料可以降低汽车的整体重量,提高燃油经济性和动力性能。第六,车辆控制系统。新能源汽车的车辆控制系统可以实现对汽车的加速、制动、转向等行为的精确控制,增强驾驶舒适性和安全性。第七，车联网技术。可以实现车与车、车与基础设施之间的信息交互，提供更安全、更便捷的出行服务。此外，自动驾驶技术也是新能源汽车技术的一个重要方面。

(七) 量子信息技术

量子物理与信息技术的有机集合，发展起了量子信息这一新的学科与技术，量子计算、量子通信和量子精密测量是量子信息技术的三个核心领域。量子计算研究量子计算机以及适用于量子计算机的量子算法；量子通信是指利用量子纠缠效应进行安全的信息传输，主要研究量子密码、远距离量子通信技术等；量子精密测量则是利用量子系统的特性进行高精度的测量，主要应用于生物医学、材料科学等领域。未来，量子信息技术可能会引领新一轮科技革命和产业变革，成为对人类产生重大冲击的新技术，进而推动新质生产力的发展。目前，全球多个国家和机构都在加大对量子信息技术的研发投入，以期在未来竞争中占据优势。从发展实践来看，信息安全以及传感器领域将成为量子技术率先得到应用的领域。例如，量子计算机性能与电子计算机性能的对比，犹如电子计算机与算盘计算能力的对比。由于量子概率不确定性的特点，使计算机有望突破非0即1的二元限制，使计算机存储、计算能力等扩增，从而使IT、通信领域的软、硬件获得革命性进展。

三 传统产业改造技术

随着新一轮科技革命迅猛发展，新一代通用目的技术和先导性技术等新技术的快速突破，科技在生产力构成诸要素中的主导作用愈发突出。推动新技术与传统产业相结合，能够突破传统制造工艺的限制，提高全要素生产率，促进传统产业迈向高端化。传统产业改造技术主要是指对传统产业进行改造和升级的技术和方法，旨在提升传统产业的竞争力，适应市场需求的变化，实现产业的高质量发展，主要包括智能化改造、绿色制造、供应链优化、品牌建设和管理提升等。

传统产业改造技术具体包括以下几个方面：一是技术创新与升

级，通过引入新技术、新工艺，对传统产业的生产流程、产品设计进行改造，以提高生产效率和产品质量，满足市场的新需求。二是智能化改造技术，利用人工智能、大数据、云计算、物联网等先进技术，对传统产业进行智能化改造，实现生产过程的自动化和智能化管理，提高生产效率和产品质量。三是绿色化改造，通过采用环保技术和工艺，减少传统产业生产过程中的污染排放，实现绿色生产和可持续发展。四是供应链优化，通过信息化、数字化等技术手段，优化供应链管理，降低采购、库存、物流等成本，提高企业整体运营效率。五是数字化转型，利用数字化技术，对传统产业进行数字化转型，包括数据收集、分析和应用，以提高决策的科学性和精准性，优化生产流程和管理方式。六是品牌建设，通过数字技术加强品牌宣传和市场开拓，提升企业产品的市场知名度和竞争力。七是产业协同发展，利用数字技术加强产业链上下游企业之间的协作，带来优势互补与资源共享，实现整个产业竞争力的提升。八是管理提升，通过引入现代企业管理理念和方法，优化企业内部管理流程，提高管理效率和决策水平。这些传统产业改造升级技术不仅有助于提高企业的经济效益和市场竞争力，还能促进产业结构调整和转型升级、实现产业的可持续发展、助力现代化产业体系的构建，推动经济高质量发展和社会进步。

第二节 新要素

生产力是社会发展的最终决定力量，包括劳动者、劳动资料、劳动对象三个要素。按照马克思主义生产力理论，科学技术不是独立的生产力形态，必须渗透到生产力三要素中，引起它们相应的变化，从而促进生产力发展，当代社会科学技术对生产力的推动作用日益增强，而且成为先进生产力的主要标志。从理论逻辑看，新质生产力以劳动者、劳动资料、劳动对象及其优化组合的跃升为基本内涵。新质生产力是更先进的生产力，构成新质生产力的各类要素，如劳动者、劳动资料和劳动对象等均有别于传统生产力。

一 新型劳动者

劳动者是生产力中起主导作用的要素，是物质要素的创造者和使用者，物质要素只有被人掌握，只有和劳动者结合起来，才能形成现实的生产力。人是生产力中最活跃的因素，任何时代生产力水平的跃升都是创新型、战略型人才以及掌握和运用新技术的新型劳动者大批涌现的结果。在科学技术日新月异的今天，社会对创新型、战略型人才以及熟练掌握和运用现代科学技术的新型劳动者的需求更加迫切，否则，形成和发展新质生产力，推动高质量发展就不可能实现。

从历史的视角来看，当前新质生产力具有数字、绿色、健康三大特征，数字新质生产力是新质生产力的重要方面。在数字化时代，劳动者不再仅仅是传统工人，而是具备广泛技能和高度适应性的多元化人才，其在数字技术、人工智能、云计算等方面具有丰富的知识储备和操作能力。新型劳动者融入智能化的生产系统与机器协同工作，通过不断学习和创新推动着生产模式的持续升级。新质生产力下的新型劳动者已经不仅仅是各种机器和设备的操作者，更是创造者，为企业带来更高层次的价值创造。正是由于新型劳动者在生产过程中的关键性作用，因而新质生产力对劳动者的需求更注重创造性和智能性，而不仅仅是机械性的重复劳动。新型劳动者需要具备跨学科的知识，能够灵活运用各种工具和技术，从而快速适应不断变化的生产环境。故而，在新型劳动者培育方面，教育、科技、人才需要实现良性循环，学科设置需要不断优化、人才培养模式需要不断创新，人才政策需要更加开放，逐步形成鼓励创新、宽容失败的宽松环境，培养造就一批具有国际先进水平、人才战略布局合理的科技人才队伍和高水平创新团队，聚天下英才而用之。

数据要素的渗透，使得数字经济时代下的生产力要素主体突破了"人"的边界，扩展为人与人工智能相适应的现实与虚拟双劳动主体，并催生新型劳动者。以数据要素为根基衍生的人机协同，能突破人的固有认知模式，拓展知识边界，创造新的组织学习方式，从而极大促进劳动效率和质量的提升。同时，数据要素还催生出"零工经济"模式下的新型自由职业者，拓展了劳动主体边界。此外，数字技术等新的通用目的技术和先导性技术对劳动力就业发挥正负叠加效应，既对简单和常规性劳动产生负向替代，又对抽象和复杂劳动产生正向互补。数据依托数字平台终端高效匹配劳动力资源的同时，衍生高附加值就业新形式，提升劳动技能整体属性，从而推动劳动力结构向高级化发展。

二　新型劳动资料

生产力的质变本质上在于通过生产要素本身及其组合的变化带来生产方式的根本改变，推动形成新的生产关系。劳动资料或工具往往被看作这些变化的关键标志。正如马克思所言，"各种经济时代的区别，不在于生产什么，而在于怎样生产，用什么劳动资料生产。劳动资料不仅是人类劳动力发展的测量器，而且是劳动借以进行的社会关系的指示器"。[①]"手推磨产生的是封建主的社会，蒸汽磨产生的是工业资本家的社会。"[②] 事实上，从劳动资料看，生产工具往往具有先导性，颠覆性技术创新往往带来生产工具的变革，并且成为新一轮科技革命的显著标志。在新一轮科技革命和产业变革中，数字平台、各类智能传感器、工业机器人、虚拟现实和增强现实设备、自动化物流仓储系统等科技含量高的新型工具不断涌现，成为发展新质生产力的动力源泉。

第一，数据和数字平台作为数字经济的新型生产工具，基于经济主体数据化互动，能贯穿链式生产和决策的全流程，能够驱动资源要素序列的整体重置，优化资源配置，提升劳动资料使用效率，优化生产要素组合结构。数据和数字平台这种新型生产工具，还可以将原有的研发设计、生产组装等环节进行解构、重组，驱动企业实现从"串

[①] 马克思：《资本论》第1卷，人民出版社2004年版，第210页。
[②] 《马克思恩格斯选集》第1卷，人民出版社2012年版，第222页。

行生产"的线性分工到"并行制造"的网络化分工的转型，激发架构创新和模块化生产，形成更灵活的生产方式（定制化、个性化生产），适应市场的快速变化和多样化需求。

第二，先进的生产工具如工业机器人、自动化生产线以及基于人工智能的智能设备，使得生产过程更加高效、精准。工业机器人作为新劳动资料的主要形式，不仅能够在传统工业领域完成重复性高、强度大的工作，还通过人工智能的引入实现了更为复杂和精准的操作。这种智能化的新劳动资料不仅提高了生产效率，还减轻了人力负担，使得劳动者可以更专注于创造性的工作。自动化生产线是数字化时代另一重要的新劳动资料，通过各种传感器、控制系统的协同工作，实现了生产过程的自动监测和调控。这不仅提高了生产线的生产效率，还降低了生产过程中的错误率，确保了产品质量的稳定性，有利于质量强国建设。

第三，数字平台、高端智能设备等富含先进技术与绿色创新特质的新型劳动工具，不仅自身带来了生产资料的历史性变革，还可以对传统的劳动资料（工具）进行智能化和绿色化改造升级，进而激发企业生产和运作模式的创新及数智化、绿色化变革，带来传统产业链链条的有效延伸和焕新，进而实现传统产业的转型升级，实现经济高质量发展。

总体来看，新劳动资料的使用在很大程度上改变了传统的生产方式，推动了传统生产力向新质生产力的转变。

三 新型劳动对象

从劳动对象看，数字资源、生物基因、虚拟空间等过去人类尚未涉足的领域成为我们的劳动对象，大大拓展了人类生产的边界与空间。当前新一轮科技革命和产业变革加速推进，且呈现源头性创新、跨领域融合、多点位突破趋势，这为发展新质生产力提供了广阔的空间。新的劳动对象也对新质生产力的形成起到至关重要的作用。新要素、新空间、新能源和新材料是当前最主要的四类新劳动对象。

第一，数据要素作为新的关键性生产要素成为新的劳动对象。数据作为新型劳动对象参与到物质生产和价值创造过程中，通过多场景应用和多主体复用，能突破并重构传统的生产时空，创造多样化的价值增量，催生数字化新领域，拓展经济增长新空间。作为信息通信、云计算等数字产业创新发展的资源基础，数据要素的商业化开发与市场化交易活动，能形成数据服务、数据产品和数据应用等新兴数字业态，推动数字化商业模式、产业形态和体制机制的协同创新。

第二，虚拟空间成为新的劳动对象。数字技术使得劳动对象从实体的自然物逐步升级为"自然物+人造自然物+虚拟的数字符号物"，日益呈现数智化特征。元宇宙就是一种典型的虚拟空间劳动对象，它创造了新型社会体系和经济模式，兴起了技术创新潜力、社交和协作空间，实现了文化和娱乐产业的创新，这种虚拟空间构成的新的劳动对象需要进行更为系统的研究。

第三，新能源作为新劳动对象，是在能源生产和利用方面的革命性变革。新能源可以为生产提供清洁、高效、可持续的动力源，有效地克服传统能源（煤炭、石油等）不仅能源利用效率低下，而且对环境产生严重影响的负面效应。太阳能、光伏等绿色能源技术的发展，不仅可以用于工业和居民电力供应，还在新能源汽车和移动设备上得到广泛的应用，为生产提供了更为灵活和环保的能源选择。

第四，新材料是新质生产力劳动对象中的又一重要构成。传统的材料在面对现代产业和科技需求时已经逐渐落后，新材料的研发和应用则能显著改变产品的性能、耐用性和制造工艺，成为新质生产力的有力支撑。例如，碳纤维等高强度材料的应用使得产品更轻更坚固，而纳米材料的研发则在电子、医疗等领域迎来了全新的应用前景。新材料的研发和应用不仅可以提高生产效率，还可以推动产品创新，促使产业朝着更加可持续和高效的方向发展。

综合而言，新劳动对象的引入，特别是新要素、新空间、新能源和新材料的应用，为生产提供了更为环保、高效、创新的选择，这些新劳动对象推动了产业结构升级和经济的可持续发展。

四 要素优化组合的跃升与全要素生产率提升

新质生产力不仅体现在新型劳动者、新型劳动资料和新型劳动对象上，还体现在各种要素的优化组合上。具体表现在如下三个维度：第一，传统生产要素的重新组合和优化利用。新质生产力并非简单的要素数量的增加，而是通过创新性配置，使得各种要素之间能够更加协同配合，实现"1+1>2"的效果。例如，在数字经济时代，数据作为新的要素被纳入生产过程，与传统的劳动、资本、土地等要素相互结合，提高了生产效率，形成了全新的生产模式。第二，数字技术带来的要素组合的优化。数字技术、人工智能、大数据等数字技术广泛应用，这些技术的创新性整合使得生产过程更加智能化、高效化。例如，在智能制造领域，通过将物联网技术与生产设备结合，实现了设备之间的实时通信和协同工作，从而提高了生产效益和产品质量。第三，组织架构创新带来的要素组合的优化。相较于传统生产力，新质生产力更加强调企业组织的灵活性和适应性，更加注重创新性的管理和运营模式。例如，共享经济就是一种组织架构的创新，通过共享资源、优化利用实现了资源的最大化价值，这种灵活的组织结构也使得企业能够更快地适应市场变化，实现企业的高质量发展。

新质生产力以全要素生产率大幅提升为核心标志，全要素生产率成为新质生产力的一个重要体现。新古典经济增长模型强调资本、劳动、技术，其中，资本和劳动要素投入贡献了部分经济增长，剩余贡献因素则统称为全要素生产率。2012年中国劳动人口红利拐点出现，提高全要素生产率成为破局的关键所在。党的十九大报告首次提出，中国经济已由高速增长阶段转向高质量发展阶段，需要提高全要素生产率；党的二十大报告进一步强调，着力提高全要素生产率。全要素生产率的提升主要依靠技术进步，包括使用新技术、引入新生产要素、资源重新配置等。新型劳动者等新型生产要素和传统要素优化组合与跃升，结构性地提升了要素配置效率，带来了全要素生产率的提升，进而促进经济发展的质量和效益提高。推动生产要素创新性配置、提高全要素生产率，需要统筹推进教育科技人才体制机制一体化改革，合理引导不同经营主体的积极参与，特别是要加快构建高水平社会主义市场经济体制，创造更加公平、更有活力的市场环境，实现资源配置效率最优化和效益最大化。

专栏3-2 中国全要素生产率发展变化

全要素生产率（TFP）的大幅提升是新质生产力的核心标志，也是实现高质量发展的关键。发展新质生产力必然要求大幅提高TFP，而TFP的提升则主要依赖技术创新、生产要素的优化配置和产业结构的转型升级。

从TFP认识发展新质生产力，是把握经济增长动能转换、创新驱动发展以及提升国际竞争力的必然要求。TFP的大幅提升不仅是新质生产力的核心标志，更是推动经济高质量发展的关键所在。一方面，TFP的提升是经济增长动能转换的关键。随着传统增长方式的不可持续性日益凸显，依靠TFP提升实现高质量发展成为必然选择。另一方面，新质生产力的发展依赖创新驱动，而创新驱动的本质在于提高TFP。以科技创新推动产业创新，实现产业结构升级和TFP提升，是新质生产力发展的必由之路。此外，在全球经济竞争中，TFP是衡量一个国家或地区经济竞争力的重要指标。提升TFP有助于增强国家整体经济实力，为发展新质生产力提供坚实基础。

自1978年以来，中国TFP增速呈现波动上升趋势，特别是在改革开放、加入世界贸易组织等重要时间节点后，TFP增速显著提升（见图3-1）。TFP增速的波动与制度变革红利和宏观经济形势变化密切相关，如农村家庭联产承包责任制、社会主义市场经济体制的确立、全球化参与等。近年来，受国际金融危机、新冠疫情等外部冲击影响，中国 TFP 增速有所放缓，但仍保持正增长。与欧美发达经济体相比，中国 TFP 水平偏低，仍有较大提升空间。

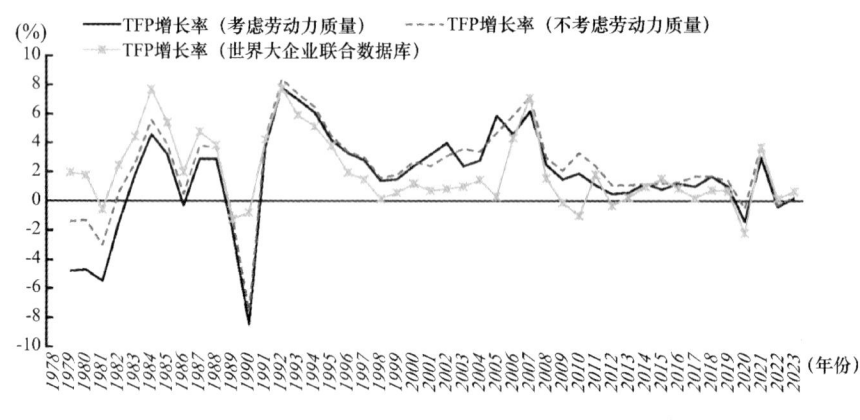

图 3-1　1978—2023 年中国 TFP 增速变动情况

当今世界正经历新一轮科技革命和产业变革，为 TFP 提升和新质生产力发展提供了重要机遇。中国应抓住这一机遇，加快实现高水平科技自立自强，并且把握好数字化和绿色化两条主线，从技术创新、产业结构升级以及制度创新等多方面入手，实现 TFP 的大幅提升。技术创新方面，要加强基础研究和应用基础研究，推动颠覆性技术和前沿技术的研发和应用，催生新产业、新模式、新动能。产业结构升级方面，要推动传统产业转型升级，培育发展战略性新兴产业和未来产业，构建现代化产业体系。制度创新方面，要深化经济体制、科技体制等改革，建立高标准市场体系，创新生产要素配置方式，为 TFP 提升创造良好制度环境。

资料来源：根据《结构变迁、效率变革与发展新质生产力》（中国社会科学院经济研究所课题组、黄群慧、杨耀武等，《经济研究》2024 年第 4 期）的内容整理所得。

第三节　现代化产业体系

产业是新质生产力的物化载体，新科技助力新的生产要素形成，从而推动现代化产业体系的构建。现代化产业体系是指应用新技术、新模式、新业态，实现产业结构优化升级和经济高质量发展的产业系统。它具备技术密集、创新活跃、发展前景广阔等特征，是关系经济社会发展全局的关键所在。

一　动力产业

以人工智能为核心的数字技术，是构成新质生产力底座的通用目的技术，承载这些技术的产业成为推动新质生产力发展的动力产业。2021年6月，国家统计局正式发布《数字经济及其核心产业统计分类（2021）》，数字产业整体框架得以正式确立，并将数字经济产业范围确定为：数字产品制造业、数字产业服务业、数字技术应用业、数字要素驱动业和数字化效率提升业。前四类是数字经济核心产业，是指为产业数字化发展提供数字技术、产品、服务、基础设施和解决方案，以及完全依赖数字技术、数据要素的各类经济活动。依据数字经济核心产业的定义，数字产业化应包括两个部分产业的经济活动：一是依赖数字技术、数据要素进行生产经营的产业；二是为产业数字化发展提供数字技术等基础设施、中间产品或服务和解决方案的产业。其主要涵盖了电子信息制造业、信息通信业、软件服务业、互联网与人工智能等。

具体地，数字产业包括电子信息制造业，是数据收集、存储的基础，主要进行传感器、可穿戴设施、电子设备、集成电路、计算机等研发与生产，包括计算机软件研发设计和相关机器设备的硬件制造。信息通信业包括移动互联网、卫星通信、物联网、互联网等，是数据传播的中介，将信息完整、准确、即时地发送到需求方。软件服务业包括区块链、人工智能、电子商务、大数据、计算机软件等信息技术，主要是通过数字技术和现代计算机设备进行信息资源的收集、整理、存储、分析等，为相关部门的决策提供相应信息服务。互联网与人工智能产业主要包括云计算、大数据、互联网等基础技术研发，深度学习、计算机视觉、人机交互等技术的发展以及无人驾驶、智能机器人、人脸识别、智能语音等技术的应用。

2023年，中国数字经济规模达到53.9万亿元（见图3-2），占GDP比重达到42.8%，数字经济同比名义增长7.39%，高于同期GDP名义增速2.76%。数字经济有效支撑经济稳增长，其对GDP增长的贡献率达66.45%。2023年，数字产业化、产业数字化占数字经济的比重分别为18.7%和81.3%，二者的比重由2012年的约3∶7发展为2023年的约2∶8，数字产业化的相对值虽然有所下降，但是绝对值一直处于增长中，这充分说明了数字经济的赋能作用、融合能力得到进一步发挥。[①] 进一步从数字产业化的细分行业来看，2023年，中国电信业务收入累计完成1.68万亿元，比上年增长6.2%；2023年，规模以上电子信息制造业实现营业收入15.1万亿元，营业收入利润率

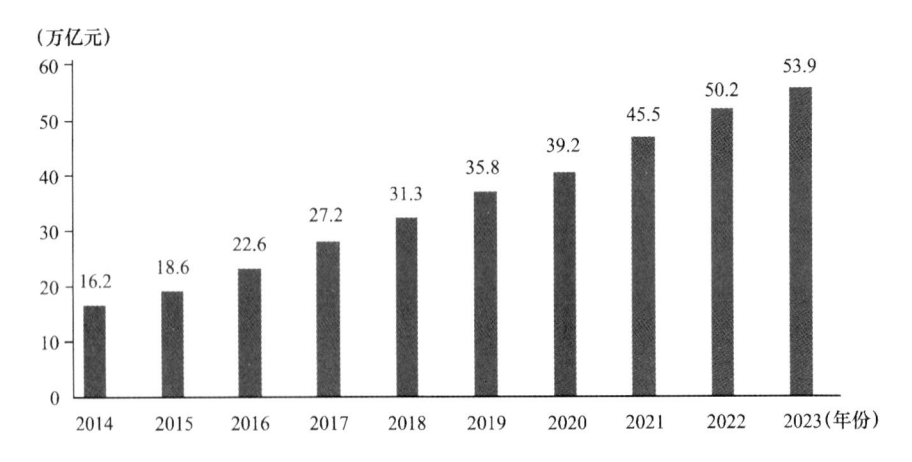

图3-2 2014—2023年中国数字经济快速发展

资料来源：中国信息通信研究院。

[①] 根据中国信息通信研究院发布的《中国数字经济发展研究报告（2024年）》整理所得。

为4.2%，连续11年保持工业第一大行业地位；2023年，中国软件和信息技术服务业以及规模以上互联网和相关服务企业完成互联网业务收入分别为12.3万亿和17483亿元，同比分别增长13.4%和6.8%。[1]

此外，中国的大数据、云计算、区块链、人工智能等产业处于快速发展之中，其在动力产业中的比重也将不断攀升。2023年，中国数据生产总量达32.85ZB，大数据产业规模达1.74万亿元，同比增长10.45%。2023年，中国云计算市场规模达6165亿元，同比增长35.5%，仍保持较高活力；AI原生带来的云技术革新和企业战略调整，正带动中国云计算开启新一轮增长，预计2027年中国云计算市场将突破2.1万亿元。2023年，中国区块链市场规模达到31.6亿美元，2019—2023年年均增长率为73%。2023年，中国人工智能核心产业规模达到5784亿元，增速13.9%，生成式人工智能的企业采用率已达15%，市场规模约为14.4万亿元。[2]

二 先导产业

以数字技术为核心的新一代通用目的技术与智能驾驶、虚拟成像、脑科学等技术相结合，推动了IDC、新能源、新能源汽车、新材料、生命科学、商业航天等战略性新兴产业和未来产业的发展，构成新质生产力的先导产业。现代化产业体系建设的重点就是战略性新兴产业和未来产业，是发展新质生产力的主要阵地，是国家赢得未来竞争新优势的关键所在。

（一）战略性新兴产业

战略性新兴产业是以重大技术突破和重大发展需求为基础，对经济社会全局和长远发展具有重大引领带动作用，知识技术密集、物质资源消耗少、成长潜力大、综合效益好的产业。[3] 加快培育和发展战

---

[1] 根据《中国电子产业供应链发展报告（2024）》、工业和信息化部相关数据整理所得。
[2] 根据《国家信息化发展报告（2023年）》《云计算白皮书（2024年）》《中国区块链发展报告（2023）》《中国互联网发展报告（2024）》等整理所得。
[3] 《国务院关于加快培育和发展战略性新兴产业的决定》（国发〔2010〕32号），2010年10月18日，https://www.gov.cn/zwgk/2010-10/18/content_1724848.htm。

略性新兴产业对推进中国式现代化建设具有重要战略意义。2022年，中国战略性新兴产业增加值占GDP的比重超过13%，《中华人民共和国国民经济和社会发展第十四个五年规划和2035年远景目标纲要》提出目标比重超过17%。中国战略性新兴产业经过十余年的快速发展，企业规模不断壮大，截至2023年9月，战略性新兴产业企业总数已突破200万家。其中，生物产业、相关服务业和新一代信息技术产业企业占比最多，分别为25%、19%和17%。[①] 2023年，代表高科技、高附加值、绿色经济的"新三样"（电动载人汽车、锂电池、太阳能电池）产品累计出口额达到1.06万亿元，首次突破万亿元大关，增长近30%。[②]

2010年公布的《国务院关于加快培育和发展战略性新兴产业的决定》把节能环保产业、新一代信息技术产业、生物产业、高端装备制造产业、新能源产业、新材料产业、新能源汽车产业作为现阶段重点发展的战略性新兴产业。在此基础上，《战略性新兴产业分类（2018）》新增了"数字创意产业"和"相关服务业"两类。其后，国家统计局根据《中华人民共和国国民经济和社会发展第十四个五年规划和2035年远景目标纲要》和《"十四五"战略性新兴产业发展规划》制定的工业领域的战略性新兴产业统计分类目录《工业战略性新兴产业分类目录（2023）》，新增了"海洋装备"和"航空航天"。

1. 新一代信息技术产业

新一代信息技术（ICT）产业发展成果产出多为通用性技术，应用领域广泛，辐射带动作用极强，推动众多产业行业生产发展与人民生活的便利化。例如，5G通信技术可以推动物联网和智慧城市的建设，人脸识别等生物识别技术可用于手机解锁、安防和金融服务安全管理，无人驾驶技术推动智能交通的发展，等等。新一代信息技术产业作为最大的战略性新兴产业，其发展迅速且起到了拉动经济的引擎

---

① 《从业界新变化看战略性新兴产业的2023年》，2024年1月16日，https://www.ndrc.gov.cn/wsdwhfz/202401/t20240116_1363298_ext.html。

② 《"新三样"出口突破万亿元大关 "中国创造"如何跑出加速度？》，《证券日报》2024年1月18日第A2版。

作用。2023年,中国电信业务收入同比增长6.2%,电信业务总量同比增长16.8%;累计建成5G基站337.7万个,具备千兆网络服务能力的端口达到2302万个,移动物联网终端用户占移动网络终端连接数的比重达到57.5%,全国行政村通5G比例超过80%;5G应用融入71个国民经济大类,"5G+工业互联网"项目数超过1万个;5G定制化基站、5G轻量化技术实现商用部署,推出全球首款卫星通话智能手机、6G、量子通信、人工智能等创新能力大幅提升。①

此外,以工业互联网为代表的新一代信息技术加速应用突破,已融入45个国民经济大类,赋能实体经济数字化、网络化、智能化转型升级。5G、人工智能、物联网等技术与教育、医疗等领域深度融合,公共服务数字化水平明显改善。超高清视频、数字渲染、全息互动等数字技术加速渗透,广泛应用于赛事直播、文体旅游等领域,为人民群众带来高品质全新体验。作为最大的战略性新兴产业,其发展迅速且起到了拉动经济的引擎作用。包括通信网络、物联网、三网融合、新型平板显示、高性能集成电路以及高端软件等。2023年,华为公司在电信通信设备领域再次拿下全球销售额第一。②

2. 高端装备制造产业

高端装备制造业是指生产制造高技术、高附加值的先进工业设施设备的行业,主要包括航空装备业、卫星制造与应用业、轨道交通设备制造业、海洋工程装备制造业、智能制造装备业五大细分领域。③常见的生产产品有发动机、数控机床、传感器、控制器、太阳能发电装备和工业机器人等,主要用于航空、铁路、海运以及智能制造等多个领域,构成其他产业发展的设备基础。高端装备制造业以高技术为前提,处于产业链的高端位置,具有高附加值的经济效益,要求高精

---

① 《工业和信息化部:2023年工业经济总体呈现回升向好态势 信息通信业加快发展》,2024年1月19日,https://www.miit.gov.cn/xwdt/gxdt/ldhd/art/2024/art_fb1ca760af7c40578600f3a62cfcab22.html。
② Pongratz, S., "Worldwide Telecom Equipment Market Slumps in 2023", https://www.delloro.com/worldwide-telecom-equipment-market-slumps-in-2023/, March 13, 2024.
③ 根据国家统计局颁布的《战略性新兴产业分类(2018)》整理所得。

度、高安全的生产过程，是推动工业转型升级的引擎，是实现由制造大国向制造强国转化的关键。2023年，中国高端装备制造行业市场规模已达到约25万亿元，装备制造业增加值对全部规模以上工业增长贡献率接近五成，半导体器件专用设备制造、航天器及运载火箭制造、飞机制造等行业增加值均实现两位数增长，显示出强劲的增长势头。[1]

高端数控机床的技术水平是衡量一个国家核心制造能力的标准之一。2023年，中国机床以1823亿元的生产额拿下了世界第一，沈阳机床的龙门系列产品都已经成功跨越了0.01毫米，达到了精密级。机器人产业总体发展水平稳步提升，国际机器人联合会（IFR）发布的《2023世界机器人报告》显示，中国的机器人安装量增长了5%，并在2022年达到290258台的新高峰，占全球安装量的52%，运行存量突破150万台的历史纪录。2024年3月，徐工XCA4000轮式起重机下线，其最大起重量达到惊人的4000吨，并可在170米高空吊重230吨，被称为"全球第一吊"，这代表世界第一起重机的纪录已经连续第七次被徐工刷新。[2]

3. 新能源产业

新能源产业是战略性新兴产业高质量发展的重要支柱。新能源包括太阳能、地热能、风能、海洋能、生物质能和核聚变能等清洁能源，具有环保、可再生等优点，新能源产业是主要源于新能源的发现和应用所形成的产业。新能源产业的发展有利于国家实现能源利用的安全和便利化以及落实碳标准。近年来，国内以风电、光伏发电为代表的新能源发展成效显著，装机规模稳居全球首位，发电量占比稳步提升，成本快速下降，已基本进入平价无补贴发展的新阶段。

2017—2023年，中国新能源发电装机容量呈逐年上升趋势，连续多年世界第一。截至2023年年底，中国能耗强度累计下降26.4%，

---

[1] 汤魏巍：《工业高质量发展扎实推进 新动能成长壮大》，2024年1月18日，https://www.stats.gov.cn/xxgk/jd/sjjd2020/202401/t20240118_1946721.html。
[2] 《我国自主研制"全球第一吊"徐工XCA4000成功首吊》，2024年3月23日，https://www.chinanews.com.cn/sh/2024/03-23/10185741.shtml。

煤炭消费在一次能源消费中的比重由十年前的68.5%下降到55.3%，全国可再生能源发电总装机达15.16亿千瓦，占全国发电总装机的51.9%，在全球可再生能源发电总装机中的比重接近40%。其中，水电总装机达4.22亿千瓦，同比增长1.8%；风电总装机4.41亿千瓦，同比增长20.7%；光伏总装机6.09亿千瓦，同比增长55.2%；核电装机容量达到5691万千瓦，同比增长2.4%。[①] 此外，2023年，中国电动载人汽车、锂离子蓄电池、太阳能电池"新三样"产品出口首破万亿元大关，同比增长29%。事实上，中国的新能源产业不仅竞争力全球领先，更是在新能源七大细分领域均排名全球第一。

4. 新能源汽车产业

新能源汽车产业是新能源、新材料与新技术融合发展形成的特色产业，新能源汽车的新是指使用除汽油、柴油以外的能源，现阶段，新能源汽车使用的能源包括电力、蓄电池、代用燃料、乙醇、甲醇、生物柴油、压缩天然气（CNG）、液化石油气（LPG）、混合动力（使用两种及以上能源的汽车）等。事实上，新能源汽车的新不只是能源的新，新能源汽车还涉及向移动智能终端、储能单元和数字空间转变。多领域技术加速融合，推动电动化、网联化、智能化成为汽车产业的发展潮流和趋势。新能源汽车产业的发展能够有效带动能源、交通和通信基础设施改造升级，促进能源消费结构优化以及交通体系和城市运行智能化水平提升，对实现碳达峰、碳中和具有重大现实价值。

2023年，中国新能源汽车产销量接近千万量级，培育形成了全球最大的新能源汽车消费市场，全年新能源汽车产销量分别达到958.7万辆和949.5万辆，自2015年以来连续9年位居全球第一，2023年新能源汽车出口120.3万辆，创下历史新高，为全球汽车产业电动化转型注入了强大的动力。[②] 2023年7月3日，中国新能源汽车产量突

[①] 《2024年中国新能源产业全景图谱》，2024年5月12日，https://www.163.com/dy/article/J1VQ433M051480KF.html。

[②] 《国家发改委：我国新能源汽车产销连续9年位居全球第一》，2024年1月18日，http://finance.people.com.cn/n1/2024/0118/c1004-40161886.html。

破2000万辆，2022年全球销量占比超过60%。① 这标志着中国新能源汽车在产业化、市场化的基础上，迈入规模化、全球化的新阶段，但是也面临国外市场的贸易保护主义等问题。

5. 新材料产业

新材料产业是高新技术与设备制造的基础和先导，新材料是指新出现的具有优异性能或特殊功能的材料，或是传统材料改进后性能明显提高或产生新功能的材料。② 新材料的发现、发明和应用推广与科技革命和产业变革密不可分。新材料产业包括新材料及其相关产品和技术装备的生产，具有技术高度密集、研发投入高、附加值高等技术特征和高性能化、多功能化、绿色化等发展趋势。发达国家均全力发展新材料产业，如美国将新材料称为"科技发展的骨肉"，中国新材料发展也将由原材料、基础化工材料逐步过渡至新兴材料、半导体材料、新能源材料、节能（轻量化）材料。

2017年，工业和信息化部、国家发展改革委、科技部、财政部联合印发的《新材料产业发展指南》将新材料分为先进基础材料、关键战略材料和前沿新材料三大类，根据其用途可分为先进钢铁和有色金属材料、半导体及超导材料以及纳米材料或生物医用材料等多种形式。新材料可应用于电子信息、新能源汽车、医疗器械、航空行业和建筑化工等多个领域，如铝合金薄板等应用于C919大飞机，第二代高温超导材料支撑了世界首条35千伏公里级高温超导电缆示范工程上网通电运行。目前，国内新材料产业发展蒸蒸日上，2023年1—9月，中国新材料产业总产值超过5万亿元，成为稳定经济增长的重要支撑。③ 新材料产业结构逐渐向高端化、智能化、绿色化转型。据相

---

① 《2000万辆新能源汽车背后的"中国智造"力量》，2023年7月4日，https://www.gov.cn/yaowen/liebao/202307/content_6889778.htm。

② 《新材料产业发展指南》（工信部联规〔2016〕454号），2017年1月23日，https://www.miit.gov.cn/zwgk/zcwj/wjfb/zh/art/2020/art56924accba3d43faa6cc010d682215b5.html。

③ 《新材料产业进入发展加速期（科技视点·走近新质生产力①）》，《人民日报》2024年2月26日第19版。

关机构预计，到2025年产业规模有望突破10万亿元。①

6. 生物产业

生物产业是具有创新活力、涉及面广、最具发展潜力与市场、影响深远的产业之一，是战略性新兴产业可持续发展的重要表现和主攻方向。生物产业是以生物学原理为基础，结合相关技术手段对生物体特性进行研究并生产产品的产业，具有创新性强、市场潜力巨大和可持续发展等典型特征。生物产业包括生物医药、生物医学工程产业、生物农业及相关产业和生物质能等相关产业。② 生物产业可广泛应用于医疗保健、农业、环保、轻化工和食品等重要领域，实现如新型疫苗的研发、医疗设备的升级、优质和高产的动植物品种改善、生物燃气等能源的挖掘以及生态修复等技术产品的开发等相关工作，对于改善人类健康与生存环境、提高农牧业和工业产量与质量都发挥着越来越重要的作用。

近年来，国内生物产业发展快速演进。《"十四五"生物经济发展规划》指出，"党的十八大以来，我国生物经济发展取得巨大成就，产业规模持续快速增长，门类齐全、功能完备的产业体系初步形成，一批生物产业集群成为引领区域发展的新引擎。生物领域基础研究取得重要原创性突破，创新能力大幅提升。生物安全建设取得历史性成就，生物安全政策体系不断完善，积极应对生物安全重大风险，生物资源保护利用持续加强，为加快培育发展生物经济打下了坚实基础"。③ 目前，中国已经是全球生物经济产业大国。中商产业研究院发布的《2024—2029年中国生物经济行业分析及预测报告》显示，2023年中国生物经济产业规模约为20.6万亿元，年均复合增长率达7.9%。

7. 节能环保产业

节能环保产业是使用新能源、利用新技术实现绿色发展的重要环

---

① 《工信部：新材料产业预计到2025年产值将达10万亿元》，2018年2月12日，http://finance.people.com.cn/n1/2018/0212/c1004-29820021.html。
② 根据国家统计局颁布的《战略性新兴产业分类（2018）》整理所得。
③ 《国家发展改革委关于印发〈"十四五"生物经济发展规划〉的通知》（发改高技〔2021〕1850号），2021年12月20日，https：//www.gov.cn/zhengce/zhengceku/2022-05/10/content_5689556.htm。

节。节能环保产业是指为节约能源资源、发展循环经济、保护生态环境提供物质基础和技术保障的产业，涉及节能环保技术装备、产品和服务等，具有产业链长、关联度大、吸纳就业能力强的重要特征。[1]具体来讲，生产中的清洁技术、节能技术以及产品的回收、安全处置与再利用等都是其重要表现。加快发展节能环保产业，是转变经济发展方式的内在要求，是推动节能减排，积极应对气候变化，实现碳中和，抢占未来竞争制高点的战略选择。近年来，国内节能环保产业得到较快发展，已粗具规模。2024年7月31日，《中共中央　国务院关于加快经济社会发展全面绿色转型的意见》指出，"到2030年，节能环保产业规模达到15万亿元左右"。[2]工业和信息化部的数据显示，2022年，中国节能环保产业产值已超8万亿元，这也意味着，未来6年内，中国将在相关产业增加近一倍规模。

8. 数字创意产业

数字创意产业是现代信息技术与文化创意产业逐渐融合而产生的一种新经济形态，以数字技术和先进理念推动文化创意与创新设计等产业加快发展，促进文化科技深度融合、相关产业相互渗透。数字创意产业以数字技术为工具，实现数字内容、视觉体验与创意服务的创新。这一产业的定义在国际上尚无统一共识，在中国，其概念首次出现于2016年的《"十三五"国家战略性新兴产业发展规划的通知》中。中国工程院院士潘云鹤将其定义为运用数字技术的创意内容业和创意制造业。[3]原文化部（现文化和旅游部）视其为一种融合性产业，与文化产业有较多交集。[4]

近年来，虚拟现实内容逐步丰富，视听体验不断提升，沉浸式体

---

[1]《国务院关于印发"十二五"节能环保产业发展规划的通知》（国发〔2012〕19号），2012年6月29日，https://www.gov.cn/zhuanti/2012-06/29/content_2624396.htm。
[2]《中共中央　国务院关于加快经济社会发展全面绿色转型的意见》，《中华人民共和国国务院公报》2024年第24号。
[3]《院士潘云鹤：让创新成果在平潭落地生根　中国的数字创意产业定有大发展》，2017年11月21日，https://fj.chinadaily.com.cn/2017-11/21/content_34823050.htm。
[4]《文化部关于推动数字文化产业创新发展的指导意见》（文产发〔2017〕8号），2017年4月11日，https://www.gov.cn/gongbao/content/2017/content_5230291.htm。

验、智能互动、VR游戏、超感影院、混合现实娱乐等新形式广受欢迎，VR看房和VR试衣等商业应用逐渐普遍。数字创意产业是高度体现创意思维的领域，具有较高的人才要求、创新要求和技术要求。近年来，中国数字创意产业展现出显著的增长势头，成为推动经济转型和技术创新的重要力量。据亿欧智库测算，2020年中国数字创意产业总产值达约8万亿元人民币，创历史新高，占国内生产总值的比重约为7.87%。同年，涵盖"数字创意"业务范围的新成立企业数量显著增长，从2019年的14345家飙升至85182家，同比增长近500%。[①] 2022年，中国文化新业态特征较为明显的16个行业小类实现营业收入43860亿元，比上年增长5.3%，快于全部规模以上文化企业4.4个百分点；数字出版、娱乐用智能无人飞行器制造、互联网文化娱乐平台、增值电信文化服务和可穿戴智能文化设备制造等行业实现两位数增长，分别为30.3%、21.6%、18.6%、16.9%和10.2%。[②] 2024年，文博会通过AI、AR等多媒体结合的方式，展示数字化转型、媒体融合、元宇宙、文化和科技创新等新业态、新应用、新模式。

9. 海洋装备产业

海洋装备制造行业是指为海洋资源开发、利用和保护提供各类装备的行业，主要包括海洋装备制造、深海石油钻探设备制造、其他海洋相关设备与产品制造、海洋环境监测与探测装备制造、海水淡化活动。海洋装备制造行业紧密关联着海洋资源的开发、利用和保护，为这些活动提供关键装备。近年来，随着国家对海洋经济的战略重视和持续投入，海洋装备制造行业得到了迅猛的发展。不仅在市场份额上持续增长，更在技术创新、产品质量和国际竞争力等方面取得了显著成就。《中国制造2025》将海工装备和高技术船舶作为重点领域之一，提出了提升自主创新能力、突破关键技术、提高国际竞争力等目标。《中华人民共和国国民经济和社会发展第十四个五年规划和2035

[①]《2024年中国数字创意产业研究报告》，2024年1月19日，https://www.163.com/dy/article/IOQUF5TS0552R5MG.html。

[②] 郑铭：《文博会跑出科技创新加速度》，《深圳特区报》2023年6月5日第A01版。

年远景目标纲要》明确提出"加快建设强大的现代化海军""加快推进深水技术与装备创新""加强深远海综合科学考察与试验"等任务。

近年来，中国海洋装备业迅猛发展，在全球市场的份额持续增长。2022年，中国自主设计建造的亚洲第一深水导管架平台"海基一号"平台主体工程海上安装完工；全球首艘10万吨级智慧渔业大型养殖工船"国信1号"命名交付；中国首艘、全球最大24000TEU（标箱）超大型集装箱船交付；中国首艘、全球最大液化天然气（LNG）运输加注船"海洋石油301"号完工交付等。[①] 2023年，中国造船完工量、新接订单量和手持订单量三大指标分别占全球总量的50.2%、66.6%和55.0%，以修正总吨计分别占47.6%、60.2%和47.6%，前述各项指标国际市场份额均保持世界第一；分别有5家、7家、6家造船企业进入全球造船完工量、新接订单量和手持订单量前10强；全年交付20艘全球最大2.4万箱超大集装箱船，年交付6艘液化天然气（LNG）运输船；船舶行业主营收入利润率突破4.1%，同比提高1.3个百分点；船海产品出口金额大幅增长21.4%等。[②]

10. 航空航天产业

航空航天产业是国家综合国力的集中体现和重要标志，是推动国防建设、科技创新和经济社会发展的战略性领域，航空航天产业主要包括航空装备产业、卫星及应用产业等。航空航天产业作为人类探索大气层和宇宙空间的高科技产业，涵盖了航空和航天两大领域。航空是指载人或非载人的飞行器在大气层中的航行活动，航天是指载人或非载人的航天器在大气层外的宇宙空间中进行的航行活动。

从航空产业来看，以大飞机为例，航材、航电、航发、制造、设计、营销、售后等一系列产品和服务的万亿元级大飞机产业链蓄势待发的同时，围绕C919的5G、大数据、云计算、人工智能等新技术、

---

① 《2022年我国造船完工量占全球总量47.3% 造船业国际市场份额保持世界第一》，《人民日报》2023年1月26日第1版。

② 《2023年我国造船完工量同比增长11.8% 分别有5家、7家、6家造船企业进入全球造船完工量、新接订单量和手持订单量前10强》，《人民日报》2024年1月17日第1版。

新成果，也将促进中国航空制造业的发展。此外，在充满机遇与挑战的航空航天产业浪潮中，低空经济正以其独特的魅力，吸引着越来越多的企业家和投资者投身其中，并逐步成为产业发展的新热点。低空经济特指在 1000 米以下（可延伸至 3000 米）低空空域内，进行有人或无人低空飞行活动，并带动相关领域融合发展的综合经济形态，包括低空旅游、运输、巡查、植保、救援、运动等多种应用形式。2023年年底，中央经济工作会议将"低空经济"列为战略性新兴产业以来，29 个省份将低空经济写入政府工作报告。2023 年，中国低空经济规模已超过 5000 亿元，并有望在 2026 年突破 1 万亿元，[1] 到 2030 年升至 2 万亿元。[2] 摩根士丹利的预测，到 2040 年，全球城市空中交通产业规模将达到 1.5 万亿美元。[3]

从航天产业来看，商业航天是将航天活动市场化运营。产业链上游为卫星制造；中游包括运载火箭整箭制造、卫星地面设备制造、火箭发射及卫星在轨寿命保险等；下游为卫星应用与服务，涉及通信、导航、遥感等。美国太空探索技术公司（Space X 公司）的"星舰"就是对商业航天的积极探索。

11. 相关服务业

相关服务业主要聚焦产业转型升级和居民消费升级需要，为战略性新兴产业的发展提供相关服务。包括新技术与创新创业服务（研发服务、检验检测认证服务、标准化服务、其他专业技术服务、知识产权及相关服务、创新创业服务和其他技术推广服务）与其他相关服务（航空运营及支持服务、现代金融服务）等行业，对于战略性新兴产业的健康、快速、可持续发展能够起到非常重要的支撑作用。

（二）未来产业

未来产业是由前沿技术驱动，当前处于孕育萌发阶段或产业化初

---

[1] 根据工业和信息化部下属机构赛迪顾问发布的《中国低空经济发展研究报告（2024）》整理所得。

[2] 《2023 年我国低空经济规模超 5000 亿元》，2024 年 2 月 28 日，https://www.gov.cn/lianbo/bumen/202402/content_6934828.htm。

[3] 《解难点疏堵点 让低空经济"振翅翱翔"》，《科技日报》2024 年 5 月 16 日第 5 版。

期，具有显著战略性、引领性、颠覆性和不确定性的前瞻性新兴产业，可能成长为未来的战略性新兴产业，对现代化产业体系的发展产生深远影响。《中华人民共和国国民经济和社会发展第十四个五年规划和2035年远景目标纲要》指出，要"在类脑智能、量子信息、基因技术、未来网络、深海空天开发、氢能与储能等前沿科技和产业变革领域，组织实施未来产业孵化与加速计划，谋划布局一批未来产业"。

1. 类脑智能方向

当前人工智能应用存在高耗能、训练困难、识别模糊、自主学习和自适应能力弱等问题。类脑智能是人工智能的分支，是人工智能发展的最终目标。类脑智能，旨在模仿人类大脑的工作原理，以实现快速、可靠、低耗的运算技术。这一概念由美国科学家卡弗·米德（Carver Mead）于20世纪80年代末首次提出，挑战了传统的计算模式。类脑智能通过计算建模手段，受脑神经机制和认知行为机制的启发，通过软硬件协同实现机器智能。类脑智能就是模仿人类神经系统的工作原理以实现低耗、快速、可靠的运算，是信息技术与生物技术相融合所形成的产业。类脑智能的实现既要求对脑有充分的认知，更倾向于生物医学领域的发展；也要求类脑计算模型和算法模拟人类大脑处理信息的过程，使机器以类脑的方式展现出人类的认知能力。清华大学研制出的类脑计算"天机芯"以及浙江大学联合之江实验室发布的包含1.2亿脉冲神经元、近千亿神经突触的类脑计算机等都是重要的成果。

人工智能是通过机器学习、模拟、延伸、拓展人类智能的大模型。可以分为通用大模型和垂直大模型。通用大模型（基础大模型），擅长处理多种任务，是行业技术的制高点，推动产业变革，如GPT系列就是通用模型。训练通用大模型的参数规模大，需要强大的算力支撑，通常是头部企业的兵家必争之地。垂直大模型（行业大模型），是大模型应用落地的重要形式。基于通用大模型进行微调，通过训练专业数据，向各行各业等多个场景提供更加精准、高效的解决方案。比如，华为盘古大模型就是针对行业提供专业大模型，已经初步运用在政务、金融、铁路、气象、煤矿等领域。企业和个人都可以以模型为基础去做很多应用，如虚拟数字人、AIGC 内容创作。

2023 年被业界广泛认为是人工智能（类脑智能）的突破之年。OpenAI 开启生成式人工智能浪潮，由大模型带动的人工智能产业在 2023 年"一路狂奔"。最新公布的统计数据显示，中国人工智能核心产业规模达到 5000 亿元，企业数量超过 4400 家，已建设近万个数字化车间和智能工厂。工信部赛迪研究院数据显示，2023 年中国生成式人工智能的企业采用率已达 15%，市场规模约为 14.4 万亿元，在制造业、零售业、电信行业和医疗健康四大行业的生成式人工智能技术的采用率均取得较快增长。专家预测，2035 年生成式人工智能（AIGC）有望为全球贡献近 90 万亿元的经济价值，其中中国将突破 30 万亿元，占比超过四成。[①]

类脑智能的发展与元宇宙产业和脑机接口产业的发展是密不可分的。元宇宙（Metaverse），钱学森命名为灵境，是指人类运用数字技术构建的，由现实世界映射或超越现实世界，可与现实世界交互的虚拟世界，具备新型社会体系的数字生活空间。"元宇宙"一词诞生于 1992 年的科幻小说《雪崩》。小说中提到"Metaverse"（元宇宙）和"Avatar"（化身）两个概念。"元宇宙"本身并不是新技术，而是集成了一大批现有技术，包括 5G、云计算、人工智能、虚拟现实、区块链、数字货币、物联网、人机交互等。2021 年是元宇宙元年。元宇宙的核心技术包括扩展现实技术（包括 VR 和 AR）、数字孪生。在元宇宙时代，实现眼、耳、鼻、舌、身体、大脑六类需求（视觉、听觉、嗅觉、味觉、触觉、意识）有不同的技术支撑（4I），如网线和电脑支持了视觉和听觉需求，但这种连接还处在初级阶段。

脑机接口（Brain-Machine Interface，BMI）是指在人或动物大脑与外部设备之间创建的直接连接，实现脑与设备的信息交换。2023 年，科学家开发了可以将神经信号转化为接近正常对话速度的语句的

---

① 《从业界新变化看战略性新兴产业的 2023 年》，2024 年 1 月 16 日，https：//www.ndrc.gov.cn/wsdwhfz/202401/t20240116_1363298.html。

脑机接口。全球首例非人灵长类动物介入式脑机接口试验在北京获得成功，促进了介入式脑机接口从实验室前瞻性研究向临床应用迈进。2023年12月，清华大学医学院联合首都医科大学附属北京天坛医院团队，利用无线微创脑机接口技术，成功帮助高位截瘫患者实现用脑电活动控制电脑光标移动。[1] 2024年1月，首例人类接受了脑机接口公司Neuralink的植入物，目前恢复良好；根据相关报道，马斯克透露了被试的最新现状："（被试）状况良好，似乎已经康复，没有发现任何不良影响，并且能够仅通过思维移动和控制屏幕上的鼠标。"[2]

2. 量子信息方向

量子信息是新一代信息产业发展的重要方向，泛指利用量子物理学相关理论探索量子通信、量子计算和高精度测量等方向的研究与应用等。未来，量子信息的应用主要聚焦量子通信、量子计算和量子精密测量三个方向。量子通信聚焦于解决信息传输的安全问题；量子计算以量子比特为基本运算单元，能够突破经典算力瓶颈，优化算法过程，可应用于密码破译和人工智能等多个方面；量子精密测量，则更致力于提升测量的精确性和灵敏度。量子信息技术是一项颠覆性的科技创新，对于改变我们处理信息的方式、提升通信和计算的效率，以及推动科学研究等方面都具有深远的影响。量子技术应用前景广泛，仍处于起步阶段。2016年8月，墨子号量子科学实验卫星成功发射升空；2020年10月，中共中央政治局就量子科技研究和应用前景举行第二十四次集体学习。2024年，量子技术作为未来产业新赛道写入政府工作报告。

3. 基因技术方向

基因技术产业是以基因相关技术为核心支撑的未来生物产业。基因技术应用于很多领域，带来了极大的社会影响。基因技术可以推动将肿瘤细胞转变为健康细胞的研究进度，给部分遗传性疾病带来治愈

---

[1]《我国在脑机接口领域取得新进展》，《人民日报》2024年2月27日第11版。
[2] 李木子：《首位脑机接口移植者可意念操控鼠标》，《中国科学报》2024年2月26日第2版。

的可能性。基因诊断和检测可以有效预测遗传性疾病的发生概率，影响生育决策的制定。基因合成技术的应用使得科学家可以自己设计并合成特定的基因，基因编辑则可以对现有基因序列进行修改，二者可以改造原有动植物品种或特性，对于培育优良品种、治疗遗传性疾病都有重要意义。基因技术的发展成为未来生物产业的核心驱动力，其发展需要医学、遗传学、生物学、大数据和计算机等多个交叉学科的知识体系相融合。当前国内该技术在检测胎儿是否存在遗传性疾病和抗旱抗寒等优质作物品种培育方面得以广泛应用。

目前，以基因技术为核心的生命科学在全球范围内仍处于起步阶段，但全球已有多个国家将生命科学技术作为国家战略性技术储备。在21世纪初，美国、俄罗斯、日本等发达国家都制订了相关的科技计划。虽然各国发展规划各异，但都极为重视生命科学的发展。生命科学在中国也受到前所未有的重视。早在2009年，国务院就颁布了《促进生物产业加快发展的若干政策》，对发展生物技术药物、生物医学材料等做出指导。2016年，发展生命科学技术被写进了《"十三五"国家战略性新兴产业发展规划》，之后，科学技术部、国家发展和改革委员会、财政部等多个部门相继发布多个文件，从多个维度助推中国生命科学产业的发展。2024年，基因技术作为未来产业写入政府工作报告。

4. 未来网络方向

未来网络是面向未来新需求的下一代信息通信网络。未来网络的核心特征包括智能化、柔性化和可定制化。未来网络的发展历程可以追溯到2009年，当时中国工程院与中国国家自然科学基金委员会启动了相关研究项目。未来网络可以实现高速普遍连接，无论你在哪里，它都可实现快速连接；可以全方位联通，手机、电脑以及智能家居等各种智能设备都可接入网络；可以智能化连接，可识别并满足主体不同需求，实现定制化、精准化服务。未来网络是一种通用技术层面的技术创新，其与工业、交通运输、能源以及人工智能等领域相结合，又可以构建出工业互联网和能源互联网等新型未来产业的发展，起到极强的辐射带动作用。未来网络已经在多个领域进行了试验和应用。例如，南京未来网络谷的小规模试验设施支持量子通信、空间网络、物联网等试验；全球首个广域确定性网络系统也在南京发布。未来的 6G 时代将借助卫星互联网通信等技术，实现空天地一体化的全球无缝覆盖。

5. 深海空天开发方向

深海空天开发是利用海洋与航空、航天技术所开拓的特殊条件和活动空间所进行的探索、开发和应用活动，涉及深海和空天两个维度。在深海开发层面，其侧重于深海工程设备的研发、深海资源的开发以及海洋生态保护等方面，如深海潜水器的制造、海底勘探研究、深海矿产与生物资源的开发等。在空天开发层面，则更侧重于空天信息及装备领域的研究和应用，包括航天器、卫星、空间站等装备的研发和利用以及相关信息技术和通信技术的发展。深海空天开发产业的发展不仅可以促进国内的经济发展与生活便利，其同样构成国家综合实力的重要组成部分，在国际竞争格局中处于重要地位。

深海空天开发面临诸多挑战，如深海环境的极端复杂性、空天技术的高门槛和高成本、国际竞争的激烈性等。深海环境的高压、低温、黑暗等特点对探测设备和人员的生存能力提出了极高要求，而空天技术的研发和应用则需要巨额的资金投入和强大的技术支撑。然而，挑战往往与机遇并存。深海空天开发为科技创新和产业升级提供了广阔的空间，能够带动相关产业链的发展，创造巨大的经济效益和社会效益。未来，随着科技的不断进步和国际合作的深入，深海空天开发将迎来更加广阔的发展前景。

6. 氢能与储能方向

氢能与储能是面向能源问题与绿色低碳转型的重要发展，是新能源产业与环保产业的未来发展形态表现之一，也是未来能源系统变革的重要组成部分。氢能是一种二次清洁能源，氢燃烧热值高，且燃烧的产物是水，其使用过程干净，零排放，对环境友好；氢广泛存在，资源丰富，利于可持续发展。清洁、高效和安全的氢能的开发和利用可为未来工业发展和交通运输各领域提供动力保障,实现绿色可持续发展。储能是指采用各种技术手段将能源储存起来,在需要时进行释放,如电池、充电宝起到的效果。储能技术的发展能够有效缓解能源出现季节差异、不稳定和不持续供给等问题,提高能源使用效率。氢能这个丰富的清洁能源与储能技术的发展相结合能够有效应对气候变化与能源资源储备不足的问题,实现低碳生产、持续生产与稳定生产。政策上持续发力,支撑氢能产业突破发展。2022年3月,国家发展改革委和国家能源局发布《氢能产业发展中长期规划(2021—2035年)》;2023年6月,国家能源局发布《新型电力系统发展蓝皮书》;同年7月,国家发展改革委等六部门印发《氢能产业标准体系建设指南(2023版)》(国标委联〔2023〕34号);2024年3月,《工业和信息化部等七部门关于加快推动制造业绿色化发展的指导意见》(工信部联节〔2024〕26号)印发。2024年,政府工作报告首次提出加快氢能产业发展。将氢作为独立能源来发展,引导产业打通上下游关键环节,建设全链条的能源体系和各项标准。

储能是指通过介质或设备把能量存储起来,在需要时再释放的过程。储能可分为物理储能、化学储能、电磁储能三类,其中,压缩空气储能、抽水蓄能、飞轮储能等是物理储能的主要内容,锂离子电池、铅酸电池、钠硫电池、液流电池等是化学储能的主要内容,超导储能、超级电容器储能是电磁储能的主要内容。

三 引致性产业

随着新一轮科技革命迅猛发展,新技术的快速突破,科技在生产力构成要素中的主导作用愈发突出。当通用目的技术和先导产业的技术发展与市场发展足够成熟时,这些技术和服务开始向传统产业扩散和渗透,并与传统产业既有的技术相结合,推动了传统产业转型升级,使这些产业成为现代化产业体系的重要组成部分。传统产业的改造升级不仅为关键核心技术的研发推广应用提供了充足应用场景,也为现代化产业体系的发展提供了有力支撑。推动传统产业与新技术相结合，能够突破传统制造工艺的限制，提高全要素生产率，促进传统产业迈向高端化。从需求角度看，传统产业的改造升级能够为关键核心技术的研发推广应用提供充足应用场景，加速核心基础零部件的国产化，助力高水平科技自立自强。从供给角度看，传统产业在基础零部件加工精度、制造装配工艺、关键原材料品质等方面的技术突破，能够提高传统产业科技含量，改变传统产业形态，为战略性新兴产业、未来产业发展提供强有力支撑。传统产业的跃迁升级是形成新质生产力的重要基础。新质生产力的"新"在于技术革命性突破、生产要素创新性配置、产业深度转型升级，核心是全要素生产率的提升，而传统产业改造升级正成为提升全要素生产率的重要依托。

从新技术与传统产业的渗透与融合程度来看，引致性产业的发展历程可以大致划分为萌芽阶段、成长阶段和成熟阶段。第一，在萌芽阶段，新技术开始初步渗透到传统产业中，但渗透程度和范围有限。传统产业对新技术的接受程度较低，转型升级的步伐较为缓慢。第二，在成长阶段，随着新技术的不断成熟和市场需求的增长，传统产业对新技术的接受程度逐渐提高。越来越多的企业开始引入新技术进行改造升级，引致性产业开始呈现出快速发展的态势。第三，在成熟阶段，新技术已经全面渗透到传统产业中，并与传统产业深度融合。传统产业通过引入新技术实现了生产流程、产品设计和市场策略的全方位升级，引致性产业已经成为推动新质生产力发展的重要力量。

事实上，新质生产力对传统产业转型升级的作用路径主要有数实融合和绿色转型发展。具体来看，一方面，坚持数实融合，提升传统产业智能化水平。随着新一轮科技革命和产业变革深入发展，数字技术加快向传统产业各领域全过程渗透、融入和应用，推动制造流程从自动化走向智能化，推动传统产业由劳动密集型、资本密集型向创新密集型转变，传统产业的劳动生产率和产品附加值有了飞跃式进步。另一方面，坚持绿色发展，增强传统产业生态底色。绿色发展是高质量发展的底色，新质生产力本身就是绿色生产力。传统产业越来越多地应用新技术、新工艺、新材料、新设备创造出大量高质量、高性能、低消耗的新产品，并将绿色设计、绿色工艺、绿色生产、绿色管理等贯穿于产品全生命周期，推动产业全方位、全流程绿色化、智能化改造，技术含量和绿色含量明显提高。此外，传统产业转型升级为新兴产业发展提供了必要支撑。新能源汽车产业正是新质生产力赋能传统产业转型发展的典型代表。随着电动汽车、混合动力汽车等新能源汽车技术的快速发展，传统汽车产业面临巨大的转型压力。然而，正是这种转型压力推动了新能源汽车产业的快速发展。传统汽车产业引入新能源汽车技术，实现了产品结构的优化和升级，满足了消费者对环保、节能和智能化汽车的需求。同时，新能源汽车产业的发展也带动了电池、电机、电控等相关产业的发展，形成了完整的产业链体系。

在新技术的推动下，传统产业通过引入新技术、新工艺和新管理模式，实现了生产流程、产品设计和市场策略的全方位升级。首先，引致性产业通过技术扩散和渗透，将新技术引入传统产业中，推动传统产业的转型升级。这种技术扩散和渗透不仅提高了传统产业的生产效率和产品质量，还促进了产业结构的优化和升级。其次，引致性产业的发展促进了不同产业之间的融合与协同发展。传统产业通过产业融合，引入新技术、新工艺和新管理模式，实现生产流程和产品设计的创新。同时，不同产业之间的协同发展也推动了产业链的延伸和拓展，提高了整个产业体系的竞争力。再次，引致性产业的发展以创新驱动为核心，传统产业依靠不断的技术创新和管理创新，得以焕发新的活力，实现可持续发展。创新驱动也推动了传统产业的转型升级，使其能够更好地适应市场需求的变化。最后，引致性产业的发展紧密围绕市场需求展开。传统产业依托新技术深入洞察市场需求的变化，及时调整产品结构和市场策略，满足消费者的多样化需求。市场导向也促进了资源的优化配置，提高了整个产业体系的运行效率。

数字学习资料

思考题

1. 发展新质生产力的三大着力点之间的辩证关系如何？
2. 新质生产力的核心要素为什么是科技创新？
3. 发展新质生产力如何超前布局未来产业？
4. 发展新质生产力为什么要培育壮大战略性新兴产业？
5. 如何处理好发展新质生产力与传统产业之间的关系？

第四章 发展新质生产力的实现路径（上）

在当今全球经济一体化和新技术革命的背景下，发展新质生产力成为引领经济社会持续健康发展的核心引擎。新质生产力不仅象征着一种颠覆性的生产方式变革，更是对传统生产力模式的深刻重塑与全面超越，它融合了数字化、智能化等前沿科技，极大地提升了生产效率与创新能力，也对其实现路径布局提出了新的要求。为实现这一目标，需从生产要素发展、新科技创新、现代化产业构建、全国统一大市场建设、绿色低碳发展以及扩大对外开放等多个方面入手，推动全面深化改革以形成系统性的实现路径，实现新质生产力的持续健康发展以及经济社会的高质量发展。本章主要分析以下三个实现路径：发展新质生产力要素、实现高水平科技自立自强和建设现代化产业体系。

第一节 发展新质生产力要素

马克思将参与劳动过程的一切生产要素和物质条件简单划分为"有目的的活动或劳动本身，劳动对象和劳动资料"，[①] 各种生产要素和物质条件必须相互结合才能展开现实的生产活动。新一轮科技革命和产业变革带来重大机遇，需着力推动新型劳动者、新劳动资料和新

---

① 马克思：《资本论》第1卷，人民出版社2004年版，第208页。

劳动对象发展，生产要素的复杂性与多样性显著提升，新型生产要素与传统生产要素的融合空间不断拓宽，组合方式不断优化和跃迁，生产组织方式更加多样化，为新质生产力发展提供重要保障。

一　培养优质的新型劳动者队伍

劳动力是生产活动的具体承担者，其素质和技能水平直接决定了社会生产力的发展程度。应当高度重视和尊重劳动者在生产力诸要素中的支配地位和作用，着力打造一支结构合理、素质优良、创新能力强的新型劳动者队伍，以推动社会生产力的持续提升。

（一）优化开放包容的人才政策

随着全球竞争日益加剧和技术革命的不断推进，社会对高素质、多元化的新型劳动者需求愈加迫切。需要进一步深化人才发展体制机制改革，构建多层次、灵活化的政策体系，以适应不同领域、不同层次人才的多样化需求。营造更加开放和包容的政策环境，以吸引并凝聚全球范围内的优质人才，为国家创新发展注入新的活力。完善人才流动和使用的相关政策，提供更多高质量的职业发展平台与机会，通过资源整合和政策支持，促进人才的合理流动和高效利用。建立健全更加公平、透明的竞争机制，确保各类新型劳动者都能充分施展才能、创造价值。

（二）健全多层次教育与培训体系

优化高等教育的课程设置，注重科研与实践教学相结合，以此强化高精尖人才的自主培育能力。建立完善的产学研联动机制，深化高校、科研机构和企业的紧密合作，加速科研成果向实际生产力的有效转化。重视职业教育的发展，构建校企合作模式，提供贴合市场需求的专业技能培训，以增强学生的就业竞争力。充分利用成人教育、在职教育等资源，构建全方位、广覆盖的终身学习体系，为劳动者提供持续学习的平台和机会，以适应快速变化的技术环境和产业需求。通过灵活的学习模式和丰富的教育资源，使得劳动者不断更新知识和技能，在新质生产力发展中扮演更为重要的角色。

（三）完善激励机制与劳动保障体系

新质生产力的发展以及新行业、新模式的不断涌现，不仅改变了劳动者的就业形态，也对传统的劳动激励和保障机制提出了新挑战。现行的激励机制与劳动保障体系略显僵化，难以适应新兴行业对灵活性、多样性和创新性的高要求，成为新型劳动者进入和发展的阻碍。因此，应进一步深化改革，着手建立与新质生产力发展相匹配的劳动报酬制度和劳动保障制度。这包括构建更具灵活性和适应性的劳动报酬体系，确保薪酬结构既能够有效激励新型劳动者的积极性，又能充分认可并奖励高技能人才的卓越贡献。同时，改革劳动保障制度，确保新型劳动者能够获得公平、稳定且全面的社会保障，切实维护其合法权益，以吸引更多优秀人才投身到新质生产力的发展中。

（四）提升数字时代劳动者的综合素质

随着数据成为重要的生产要素，大数据、云计算、区块链、人工智能等新技术迅速发展，对劳动者的综合素养提出了新要求。一是数据素养与技术适应能力。新型劳动者应具备处理、分析和应用数据的能力，能够从海量数据和资源中提取有用信息用于生产决策，同时具备快速适应并应用先进数字技术的能力。二是创新思维与跨学科知识。创新是新质生产力发展的关键，新型劳动者应该具备创新思维，掌握跨学科知识，以更好应对现代生产中的多重风险和挑战。三是数字安全意识。随着数字技术的广泛应用，信息安全问题日益突出，新型劳动者应具备识别和应对网络安全威胁的能力，并遵守数据隐私规定，防止信息泄露和安全隐患。

二 推进新劳动资料的深刻发展

新劳动资料是传统生产力向新质生产力跃升的重要标志。马克思指出："各种经济时代的区别，不在于生产什么，而在于怎样生产，用什么劳动资料生产。"[1] 可见，作为人类劳动力发展的测量器，劳动

---

[1] 马克思：《资本论》第1卷，人民出版社2004年版，第210页。

资料尤其是生产工具的变革，是区分新旧经济动能转换的客观依据。随着新一轮科技革命和产业变革带来重大机遇，传统生产力向新质生产力跃迁转型，劳动资料再次迭代升级，生产工具朝向高精密、数字化和智能化发展，如大数据和数据分析工具、人工智能与机器学习、物联网和工业互联网、区块链技术、新材料和先进制造设备等。应当积极推动劳动资料不断革新发展并提升科技属性，从而促成生产方式的变革和社会经济的持续发展。

（一）大力推动新劳动资料的创新和应用，以实现生产效率的显著提升

传统劳动资料的运行高度依赖管理指令和人工纠偏，这一过程不仅耗时费力，而且容易因人为因素导致误差和效率低下。例如，在传统生产环境中，操作人员需反复检查和调整设备，造成了生产周期的延长和资源的浪费。因此，需要大力推进新劳动资料的引入和应用，通过智能分析优化和自主决策，在生产过程中实时监测和调整操作参数，从而降低误差率。这些新劳动资料通常配备先进的传感器和数据分析工具，能够全天候不间断运行，确保生产流程的稳定性和高效性。此外，新劳动资料的应用还能够简化操作流程，使得员工更专注于高附加值的工作，进而提升整体生产效率和企业竞争力。

（二）实现新劳动资料的智能化转型，成为引领生产方式变革的重要方向

随着科技进步和智能制造技术的广泛应用，传统生产方式中依赖人工操作和简单机械的局面被更加灵活、高效的智能制造所取代。工业机器人和自动化生产线的引入，不仅能直接提高生产速度和精度，还能通过编程、系统集成以及接入工业互联网，推动生产过程的自动优化和智能化管理。这种转变不仅带来了生产效率的显著提升，还使得产品质量和竞争力得到了质的提高。同时，劳动者在掌握操作机器人、维护复杂生产线及数据分析等技能的过程中，也实现了自身劳动素养的全面提升。新劳动资料的智能化变革不仅改变了生产方式，还促使企业在激烈的市场竞争中获得了更多的机遇和优势，为未来的可

持续发展奠定了基础。

（三）促成新劳动资料的绿色化发展，以应对环境挑战并实现可持续发展

传统劳动资料的运行和使用往往伴随资源的快速枯竭和对生态环境的严重损害，例如大量的矿物资源被过度开采以及在生产过程中产生的废弃物对环境的污染。相比之下，新型劳动资料在设计、制造和使用过程中需要充分考虑节能和环保需求。通过采用先进的生产工艺，如增材制造和绿色化学工艺，降低材料浪费，实现精准制造。积极应用绿色低碳技术，大幅降低对化石能源的使用和消耗，实现节能减排的目标。在废弃物处理方面积极倡导循环经济的理念，通过回收技术和工艺，如物理分离、化学回收及生物降解等手段，将生产过程中产生的废弃物转化为新的原材料或产品，形成闭环经济，实现资源的循环利用。

三 实现新劳动对象的延伸和拓展

不同生产力水平通常对应着不同的劳动对象。例如，农业社会的劳动对象主要是土地和动植物等自然界物质，而工业社会的劳动对象则扩展到矿石、金属和化学原料等经过初步加工的原材料；随着科技进步和生产方式的变革，劳动对象的内涵和外延不断扩展，劳动工具的发展也使得劳动者作用的劳动对象发生深刻变化。因此，劳动对象是衡量社会生产力水平的重要表征，实现新劳动对象的不断延伸和拓展是新质生产力发展的重要前提和现实条件。

（一）推动新劳动对象的数量增加，为生产带来更多的资源和选择

新劳动对象的数量增加，不仅拓展了企业在生产中的可利用资源，还为创新和技术进步提供了更多机会，进而提升生产效率和灵活性。例如，大数据时代数据和信息作为新劳动对象呈现爆发式增长。不断积累的数据资源经过整合与分析，能够形成显著的规模效应，为企业提供强有力的数据支持。借助大数据，企业可以精准地洞察用户

需求、预测市场趋势，并据此优化生产流程、调整产品策略，从而提升生产的精准度和响应速度。

（二）推动新劳动对象的种类增多，有利于生产活动多样化和社会价值创造

随着劳动对象范围从自然界物质、经过劳动加工的原材料等有形物质，逐渐扩展到数据、信息、知识等无形资产或虚拟产品，生产活动因此获得了更多的可能性。例如，信息技术发展使得数据成为新劳动对象，数据的采集、存储和处理成为现代生产过程中的重要环节。同时，虚拟现实和增强现实技术的开发和应用使得虚拟产品和环境成为新劳动对象，将现实世界与虚拟元素紧密结合，能为教育、医疗、娱乐等领域带来新的用户体验和市场机会。因此，推动新劳动对象种类的多样化、智能化和虚拟化，不仅为生产活动提供了更大的灵活性，还使得根据市场需求进行个性化定制和优化成为可能，进一步促进了社会价值的多元化创造。

（三）提高新劳动对象的质量，能提升生产效率和产品的市场竞争力

新劳动对象的质量提升不仅能够直接优化生产流程，减少次品率和浪费，从而提升生产效率，还能赋予产品独特的功能和优势，满足消费者对高质量产品的需求，使其在市场竞争中脱颖而出。例如，石墨烯作为新型材料，凭借其优异的导热性和导电性，在电子产品、新能源电池等领域得到广泛应用。石墨烯的使用有助于降低能耗、加快电子器件的散热，同时增强结构强度并减轻整机重量，从而显著提升产品的性能和市场竞争力。

四 提升生产要素的组合效率

不同的生产力发展水平对应着不同的生产要素组合方式。生产力是通过社会生产要素彼此结合创造出来的，生产要素的配置状态、生产过程的技术水平和组织管理水平会影响生产要素的利用情况和效果发挥，从而对生产力的形成产生影响。因此，在生产力发展的不同阶

段，生产要素的组合和利用会呈现出显著的阶段性特征。[1] 新质生产力发展的基本特征是生产要素组合持续优化和跃升，要提升生产要素的组合效率并提高全要素生产率，核心在于通过引入技术创新、深化要素市场化配置改革以及充分发挥数据要素潜力，促进各类要素更有效地结合和发挥作用，以实现更高效率和更多产出。

（一）利用技术创新打破传统低水平均衡的生产要素组合方式

科技创新是提升生产要素组合效率的关键驱动力，能够引发生产函数的根本性变革，具体表现为生产过程的投入产出优化，以及不同技术下的生产要素组合方式和配比方式变化。随着新型劳动者、新劳动资料和新劳动对象不断融入生产过程，既有的要素组合和配比模式持续受到挑战并被逐步打破，生产要素的复杂性与多样性显著提升，新型生产要素与传统生产要素的融合空间日益扩大，生产组织方式趋向多元化，各类要素得到更为充分且高效的利用，从而推动全要素生产率的稳步提升，为新质生产力发展奠定了坚实的基础。

（二）深化要素市场化配置改革以推动要素自由流动和优化配置

现阶段的市场准入壁垒变得复杂且隐蔽，各种形式的市场分割和地方保护持续存在，阻碍了优质要素和资源向先进生产力的有效聚集，导致要素流通受阻，降低了整体的资源利用效率。[2] 为破解这一难题，必须着力破除市场分割和地方保护，建立统一、公平的市场规则体系，保障生产、分配、流通、消费各个环节畅通无阻。如此，方能激发各类有利于新质生产力发展的要素和资源的活力，促使其充分涌动并优化配置。同时，鼓励各种新型要素积极参与生产和服务创新，通过不断优化要素组合，形成更高效率、更具竞争力的生产模式，为经济高质量发展注入强劲动力。

（三）充分发挥数据要素在推动生产要素创新性配置中的重要作用

在数字时代，数据已经成为联结人才、资本、土地、信息、技术

---

[1] 贺俊：《发展新质生产力的产业经济学逻辑》，《中国社会科学报》2024年3月21日第A4版。

[2] 欧阳慧：《优化要素配置发展新质生产力》，《经济日报》2024年4月25日第5版。

等生产要素的核心纽带，引领资源配置从传统的物理领域不断拓展至广阔的网络空间。通过深度挖掘和分析数据要素，可以有效降低市场交易成本和信息成本，促使各类要素能够在更大范围内实现创新性配置，并自然流向那些具备高生产效率和高边际产出的企业和行业。企业内部也可以借助数据分析精准匹配市场需求与供给，通过数字化手段简化内部管理流程，减少冗余环节，从而提升信息传递的速度和决策效率。这种基于数据的现代管理模式能够提升资源的使用效率，并推进生产要素的优化组合和高效利用。

第二节　实现高水平科技自立自强

习近平总书记指出："新质生产力主要由技术革命性突破催生而成。科技创新能够催生新产业、新模式、新动能，是发展新质生产力的核心要素。这就要求我们加强科技创新特别是原创性、颠覆性科技创新，加快实现高水平科技自立自强。"[1] 可以看到，面向国家战略和社会经济发展现实需要推进高水平科技自立自强，为现阶段发展新质生产力提供了必要的基础和条件。[2]

一　实现高水平科技自立自强推动新质生产力发展的实践逻辑

（一）是契合新一轮科技革命和产业变革下中国迈入世界科技前沿、实现"弯道超车"的发展目标

改革开放四十多年来，中国科技水平整体提升，科技创新推动社会生产力发展的支撑和引领作用日益增强，基础研究和自主创新取得进展，在深海、深空、深地、深蓝四大领域积极部署，产业高端化、智能化和绿色化不断取得突破，国防科技创新为国家安全和战略优势

---

[1] 习近平：《发展新质生产力是推动高质量发展的内在要求和重要着力点》，《求是》2024年第11期。
[2] 周文、许凌云：《论新质生产力：内涵特征与重要着力点》，《改革》2023年第10期。

提供坚实的技术保障。当前新一轮科技革命和产业变革方兴未艾，科技创新呈现快速迭代和多领域突破态势，学科交叉融合加速，前沿领域不断延伸，智能型技术正在多领域多环节替代劳动密集型技术。这一轮技术变革为中国发展带来新的机遇和挑战，同时也孕育着新的风险和危机，中国正面临复杂的内外部环境，国际竞争加剧，技术壁垒提升，在这样的背景下，如何通过科技自立自强推动新质生产力发展，实现关键核心技术和颠覆性技术突破，缩小与世界科技强国的差距，最终实现"弯道超车"，成为亟待解决的关键问题。中国现已在一些前沿领域取得领先优势，例如，5G建设速度快、规模大，行业应用生态逐步壮大，作为支撑产业数字化、自动化、智能化的关键基础设施，对经济社会持续释放良好的赋能效应。新能源汽车也经历了从无到有、从弱变强的跨越式发展，形成了从原料加工、动力电池和电动机等关键零部件生产、整车装配到充电基础设施建设的完整产业链，在全球市场竞争力显著增强。然而，这些技术发展仍存在阻碍，例如5G网络的建设和运营成本高昂、应用场景有限，限制了5G技术赋能实体发展潜力的进一步发挥；新能源汽车技术路线尚未成熟，现使用的锂离子电池存在成本高、充电慢、低温性能差、安全性较弱等问题。为突破现有技术难点痛点，需要推动政策、市场和技术层面共同发力，强调高水平科技自立自强，以技术创新为支点，推动传统生产力朝向新质生产力跃迁升级，帮助中国在新一轮科技革命和产业变革中抢占先机，实现从追赶到引领的战略跨越。

（二）是顺应新时代新阶段传统经济增长模式后劲不足、逐步向高质量发展扎实推进的发展需要

根据经典经济学理论，经济增长的动力源泉来自劳动、土地和资本三种基本要素，传统经济增长模式通过改变要素投入数量来推进社会总产量增长。中国长期实行以高投资、高能耗、高出口为特征的传统经济增长模式，然而，由于要素投入的边际生产力递减、要素资源的稀缺性约束以及国内外环境变化，传统经济增长方式的局限性日益凸显。首先，过度依赖廉价要素投入驱动经济增长，带来资源消耗大

和过度浪费，环境污染严重，不仅影响着空气、水源和土地的质量，还威胁到人们的健康和生活质量，生态承载力或已接近上限，水土流失、土地荒漠化以及生物多样性减少等问题突出，削弱自然环境的自我修复能力和可持续发展潜力。其次，粗放式投入带来产业结构不合理，粗钢、电解铝、水泥、平板玻璃、船舶制造设施等传统制造业产能过剩，产能利用率低于国际标准，企业间同质化竞争较为严重，甚至在风电设备、多晶硅、光伏电池等战略性新兴产业也存在重复布局和内卷式竞争。最后，出口面临日益增长的不确定性因素，随着中美贸易摩擦加剧、地缘政治风险上升以及全球贸易局势日益紧张，外需恢复面临巨大的挑战，这种不确定性影响着出口企业的短期收益以及长期战略规划。因此，中国经济需要从传统经济增长模式向经济高质量发展转型，新质生产力正是摆脱传统经济增长方式的先进生产力质态，是经济高质量发展的内在要求和重要着力点，而实现高水平科技自立自强则是将科技创新置于战略核心地位、着力塑造新时代生产力发展新动能新优势的关键一环。由此可见，实现高水平科技自立自强推动新质生产力发展契合经济高质量发展的内在需要，通过加强基础研究、提升企业创新能力、推进科技成果转化等措施来推进技术革命性突破，特别是形成颠覆性技术簇群，从而改变生产过程和产业体系中的技术规则和生态，推动生产要素的迭代升级和组合优化，凝结成现实的先进生产力，为经济高质量发展提供新的动力来源和支撑。

（三）是适应全球综合国力竞争日益激烈、提升国家科技自主创新能力和核心竞争力的发展要求

当今世界面临百年未有之大变局，世界经济陷入低迷，全球化动力逐渐减弱，西方保护主义、民粹主义和民族主义思想合流，市场分割、投资受限和技术壁垒逐渐常态化，供应链产业链发生重塑，全球权力和秩序也随之变更，不稳定不确定明显增长。[①] 在这样的复杂外部环境下，科技创新逐渐成为国家综合国力和核心竞争力的集中反

---

① 秦亚青、金灿荣、倪峰等：《全球治理新形势下大国的竞争与合作》，《国际论坛》2022年第2期。

映,是产业链供应链安全和经济韧性的重要保障,各国纷纷将技术创新作为大国竞争和国际战略博弈的主战场。带来的结果是,创新成果高度集中于少数高收入国家或大型经济体,全球创新发展呈现不均衡态势。《2024年世界知识产权报告》显示,过去20年中,创新成果排名前8位的国家(占样本国家的5%)占据了出口额的50%、科学出版物的60%以及国际专利授予量的80%。[①] 尽管近年来中国科技创新多样化程度大幅提高,但科技发展水平和科研成果转化程度与发达国家相比仍有较大差距。长期以来,国内科技水平发展主要依赖国外技术引进和改良式创新,关键核心技术面临"卡脖子"问题,关键基础材料、核心装备以及芯片等多个领域,仍然高度依赖进口。如果继续采用传统的引进技术和改良式创新思路,不仅无法消弭日渐扩大的技术差距,还可能遭受西方技术联盟的垄断打压和技术封锁,中国将长期被锁定在全球价值链低端,并面临美国试图解构和重组全球价值链所造成的影响和危害。因此,实现高水平科技自立自强推动新质生产力发展的重要性愈发突出,必须从根本上改变技术发展的路径,从更依赖外部技术引进转向自主创新,只有这样,才能在全球价值链中占据更有利的位置,更好地应对国际经济格局变化,保障国家经济安全和可持续发展。

专栏4-1 向着航天强国目标勇毅前行

20年来,中国探月工程从无到有、从小到大、从弱到强,走出一条高质量、高效益的月球探测之路。

党的十八大以来,在以习近平同志为核心的党中央关心引领下,中国探月工程取得举世瞩目的重大成就,为探索宇宙奥秘、增进人类福祉屡立新功,为以中国式现代化全面推进强国建设、民族复兴伟业作出卓越贡献。

---

① WIPO, *World Intellectual Property Report 2024*, https://www.wipo.int/web-publications/world-intellectual-property-report-2024/en/index.html.

自 2004 年启动实施，中国探月工程步步衔接、接续跨越、连战连捷：

2007 年，嫦娥一号成功绕月，实现中华民族千年奔月梦想；

2010—2012 年，嫦娥二号实现对月球的高精度测绘、日地拉格朗日 L2 点科学探测和图塔蒂斯小行星飞掠探测；

2013 年，嫦娥三号携"玉兔"号月球车成功着陆月球；

2019 年，嫦娥四号实现人类首次月背着陆巡视探测；

2020 年，嫦娥五号从月球正面采集 1731 克月球样品返回地球；

2024 年，嫦娥六号带回人类首份 1935.3 克珍贵月球背面月壤……

美国《纽约时报》载文称，嫦娥六号任务带回的样本，可能为研究月球和地球的起源提供线索，这是中国探月计划的最新成果，显示出中国航天日益增强的综合实力，标志着中国一系列探月任务的又一次胜利。

资料来源：《向着航天强国目标勇毅前行——以习近平同志为核心的党中央关心引领探月工程纪实》，《人民日报》2024 年 9 月 23 日第 1 版。

二 实现高水平科技自立自强推动新质生产力发展的实现路径

（一）充分发挥新型举国体制优势推动关键核心技术实现突破

一是统筹资源和人才，加大基础研究和前沿技术的研发投入。政府应立足于国家发展现实需求，制定战略性规划和政策，充分发挥新型举国体制在实现高水平科技自立自强方面的优势。全面加大底层技术和关键核心技术的投入力度，实现人工智能、量子计算、生物技术和新材料等领域的突破，大力提升关键技术自主可控能力和原始创新能力，确保国家在科技创新活动中的引领地位，以及在新质生产力发展方面的核心竞争力。

二是鼓励多部门创新与协同，推进科技资源的最优配置和使用。

政府需建立跨部门的协调机制，依托新型举国体制，优化国家实验室、科研机构、高校以及科技领军企业的定位和布局，建立多部门多主体共同参与、协同创新、资源共享的科技创新体系，并通过大数据分析和智能化管理，精准匹配科研资源与项目需求，实现科技资源在不同领域和不同主体间的有效配置，提升资源使用效率，避免重复投入和浪费。

三是扩大国际科技交流合作，形成具有竞争力的开放创新生态以应对全球科技挑战。政府应充分利用新型举国体制，建立和完善国际科技合作平台，设立国际联合实验室、技术创新联盟和共同研发中心，推动关键核心技术的联合研发。通过营造开放包容的创新环境，促进国内外企业和科研机构在科技创新和产业链供应链安全方面的深度合作，提升合作的广度和深度。这样不仅能够增强科技创新对产业发展的驱动作用，还能提高中国在应对全球科技挑战中的竞争力和领导力。

(二) 深化人才工作体制创新、着力培养创新型高技能人才队伍

一是顺应科技发展新趋势，优化人才培养机制。高层次人才掌握前沿技术和知识，具备跨学科的综合能力、解决复杂问题和应对风险的能力，是实现高水平科技自立自强、推动新质生产力发展的基本要素。政府需要根据科技发展趋势和现实需要，加强基础教育和高等教育，持续优化学科设置、人才培养模式和劳动者技能培训，突破传统学科壁垒，增强跨学科知识的融合，围绕"高精尖缺"领域培养战略科学家、卓越工程师、领军人才和创新团队，不断提升各类人才的综合素养。

二是建立科学有效的人才评价和引进机制。深化人才制度和体制机制改革，根据科技和产业发展需要，充分考虑不同领域不同行业的人才特点，探索建立差异化、多元化、灵活有效的人才评价机制，避免一般化评价标准难以有效评估人才表现的局限性。着力于打通人才流动、引进和使用中的体制机制障碍，优化政策环境和工作条件，在配偶就业、子女入学、住房提供、医疗保障等方面为引进人才提供配

套支持，保障高层次人才引得进、留得住，建立更加合理的公平分配机制，根据人才的专业背景、工作经验和实际贡献等建立差异化薪酬体系，设立科学合理的绩效指标，有效激发高层次人才的创新活力。

三是推动人才培养与科技创新的良性互动。畅通教育、科技、人才"三位一体"的良性循环，[①] 通过基础教育、高等教育和专门培训，为科研活动和创新活动提供相应的人才储备。这些活动也为人才进一步培养提供了广阔的发展空间和实践平台，通过"干中学"能使人才更好地理解前沿技术和创新办法，积累宝贵的经验，加快人才实际操作能力和创新能力的持续提升，增强他们面临真实情景时的问题解决能力和团队协作能力。

（三）推动多元主体融通创新、加快科技成果在实体经济的转化应用

一是推进产学研用深度融合。政府需着力解决现阶段产学研用转化中的瓶颈问题，强化科研机构、高校和企业等多元主体的联合攻关和深化合作，出台支持科技成果转化的政策，包括资金支持、税收优惠、知识产权保护等，建立产学研协同创新平台、科技成果转移转化机构以及技术交易市场，提供专业的科技成果转移服务，帮助多元主体解决成果转化中的难题，推进科技成果向市场快速转移，加速在实体经济中的推广和应用。

二是打造企业为主导的创新联合体。充分发挥市场在创新方向、路线选择、要素配置等方面的导向作用，强化大中小微企业在科技创新中的主体作用，构建产业链上中下游融通创新、紧密合作的创新联合体，通过建立高效的创新资源共享机制，提高创新效率并降低总体研发成本，推动更多科技成本的转化和应用。其中，科技领军企业要发挥带头作用，开放创新资源，与上下游企业共同推进符合市场需求的关键核心技术突破，集中力量开展前沿技术研发，布局外来发展新赛道，推动整个产业链的技术升级和产业转型。

[①] 习近平经济思想研究中心：《新质生产力的内涵特征和发展重点》，《人民日报》2024年3月1日第9版。

三是加快金融赋能科技创新和成果转化。打通科技创新、成果转化、金融赋能之间的联动链条，引导社会资金有序参与科技创新和成果转化，通过提供风险投资和创业投资、增加科技贷款贴息贴保或者设立科技创新基金等途径，解决科技企业在成果转化过程中遇到的融资难题。鼓励银行和金融机构设立专业的科技金融服务机构，为科技企业提供融资咨询、项目评估和风险管理等多样化服务，推动科技金融大数据的共享和应用，提高科技金融服务的质效和精准度，以满足不同类型科技企业不同阶段的发展需求。

第三节　建设现代化产业体系

产业是经济之本，是生产力发展的具体载体。现代化产业体系是国家现代化的核心，是决定国家兴衰的关键因素。现代化产业体系的建设过程就是新质生产力形成和发展的过程，要以科技创新引领现代化产业体系建设，推动传统生产力的整体优化和升级迭代，从而形成新质生产力，为经济高质量发展以及中国式现代化提供坚实的物质技术基础。[①]

一　建设现代化产业体系推动新质生产力发展的实践逻辑

（一）建设现代化产业体系，推动传统产业转型升级以及战略性新兴产业和未来产业的优化布局，为新质生产力发展夯实了产业基础

中华人民共和国成立之初，面对"一穷二白"的经济状况，国内制定了优先发展重工业的战略目标，为推进社会经济结构转型奠定了相应的制度基础。改革开放以来，中国不断调整产业结构，优化生产力布局，现已建成全球产业门类最齐全、产业体系最完整、产业链配

---

① 程恩富、陈健：《大力发展新质生产力　加速推进中国式现代化》，《当代经济研究》2023年第12期。

套能力领先的产业体系,制造业有31个大类、179个中类和609个小类,为满足人民日益增长的美好生活需要发挥了重要作用。尽管制造业规模连续多年居世界首位,但大而不强、全而不精的局面尚未得到根本改变。①着力解决现阶段产业体系发展的结构性问题,加快建设现代化产业体系,提升产品复杂度和市场竞争力,能为新质生产力发展夯实产业基础。一方面是推进传统产业的深度转型作为培育新质生产力的主阵地。传统产业是国民经济的基本盘,产业规模大,企业数量多,生产技术较为成熟,产品市场占有率较高。大部分传统产业具有劳动密集型特征,创造了大量的就业岗位,在推动经济增长方面也发挥了不可替代的作用,在国民经济体系中承担托底作用。传统产业的转型升级关乎现代化产业体系建设全局,发展新质生产力并非要忽视或者放弃传统产业,而是要充分利用传统产业的已有优势和基础,改造提升传统产业。近年来,部分传统企业利用新技术、新工艺和新设备不断改造升级,推进高端化、智能化和绿色化,在保持原有优势和市场竞争力的基础上实现技术升级和降本增效,已成为培育新质生产力的主阵地。另一方面是促进新兴产业和未来产业发展作为新质生产力发展的重要载体。在新一轮科技革命和产业变革背景下,新兴产业和未来产业是塑造发展新动能、抢占科技制高点、提升国际竞争力的主要来源。为此,国内正在大力发展新能源、新材料、人工智能、航空航天、电子信息等新兴产业,积极布局类脑智能、量子信息、未来网络、基因技术、氢能与储能、深海空天开发等未来产业,力图打造现代产业体系的新支柱,培育新质生产力发展的新载体。

(二)建设现代化产业体系,通过战略性新兴产业和未来产业发展不断突破技术瓶颈,为新质生产力发展提供了强大的技术支持

战略性新兴产业是世界主要国家抢占新一轮经济和科技发展制高点的重要阵地,中国战略性新兴产业经过十余年的快速发展,产业规

---

① 张辉:《践行五个坚持,稳步建设现代化产业体系》,2023年5月15日,https://theory.gmw.cn/2023-05/15/content_36560581.htm。

模快速扩大。2022年，战略性新兴产业增加值占国内生产总值比重超过13%，国家级先进制造业集群产值超20万亿元。截至2023年9月，战略性新兴产业企业总数已突破200万。其中，生物产业、相关服务业和新一代信息技术产业企业占比最多，分别为25%、19%和17%。[1] 部分产业和企业的实力、竞争力和影响力都在显著提升。光伏组件、风力发电机等清洁能源装备关键零部件占全球市场份额的70%。新能源汽车年销量达到680万辆以上，连续8年位居全球第一，新能源汽车已占到汽车新车总销量的1/4以上。[2] 战略性新兴产业以技术创新为主要驱动力，具有知识技术密集、物质资源消耗少、成长潜力大、综合效益好的基本特征，辐射带动能力强，发展战略性新兴产业有利于提升产业层次、优化产业结构，推进经济发展方式加快转变。[3] 未来产业则代表着未来科技和产业发展的新趋势，是重塑全球竞争力和经济格局的最活跃力量。目前，未来产业尚处于孕育孵化阶段，培育周期长，前期投入大，发展不确定性较高，但是在这条赛道上，世界各国都正处于相同的起跑线上，为后发国家提供了难得的发展机遇，通过提前部署未来产业、优化未来产业的时空布局，有助于后发国家实现"弯道超车"。一旦未来产业实现"从0到1"的前瞻性、颠覆性技术突破，便有望带动整个产业链的快速发展，甚至培育出千亿级或万亿级的新支柱产业与产业集群，广泛赋能传统产业或者其他新兴产业朝向高端化、智能化和绿色化发展，形成新的经济增长点和竞争优势。这不仅能帮助后发国家缩小与发达国家的技术差距，还能在新赛道新领域实现其领先地位。可见，建设现代化经济体系，尤其是培育战略性新兴产业和未来产业，推进技术瓶颈不断突破，实现前瞻性、颠覆性技术创新，能给新质生产力发展提供强而有

---

[1] 杜壮：《2023战略性新兴产业：向下扎根 向上生长》，《中国战略新兴产业》2024年第1期。
[2] 《战略性新兴产业增加值占国内生产总值比重超13% 国家级先进制造业集群产值超20万亿元》，《人民日报》2023年7月6日第1版。
[3] 《国务院关于加快培育和发展战略性新兴产业的决定》（国发〔2010〕32号），https：//www.gov.cn/zwgk/2010-10/18/content_1724848.htm。

力的技术支持，具有极为重要的战略意义。

（三）建设现代化产业体系，有利于维护产业链供应链的安全、韧性和自主可控，为新质生产力持续健康发展提供重要保障

现代化产业体系不仅体现为传统产业的发展转型以及新兴产业和未来产业的优化布局，还体现为产业与产业之间的结构平衡、协同发展与融合联动，以及产业体系对社会经济其他领域的物质支撑。然而，现阶段中国产业体系发展存在明显的结构性失衡问题，低端产能过剩与高端供给短缺现象并存，制造业以重化工为主，高端产品核心技术缺失、生产供给不足，现代化服务业发展水平较低。随着人民美好生活的需要不断增长，消费需求趋向高端化、多样化、个性化，对高端制造业和高端服务业需求日益增长，导致社会供需失衡愈发严重。当前国内外环境正在发生复杂变化，产业体系发展的短板和缺陷会成为影响产业链供应链安全稳定的主要障碍，关键技术受制于人，自主创新能力不足，使得中国长期在国际分工格局中处于弱势地位，缺乏对产业链的控制力和话语权。可见，保障产业链供应链的安全、韧性和自主可控非常重要，是新质生产力发展和经济稳定增长的重要条件。建设现代化产业体系，一方面，可以利用传统产业转型升级以及新兴产业培育壮大的发展机会，推动产业上中下游之间的结构平衡和联动发展，实现流通过程中供应环节前后向的关联与运转通畅，促进跨产业的深度融合，尤其是信息技术与传统产业的深度融合，形成新的产业形态和商业模式，促进经济多样化与融合发展，以及产品和服务复杂度的提升，以便更好地抵御外界冲击和意外风险；另一方面，可以在关系国民经济命脉、国家安全等重点领域充分布局，把握好产业链供应链有效运转的关键环节，在核心技术和关键设备的研发创新、生产制造以及配套服务方面积极部署，以提高相关联产业的自主可控能力。由此，现代化产业体系建设有效维护了产业链供应链的安全、韧性和自主可控，推动新质生产力持续健康发展，确保国民经济安全稳定运行。

二 建设现代化产业体系推动新质生产力发展的实现路径

(一) 实施创新驱动发展战略

将科技创新摆在国家发展全局的核心位置,着力破除一切束缚创新发展的体制机制障碍。深化要素市场化改革,更好发挥市场机制作用,促进生产要素的创新性配置,进一步发掘并激活数据、技术、知识、管理等新型生产要素的潜在价值。通过更好发挥政府的引导作用,使得高端要素向新质生产力集聚,充分调动企业作为创新主体的积极性,为创新发展奠定坚实基础。优化营商环境是推动创新发展的重要条件,要不断完善和优化市场准入、产权保护、公平竞争、社会信用等市场基础制度,给予市场参与者以稳定预期,减少企业投资行为和创新行为的不确定性。通过建立透明、公正、高效的市场环境,可以吸引更多的资源和人才投入创新活动中,增强企业的创新动力和能力。

(二) 加强产业政策落地见效

需要政府多部门协调配合,确保产业政策与其他经济政策同向发力,并形成推动生产力发展的合力。实施有针对性的产业政策,加大重点产业的扶持力度,包括补贴、税收激励、保护性法规以及研发支持等措施,鼓励科研机构、高校和企业积极展开基础研究和应用研究,形成一系列具有知识产权的核心技术和产品,帮助产业体系补短板、锻长板。加强产业政策的宣传和解读,如举办政策宣讲会、发布政策解读文件以及利用新媒体平台等,提高政策的透明度和执行力,使相关企业能够了解政策内容和实施路径,充分利用政策红利促进自身发展。健全政府与企业常态化沟通交流机制,及时了解和解决企业发展可能遇到的问题和诉求,增强企业发展的信心和动力。

(三) 推进传统产业高端化、智能化、绿色化转型

一是推动传统产业高端化转型。传统产业往往存在产品技术含量低、附加值低、缺乏市场竞争力等问题。推动传统产业高端化转型,并不意味着低端产业或产品的简单退出,而是通过整合优势资源,推

进深层次变革，使得传统产业焕发新的生机与活力，走向高端化发展。例如，通过商业模式创新和制造业服务化，提升传统制造业的附加值和竞争力，将传统制造业同物流、金融或信息技术等现代服务业结合，并引入先进的管理理念和运营模式，形成生产性服务业，提供全方位、高附加值的服务解决方案，满足客户的多样化需求。

二是推动传统产业智能化转型。发挥数字技术对传统产业转型发展的赋能作用，鼓励企业应用新技术、新设备和新工艺进行改造升级，通过数字化、网络化和智能化手段降低成本和损耗，提升生产效率和产品质量。通过应用自动化设备和智能制造系统，搭建智能化数据平台，实时收集、整合并利用大模型分析生产数据，帮助企业实现精准决策和智能管理，提高生产过程的柔性和响应速度，提升企业的运营效率和市场竞争力。例如，通过大数据和人工智能技术，对研发、生产和销售等环节进行智能化管理，优化资源配置，提高供应链的响应速度和灵活性。

三是推动传统产业绿色化转型。践行绿色发展理念，通过提供绿色金融支持、税收优惠和技术研发补贴，推进绿色低碳技术的突破与应用，支持传统制造业的原料结构、能源结构以及产品结构全方面实现绿色低碳转型，从研发创新、生产制造到销售售后全链条加强绿色管理，发展好循环经济、绿色制造等新经济模式，推动传统产业的绿色可持续发展，形成绿色生产力，助推生态友好型产业体系建设。

（四）积极布局战略性新兴产业和未来产业

战略性新兴产业和未来产业是建设现代化产业体系推动新质生产力发展的重要载体，应该积极推动战略性新兴产业和未来产业培育壮大。一方面，要立足国情和社会经济发展需要，顺应战略性新兴产业和未来产业的发展阶段和特点，明确现阶段发展的重点任务。推动新一代信息技术、高端装备制造、新能源、新材料等重点领域快速健康发展，促进数字经济和实体经济的融合发展，展开"人工智能+"行动，充分发挥超大市场优势加速新技术的产业化应用，提升产业整体竞争力和国际影响力。另一方面，要科学研判战略性新兴产业和未来产业发展的趋势和方向，以突破颠覆性技术为重点，进行前瞻性建设布局。遵循动态调整、因地制宜的原则,根据技术发展情况、市场发育程度以及自身的产业基础和要素禀赋,找准细分赛道,进行前瞻谋划和有序布局,探索具有区域优势和特色的产业发展路径,培育发展新动能。此外,由于战略性新兴产业和未来产业都是需要长期发展的系统性工程,培育周期长、风险高,具有极强的战略意义,需要稳定而持久的资金支持。因此,还要健全财税金融政策支持体系,建立稳定的财政投入增长机制。政府应加大在关键技术研发、重大产业创新发展和成果转化、重点应用示范工程等方面的扶持力度,积极发挥多层次资本市场的融资功能,引导和鼓励社会资金通过不同渠道投入创新型企业,满足企业不同阶段的发展需要,建立和完善金融风险防控机制,确保资金安全高效利用。

(五)构建多维度协同的产业体系

现代化产业体系建设不仅强调推动产业链供应链各环节的合作与互动,实现整个产业体系的紧密衔接、协同联动和开放共享,还强调产业体系的结构调整与整个社会经济发展的耦合协同。在产业链供应链内部,构建起"链主企业—产业链供应链—产业集群"发展路径,[1] 充分发挥链主企业在引领创新、产业协作和转型升级方面的示范作用,通过合作和共享资源,影响上下游企业以及链属企业的生产和交换行为,推进产业链供应链围绕其核心业务进行形态调整和资源整合,形成具有竞争力的网状产业集群结构。在不同产业链供应链之间,需要提升配套协作能力,通过发挥平台经济作用,打破产业壁垒,推动不同产业的跨界融合和自主创新,促进信息流、技术流和资金流的高效流动,形成优势产业集群,产生集聚效应与规模效应,从而提升整个产业体系的抗风险能力和韧性,为新质生产力发展提供持续保障。此外,还需要注重现代化产业体系发展与整个社会经济发展的耦合协同,通过政策引导、市场机制和社会资源的有效配置,推动产业结构向高附加值、高技术含量方向发展,推动绿色转型,实现经济效益和生态效益的双赢,促进经济高质量发展。

---

[1] 司马红:《发展战略性新兴产业 提升产业体系现代化水平》,2024年3月7日,http://lianghui.people.com.cn/2024/n1/2024/0307/c458667-40190833.html。

专栏 4-2　中国新能源汽车产业发展概述

中国新能源汽车产业的国际竞争优势源于七十多年的艰苦奋斗和创新发展，得益于完善的产业链供应链体系、超大市场规模优势和充分的市场竞争。

苦练内功，厚积薄发。回顾中国汽车产业发展历程，1953年第一汽车制造厂在长春开工建设，1956年中国第一辆国产汽车在长春第一汽车制造厂总装下线，2009年首次成为全球第一大汽车产销国，2023年汽车产销量超过3000万辆。中国汽车产业从无到有、从小到大，一路风风雨雨、勇毅前行，尤其是近十多年来，中国汽车产业积极拥抱电动化智能化变革机遇，加快向新能源汽车转型，产业发展取得显著成效。中国新能源汽车产销量连续9年位居全球首位，全球一半以上的新能源汽车行驶在中国，电动化技术总体处于全球领先水平，新型充电、高效驱动、高压充电等新技术多点突破，中高级自动驾驶技术应用全球领先。

完善体系，优化生态。中国已经形成了完备的新能源汽车产业体系，既包括传统汽车的零部件生产供应网络，也包括新能源汽车的电池、电控、电驱动系统以及电子产品和软件的供应体系，还包括充换电、电池回收等配套体系。中国新能源汽车动力电池装车量全球占比超过60%，宁德时代、比亚迪等6家动力电池企业进入全球动力电池装车量前十位；正极、负极、隔膜、电解液等动力电池关键材料出货量全球占比超过70%；弗迪动力等电驱电控企业市场规模全球领先；一批研发制造高端芯片、智能驾驶系统的软硬件企业发展壮大；中国累计建成充电基础设施超过900万台，动力电池回收企业超过1.4万家，规模均位居全球首位。

平等竞争，创新迭代。中国新能源汽车市场规模和增长潜力大，市场竞争充分，消费者对新技术接受度高，为新能源汽车电动化智能化技术不断升级、产品竞争力持续提升提供了良好的市场环境。2023年,中国新能源汽车产销量分别为958.7万和949.5万辆,分别增长35.8%和37.9%,销量渗透率达到31.6%,占全球销量比重超过60%;中国生产的新能源汽车在国内销售约830万辆,占比超过85%。中国是全球最大的汽车市场,也是全球最开放的汽车市场,跨国汽车企业和中国本土汽车企业在中国市场同台竞技、公平较量、充分竞争,促进产品技术快速高效迭代升级。同时,中国消费者对电动化智能化技术的认可度和需求度高,国家信息中心调研数据显示,有49.5%的新能源汽车消费者在购车时最关注续航里程、电池特性和充电时间等电动化性能,90.7%的新能源汽车消费者表示车联网、智能驾驶等智能化功能是其购车因素。

中国新能源汽车产业的蓬勃发展,满足了全球广大消费者对优质产品和服务的需要,为全球汽车产业转型提供了有力支撑,为应对全球气候变化、推动低碳发展作出了中国贡献、展现了中国担当。

以优质产品出口,收获市场信任。国际能源署发布的《2024年全球电动汽车展望》预计,未来十年全球电动汽车需求将持续强劲增长,2024年将达到1700万辆。中国新能源汽车产品已经并将继续为全球消费者提供多样化选择,凭借电动化智能化优势,以比国内更高的价格在海外销售仍广受欢迎。比亚迪ATTO3车型被英国新闻公司评选为英国2023年度最佳电动汽车,吉利几何E车型深受卢旺达消费者喜爱,长城哈弗H6新能源车型荣获巴西年度最佳动力奖项。西班牙媒体Diari de Tarragona报道称,中国新能源汽车质量上乘,几乎一半的西班牙人会考虑购买中国汽车作为他们的下一辆汽车。

以先进技术交流,实现行业共赢。中国新能源汽车走向世界的同时也欢迎全球汽车企业积极融入中国新能源汽车产业链,为全球汽车产业转型注入强大动能。奥迪一汽、大众安徽、光束汽车等一批重大外资项目在华落地，大众、奔驰等在中国设立全球研发中心，越来越多的跨国汽车企业借助中国新能源汽车产业链企业加快电动化智能化转型。2024年北京国际车展以"新时代新汽车"为主题，全球汽车企业携278款新能源汽车产品亮相，占展出新车型数量的比例超过80%。

以产业低碳转型，助力绿色发展。实现绿色低碳发展是全球共同愿望，2020年中国在第75届联合国大会上提出二氧化碳排放力争于2030年前达到峰值，努力争取2060年前实现碳中和。碳达峰碳中和承诺，展现了中国应对气候变化的决心，更彰显了大国担当。近年来，中国坚定不移履行承诺，加速产业结构转型，大力发展新质生产力，新能源汽车、动力电池、光伏等产业实现跨越式发展，为全球绿色低碳转型注入了新的希望、作出了中国贡献。汽车碳排放占全球碳排放总量10%左右，新能源汽车在全生命周期的碳排放量比传统燃油汽车低40%以上。根据国际能源署测算，要实现联合国2030年可持续发展目标，2030年全球新能源汽车销量需要达到约4500万辆。作为全球最大的新能源汽车市场，中国新能源汽车持续快速发展，将为全球碳减排和绿色低碳发展提供有力支撑。

中国汽车产业依托超大规模市场和全产业链比较优势，顺应汽车电动化智能化变革趋势，坚持艰苦奋斗和创新发展，成功开辟了发展新领域新赛道、塑造了发展新动能新优势。中国新能源汽车也实现了从名不见经传到全球领先，从满足国内高质量发展需要到助力全球绿色低碳转型的跨越式发展。

资料来源：金轩：《立足比较优势　造福世界人民——中国新能源汽车发展述评》，2024年5月1日，https：//www.ndrc.gov.cn/xwdt/ztzl/jxpl/202405/t20240521_1386914.html。

三 以新质生产力赋能传统产业转型升级

新质生产力驱动产业转型升级是促进产业经济实现高质量发展的重要举措，这不仅是对新兴产业长续发展的保驾护航，同时也是推动传统产业升级、打造现代化产业体系的重要途径。

习近平总书记在参加十四届全国人大二次会议江苏代表团审议时强调："发展新质生产力不是要忽视、放弃传统产业。"[①] 在新质生产力的作用下，创新驱动传统产业转型升级实现更新换代，依托科技创新打造高端化、智能化、绿色化的新型传统产业和现代化产业体系是中国高质量发展阶段的必要任务。这有助于新兴产业与传统产业实现有机协调的融合发展，也有利于提高社会生产效率和资源利用效率，为中国社会经济的高质量发展打下坚实基础。

同时，传统产业的转型升级和现代化产业体系的构建也会反作用于新质生产力的发展，升级传统产业和打造现代化产业体系为新质生产力提供了广阔的应用与实践平台，也为发展新质生产力进一步创造了基础条件。2023年中央经济工作会议指出："广泛应用数智技术、绿色技术，加快传统产业转型升级。"[②] 这是中国主动适应和引领新一轮科技革命和产业变革、巩固扩大现代化产业体系基底的需要，关系现代化产业体系建设全局。

（一）传统产业亟待依托新质生产力实现转型升级

随着科学技术的迅速发展与社会的不断进步，传统产业面临巨大挑战。追根溯源，传统产业大多是在技术引进的基础上发展起来的，发展路径大多是依赖或引进发达国家已有技术。传统产业在经历了数十年的高速发展后，已然陷入发展瓶颈期，面对生产成本的日益上升，在机械化、自动化、信息化水平相对较低的情况下，传统产业的生产方式和经营模式与前端产业相比滞后程度越来越高，产业内存在

[①] 《习近平在参加江苏代表团审议时强调 因地制宜发展新质生产力》，《人民日报》2024年3月6日第1版。

[②] 《中央经济工作会议在北京举行习近平发表重要讲话 李强作总结讲话 赵乐际王沪宁蔡奇丁薛祥李希出席会议》，《人民日报》2023年12月13日第1版。

着大量阻碍其高速发展的显著问题,传统产业亟待依托新质生产力实现转型升级。

传统产业普遍面临成本比较优势减弱、技术引进合作空间变小、市场需求瓶颈显现、提高生产效率和效益水平的空间不断缩小等制约发展的重大问题,一些传统产业尚未摆脱低水平扩张模式,仍保留着部分"粗放型增长"的痕迹,产品同质化现象严重,市场价格竞争日益激烈,产业结构难以迈向高端化,未能及时适应并把握需求升级趋势,导致产业长期处在低效率低利润水平。因此,传统产业急需摆脱技术引进和对外依赖的传统路径,必须大力发展新质生产力,不断完善以技术创新为主导的经济发展新体系,促进传统产业技术性转型升级。

(二)新质生产力赋能传统产业转型升级的重要意义

习近平总书记指出:"传统制造业是现代化产业体系的基底,要加快数字化转型,推广先进适用技术,着力提升高端化、智能化、绿色化水平。"[1] 随着全球竞争日益激烈,传统产业转型升级逐步成为衡量一个国家产业发展潜力和社会经济发展质量的重要指标之一,也是中国稳步实现高质量发展、推动中国式现代化进程的重要步骤。没有传统产业转型升级支撑培育的新质生产力是不完整且不全面的,尽管实现传统产业新一轮转型升级、打造现代化产业体系具有一系列的挑战,但要深刻认识到传统产业在中国经济发展中的基底地位,充分运用好传统产业已有的规模大、发展深、体系全的显著优势,通过新质生产力所代表的高端化、智能化、绿色化助力传统产业实现重塑发展新形态、寻找发展新优势、紧抓发展新潮流。因此,加快推动传统产业转型升级对于中国经济发展具有历史性意义。

1. 提高经济效益

传统产业转型升级将带动社会生产方式转型升级,从而极大提高生产效率,缩短生产周期,降低生产成本,通过新质生产力所代表的先进科技稳步提高产品质量,较大程度提升产业营收。传统产业的转

---

[1] 习近平:《当前经济工作的几个重大问题》,《求是》2023年第4期。

型升级有利于产业快速适应新市场和新需求，实现利益最大化。

2. 提升企业竞争力

传统产业的升级和转型有利于增强企业竞争力，打造出更加符合市场需求的企业产品，在变幻的市场环境中占据更多的竞争优势。例如，国内某手机厂商通过持续性投入研发，成功推出了多款高性能、高配置的手机产品，不仅赢得了消费者的青睐和认可，同时也扩大了国际影响力，在全球化市场中占据了一席之地，提高了企业的核心竞争力与创造力。

3. 优化产业结构布局

对传统产业进行转型升级有利于淘汰相关落后产业，构建以就地转型为主的发展模式，形成多区域特色产业结构布局。传统产业的转型升级对于发挥产业的潜在优势具有助推作用，依靠新质生产力所带来的先进技术改造实现产业就地转型升级，逐步优化产业结构布局，培育新技术企业，打造区域经济发展新增长极，对中国经济发展起到了助推作用。

4. 促进环境保护

传统产业大都采用污染大、耗能高的方式进行生产制造，但随着人们对美好生活的需要日益增长，人们对环境质量的要求越来越高，传统产业生产过程中的环保问题亟待改善。例如，传统钢铁企业所采用的炼钢方法背离了国家环保政策，已经被国家要求关闭。推进传统产业转型升级可以提高发展的含"绿"量，促进环境保护，同时也有利于践行人与自然和谐共生的生态理念，降低对环境的污染。

(三) 传统产业转型升级面临的难点与挑战

1. 发展观念有待进步

在新质生产力蓬勃发展背景下，传统产业转型升级是企业作为市场主体自主选择的自我发展过程。市场企业核心管理层的决策决定了其企业在新市场、新机遇下的命运，企业的发展壮大取决于核心管理层的发展眼光与发展观念，倘若企业核心管理层满足于自身处境，处于个人"中等收入陷阱"状态，这势必会导致企业停滞不前甚至向下回跌。倘若企业核心管理层英明纳谏，清晰方向，发展观念与时俱进，灵活抓住机遇，企业便会随着时代的浪潮越卷越高，发展壮大。

2. 发展环境有待优化

新时代以来，尽管政府一直不断转变职能，但是建立精简政府提高职能效率还需要不少时间。维护公平公正公开的市场发展环境是政府职能应尽之事，但各地方的发展环境差异化显著。地方之间产业链供应链尚未完全打通，各地之间企业向外发展需要充分考虑各地的营商环境。当下，大部分地区发展环境都有待优化。

3. 共性技术供给欠缺

在中国，工程技术研究中心、公司研究院和公司技术中心等先进技术创新载体有助于推动公司创新能力不断提高，但可惜的是，传统产业共性技术在如今依旧不能很好地满足转型升级需求。特别是随着各类研究所不断改制成公司且融入市场经营以后，传统产业共性技术的供给进一步面临组织失灵和市场失灵。在中小型公司集中的行业中，很多公司缺少一定的研发能力，即共性技术供给欠缺，所以大部分公司积极导入生产能力、采购设备、开展技术改造或者与研究院共同研制设备，自己投入很多的前期经费。共性技术供给欠缺影响了传统产业的转型和升级。

4. 缺乏高素质人才

随着传统产业创新和升级的持续加快，公司的劳动力需求结构已经产生变化，从普通的操作人员进一步转向高素质管理人员和技术工人。从东南沿海地区来看，管理型和技能型人才的缺乏进一步阻碍了公司转型和升级。例如，一些机械类公司很需要高端技术型人才供给尤其是公司的技术工人和生产管理者的供给，很多公司为了发展大计，往往会高薪聘请有丰富经验的国外管理者。以前的产业中很多公司处于三、四线城市，所在城市不能进一步吸引高素质的人才，公司的转型升级意愿和人才欠缺产生了一定的反差。

5. 欠缺知识产权保护

随着国内公司创新能力的不断提升，商标以及专利等知识产权数量进一步扩增,各级法院受理了更多的知识产权案件。这表明,国内与知识产权保护有关的法律体制得到有效优化,司法保护力度持续加大,知识产权保护取得了显著的效果。但也反映了知识产权的保护意识以及能力欠缺。公司想要获得创新,所需时间非常长,投入很大,如果重要职位人员跳槽之后泄露秘密,有关的判决以及取证非常困难。"新产品容易被仿冒"也是公司在实施转型升级过程中常见的困扰,公司投入很多的资金,进一步研发出新产品之后却存在其他公司低成本复制以及抄袭的现象。产业升级借助于创新驱动,而获得关键技术时不但需要研发投入,也要具备充足的产权保护。对知识产权进行侵犯的违法成本非常低,公司打假维权的成本高企,不利于公司主动实施创新。

传统产业转型升级是经济、技术、文化等多方面综合变革和创新的过程。它通过技术革新、市场调整、产业升级等方式,加快各行业企业的发展,提高其竞争力和创新能力。转型升级不仅是一个伟大的历史机遇,也是面临的重大的挑战与风险。只有充分理解和把握传统产业转型升级的原则和方法,及时应对因转型升级所产生的风险和挑战,才能真正实现企业的可持续发展。

总而言之,新时代新征程,我们要大力发展新质生产力,运用新成果、新技术改造提升传统产业,以实现经济结构的优化与升级。同时,要培育更多的战略性新兴产业和未来产业,促进传统产业升级和新兴产业发展,让先进生产力插上科技的翅膀,进而推动构建现代化产业体系,为实现经济高质量发展和大力发展新质生产力提供不竭动力。

(四)新质生产力是推动传统产业转型升级的必要举措

习近平总书记指出:"立足实体经济这个根基,做大做强先进制造业,积极推进新型工业化,改造提升传统产业。"[①] 在现代化进程中,传统产业的转型升级并非孤立存在,而是与新质生产力的赋能紧

[①] 《习近平主持召开新时代推动中部地区崛起座谈会强调 在更高起点上扎实推动中部地区崛起 李强蔡奇丁薛祥出席》,《人民日报》2024 年 03 月 21 日第 1 版。

密融合、相互促进。新质生产力不仅为传统产业提供了转型升级的动力，其内涵和价值也在这一过程中不断得以丰富。当前，虽然传统产业在转型升级中取得了较大突破，但仍存在一些亟待解决的现实问题。因此，要将新质生产力赋能传统产业转型升级作为国家中长期发展的重大战略，促进传统产业转型升级的效率提升，进而推动传统产业向高端化智能化方向发展。

1. 以高质量发展为导向

推动传统产业转型升级，需要在以高质量发展为导向和积极营造良好发展环境等方面综合发力。中国已进入高质量发展阶段，加快传统产业转型升级必须以高质量发展为导向，牢牢扭住自主创新这个"牛鼻子"，在巩固存量、拓展增量、延伸产业链、提高附加值上下功夫，形成较为完善的产业链和产业集群，推动传统产业迈向高端化、智能化、绿色化、融合化。

第一，推动传统产业向高端化迈进。从附加值率上看，就是要强化传统产业嵌入全球价值链各环节的增值能力，以实现在全球价值链上的地位提升，增加出口产品的附加值率。从结构上看，就是要增强重点环节和核心部件的国内自给率，不断提升中国资本品和中间品市场占有率。从质量和产品上看，就是要引导企业围绕增品种、提品质、创品牌，不断提升产品、服务的质量水平和层次。要增加高端产品供给，加快产品迭代升级；提高质量管理能力，全面提升产品质量；加快企业品牌、产业品牌、区域品牌建设，打造一批具有国际竞争力的"中国制造"高端品牌。从动力上看，就是要转向创新驱动，推动传统制造业优势领域锻长板，推进强链延链补链，加强新技术新产品创新迭代，聚焦消费升级需求和薄弱环节，大力开发新产品，在基础零部件、基础元器件、基础材料、基础软件、基础工艺和产业技术基础等领域，加快攻关突破和产业化应用。

第二，推动传统产业向智能化迈进。要顺应新一轮科技革命和产业变革趋势，把握数字化、网络化、智能化方向，加快人工智能、大数据、云计算、5G、物联网等信息技术与传统产业的深度融合。要提升研发、设计、生产、企业管理等各环节的数字化水平，推动数字化设计、数字化控制、数字化管理、数字化服务的发展，节省设计和生产成本。要通过应用网络技术，实现网络协同设计、远程设计，实现生产制造过程的信息共享、企业设备的监控和运维，提高产品、管理和服务的精准性、协同性，推动工业互联网与重点产业链协同发展，建设智慧供应链。要大力发展智能产品、智能制造装备、智能工厂，在重点行业推动人工智能规模化应用。通过引入人工智能，实现设计、生产、管理、服务等各个环节决策和执行的敏捷性，缩短设计周期，降低生产成本，化解劳动力成本上升带来的影响。

第三，推动传统产业向绿色化迈进。要进一步优化结构，坚决遏制高耗能、高排放项目盲目发展，推动钢铁、石化、化工、建材等重点行业实现节能降碳和绿色转型，加快绿色能源建设，推动煤炭等化石能源清洁高效利用，提高企业能效水平。推进产业链供应链全链条、产品全生命周期的绿色化，加快建设绿色工厂、绿色园区和绿色供应链，推动绿色设计、绿色采购、绿色制造、绿色流通、绿色金融、绿色消费、绿色管理等的发展。

第四，推动传统产业向融合化迈进。从产业上看，就是要促进传统制造业与现代服务业融合发展，促进三大产业融合发展，促进传统产业与新兴产业融合发展，深化业务关联、链条延伸、技术渗透。从资源利用上看，就是要促进行业耦合发展，实现能源资源梯级利用和产业衔接。从要素上看，就是要促进新型要素与传统要素有机融合，促进新模式和新业态的发展。

2. 营造良好发展环境

第一，积极强化要素保障。发挥新型举国体制作用，集中优势资源，推进传统产业核心技术、关键产品的攻关和应用。支持传统产业科技型中小微企业成长。支持传统产业企业通过多种融资方式进行技术改造或加大研发投入，通过并购重组实现转型升级。落实企业研发费用加计扣除政策，落实企业购置用于环保、节能节水、安全生产等专用设备所得税抵免政策，激励企业加大创新投入。引导银行机构加大对传统产业转型升级的信贷支持，鼓励产业投资基金加大对传统制造业的支持力度。扩大高素质技术技能人才培养规模、建设培养基地，面向传统产业领域培养一批数字化转型人才、先进制造技术人才和高素质的工程师队伍。大力弘扬企业家精神和工匠精神，为传统产业转型升级注入强大精神动力。

第二，不断激活需求潜力。顺应居民消费升级趋势，把扩大消费同改善人民生活品质结合起来，促进消费向绿色、健康、安全发展，稳步提高居民消费水平。提高吃穿等基本消费品质，推动增加高品质基本消费品供给，推进内外销产品同线同标同质。促进居民耐用消费品绿色更新和品质升级，更好地满足中高端消费品消费需求。培育建设国际消费中心城市，打造一批区域消费中心。推动城乡区域协调发展，释放内需潜能。通过推动生产性服务业与制造业深度融合发展，促进研发设计、商务服务、通信技术等服务要素嵌入制造业产品，显著扩展现有产品或服务的形态和模式，更大程度地丰富最终消费者的体验。推动企业通过运用大数据更精准地发现消费者需求，进一步挖掘消费者的潜在需求和创造新的需求，推动运用数字化技术和新型要素重塑产业形态和商业运行模式，促进生产者与消费者的对接，实现供给与需求动态平衡。

第三，持续优化组织方式。充分发挥各地资源禀赋、产业基础优势，优化生产力布局。推动重点产业在国内外有序转移，引导产业链关键环节留在国内。强化中西部和东北地区承接产业转移能力建设。支持资源型城市发展接续替代产业，加大力度支持产业转型升级示范区建设。深化传统产业的产业链供应链分工，培育一批能发挥带动作用的先进制造业集群、中小企业特色产业集群，提升传统产业集群的竞争力。鼓励企业主动融入全球产业链供应链体系，提高跨国经营能力和水平，开展国际产业链供应链合作，构筑安全稳定、互利共赢的产业链供应链合作体系。

专栏 4-3　传统产业再焕青春
　　　　　——以甘肃省为例

2024 年 9 月，习近平总书记在甘肃考察时指出，甘肃要积极推进新型工业化，加快传统产业改造升级，做强做优特色优势产业，积极发展战略性新兴产业，因地制宜发展新质生产力，打造全国重要的新能源及新能源装备制造基地。甘肃的传统产业正经历着一场深刻的变革，它们通过改造升级和技术创新，焕发出新的生机与活力。

1. 玉门油田：从油气到"油气电氢"的跨越

在祁连山下拥有 85 年历史的玉门油田正积极向新能源领域迈进。截至 2023 年 8 月中旬，玉门油田已建成 5 个光伏发电项目，总容量达 51.1 万千瓦，年均生产绿电 10.2 亿千瓦时，相当于减排二氧化碳 80 万吨。不仅如此，玉门油田还积极推动传统油气业务与新能源融合发展，构筑起"油气电氢"新型能源体系，成为国内首家"零碳油田"。这一系列举措不仅让老油田焕发了新的生机，也实现了经济效益和环境效益的双赢。

2. 白银市：有色冶金产业的智能化升级

在甘肃另一个工业重镇白银市，有色冶金这一传统产业正经历着智能化升级。白银有色长通电线电缆公司通过智能改造，研发出直径仅为 0.012 毫米的微细电磁线产品，受到市场追捧。而白银有色集团铜业公司则通过更新白银炉技术，实现了生产过程的数字化、可视化、智能化，矿产粗铜产能显著提升。这些努力让白银市的有色产能突破百万吨，规上企业达到 285 户，呈现出质效提升的良好态势。

3. 甘肃全省：传统产业改造升级的全面推进

甘肃作为全国重要的老工业基地，拥有石油化工、有色冶金、煤炭建材、装备制造等丰富的工业门类。为了发展新质生产力，甘肃紧扣国家所需，立足甘肃所能，加大传统产业"三化"改造力度，强龙头、补链条、聚集群。甘肃积极推动产业向"微笑曲线"两端延伸、产品向价值链中高端迈进、企业向专精特新方向发展，传统产业和老牌企业正焕发出新的青春。

在玉门油田和白银市的成功经验基础上，甘肃全省的传统产业改造升级正在全面推进。这不仅为甘肃的经济发展注入了新的动力，也为全国老工业基地的转型升级提供了有益的借鉴。

资料来源：《甘肃：以一域争先为全局添彩》，《光明日报》2024年10月9日第5版。

数字学习资料

思考题

1. 如何通过实现高水平科技自立自强推动新质生产力发展？
2. 如何理解建设现代化产业体系对发展新质生产力的重要意义？
3. 如何推动科技创新和产业创新深度融合助力新质生产力发展？
4. 新质生产力如何赋能传统产业转型升级？

第五章　发展新质生产力的实现路径（下）

本章主要分析以下三个实现路径：构建全国统一大市场、促进绿色发展以及扩大开放和国际合作。

第一节　构建全国统一大市场

构建全国统一大市场，是以习近平同志为核心的党中央从全局和战略高度作出的重大决策。党的二十届三中全会通过的《中共中央关于进一步全面深化改革　推进中国式现代化的决定》，进一步部署了构建全国统一大市场的重大改革举措。加快建设高效规范、公平竞争、充分开放的全国统一大市场，是为中国式现代化全面推进强国建设、民族复兴伟业提供有力支撑的重要举措。

一　构建全国统一大市场推动新质生产力发展的时代逻辑

（一）构建全国统一大市场的时代背景

从历史上看，全国统一大市场概念的提出与完善，背靠中国自改革开放以来积累的丰富实践经验，贯穿了社会主义市场经济的发展进程。党的十八届三中全会提出建设统一开放、竞争有序的市场体系，是使市场在资源配置中起决定性作用的基础；2015年国务院常务会议部署发展现代流通业建设法治化营商环境，构建全国统一大市场；

2022年《中共中央 国务院关于加快建设全国统一大市场的意见》发布；2023年国务院常务会议指出加快建设高效规范、公平竞争、充分开放的全国统一大市场；2024年政府工作报告指出，加快全国统一大市场建设，制定全国统一大市场建设标准指引；党的二十届三中全会提出，"要构建全国统一大市场，完善市场经济基础制度"。全国统一大市场这一概念深度贴合社会主义市场经济特色发展内核，既强调"市场经济"中市场对资源配置的决定性作用，又强调"社会主义"体制下政府对市场的宏观调控，为新发展阶段下新质生产力的持续发展夯实了内在基础，点明了深层逻辑。

从当前形势看，全球化和自由贸易面临巨大挑战，逆全球化、保护主义、单边主义、脱钩断链、[①]去风险化日益抬头，中国发展面临巨大的外部挑战与压力。全球产业链供应链出现紊乱，各国更加需要强大且稳定的国内生产与流通以应对外部环境的动荡与不确定性。面对新一轮的世界挑战，中国积极构建全国统一大市场是主动应对百年未有之大变局的必要措施，这对于增强国内市场稳定性、抵御外部市场不稳定性具有重大历史意义。

从长期来看，市场作为全球最稀缺的资源，在经济高速发展的今天，无疑是世界各国经济发展的重中之重。中国目前拥有超过14亿人口、全球最大的中等收入群体，已然形成超大规模市场，这是构建新发展格局的独特优势与必要前提，也是大力发展新质生产力的重要基础条件。要想用足用好中国超大规模市场优势，必须加快建设全国统一大市场，以国内大循环为主体，畅通国内国际双循环。

（二）全面理解构建全国统一大市场的时代内涵

全国统一大市场，是指在全国范围内，建设一个市场的基础制度规则统一，市场的设施高标准联通，要素和资源市场以及商品和服务市场高水平统一。同时，市场的监管要公平统一，不当市场竞争和市场干预行为需进一步规范。

[①] 脱钩断链是指美国政府在霸权和冷战思维作祟下，采取多种保护主义做法，试图降低中美经济相互依存度，甚至企图把中国"挤出"现有国际经济体系的一系列做法。

构建全国统一大市场始终坚持以习近平新时代中国特色社会主义思想为最高指导，全面深化改革开放，深入贯彻新发展理念，加快构建新发展格局，大力发展新质生产力，为实现新质生产力的"质优"打造基础保障。这一过程中，必须坚持创新驱动发展战略，实现创新和效率的双向提升，贴合新质生产力"创新"这一核心特点。面对人民日益增长的美好生活需要，更要持续推动高质量发展，深化供给侧结构性改革，充分发挥法治对市场的平衡作用，不断加强对市场的引领、规范与保障，加快建立健全高标准统一性的市场制度规则，保障市场各主体经营的规范性与平等性，打破制约新质生产力发展的地方保护与市场分割，让商品要素资源能够在更加广阔的空间里充分实现顺畅流动，为建设良好有序、公平开放的全国统一大市场奠定前提条件，也为培育新质生产力创造能动条件。

为充分发挥全国统一大市场能够实现资源优化配置、促进新质生产力发展、促使战略性新兴产业和未来产业形成等多方面综合优势，为建设高标准市场体系、构建高水平社会主义市场经济体制夯实内在基础，为构建新发展格局提供基础支撑，保障中国经济高质量发展，构建全国统一大市场需遵循以下工作原则：立足内需，畅通循环，以供给侧结构性改革为导向高质量创造和引领市场需求，畅通生产、分配、流通、消费四大重要环节；立破并举，完善制度，以高标准制度保障为路径，废除制约全国统一大市场形成的一切制度性、做法性阻碍，加快推进统一市场制度建设；有效市场，有为政府，充分发挥社会主义市场经济体制下政府与市场宏微结合、协调统筹的特征化优势；系统协同，稳妥推进，高度贯彻国内市场在各方面的统一性，深化各区域各部门间的协同合作，增强全国统一大市场稳定性。

为加快建设高效规范、公平竞争、充分开放的全国统一大市场，为中国式现代化进程赋能，全方位推进强国建设与民族复兴，为高质量发展提供重要保障，构建全国统一大市场需达成以下主要目标：持续推动国内市场高效畅通和规模拓展；加快营造稳定公平透明可预期的营商环境；进一步降低市场交易成本；促进科技创新和产业升级；

培育参与国际竞争合作新优势。

二 构建全国统一大市场推动新质生产力发展的重大意义

（一）构建全国统一大市场是大力发展新质生产力的根本举措

习近平总书记在二十届中央政治局第二次集体学习时讲话指出："我国是一个超大规模经济体，而超大规模经济体可以也必须内部可循环。"① 要构建以国内大循环为主体、国内国际双循环相互促进的新发展格局，发展高科技、高效能、高质量的新质生产力，必须保障市场机制能够在国内对资源配置起到决定性作用，实现要素资源的循环畅通。正如马克思主义政治经济学认为，市场是商品生产和交换的场所，是资源配置的重要手段。构建全国统一大市场就是要破除各区域仅站在地方保护的狭隘眼光中形成的区域流通障碍，畅通循环堵点，将全国发展视为统一整体，各区域间实行协调互助，形成有效合力使大市场能够在生产、消费双领域纵深潜力，打造市场发展新业态与强优势。基于国内循环畅通的稳定基础，不断巩固并扩大国际循环态势，助力构建新发展格局，推动新质生产力稳态发展。

（二）构建全国统一大市场是构建高水平社会主义市场经济体制的内在要求

党的二十届三中全会明确指出，"高水平社会主义市场经济体制是中国式现代化的重要保障"，要"聚焦构建高水平社会主义市场经济体制"。② 因此，构建全国统一大市场，建立高标准市场体系，创新生产要素配置方式，让各类先进优质生产要素向发展新质生产力顺畅流动是构建高水平社会主义市场经济体制的内在要求与必要举措。全国统一大市场所构建的统一制度基础，不仅致力于破除地方政府为扶持本地企业所形成的制度壁垒，更强调区域间统一协作的深入程度，纵深全面提升资源和商品配置效率的程度，营造良好的营商环境，提

---

① 习近平：《加快构建新发展格局　把握未来发展主动权》，《求是》2023 年第 8 期。
② 《中共中央关于进一步全面深化改革　推进中国式现代化的决定》，人民出版社 2024 年版，第 4、6 页。

高国内市场的有效竞争力和创新主动性，充分激发国内市场未发掘或未发挥的深层潜力，助力高标准市场体系建设与高水平社会主义市场经济体制构建，为发展新质生产力供给新动能。

(三) 构建全国统一大市场是构建新发展格局的基础支撑

习近平总书记指出："市场资源是我国的巨大优势，必须充分利用和发挥这个优势，不断巩固和增强这个优势，形成构建新发展格局的雄厚支撑。"[1] 自然资源与人力资源丰富是中国超大规模市场形成的独特优势，建设全国统一大市场是充分发挥国内超大规模市场优势的必要前提，而长期存在的市场分割与区域保护是中国超大规模市场存在的显著劣势，针对中国优劣势明显的市场发展现状，毋庸置疑，持续充分将优势最大限度转化，深度清理将劣势最快速度转变，构建新一轮市场优势，是现阶段中国市场发展和构建新发展格局的必然选择。因此，在稳定优势的同时，打破区域壁垒，重塑市场分工格局，为传统产业创造更多市场选择与发展机遇，为新兴产业提供更多政策支持与创新激励，提升市场可调动资源上限，释放中国经济潜力和规模效应，是当前快速转变市场劣势、迎接新优势的具体路径，更是为发展新质生产力营造良好市场环境、大力构建新发展格局的重点方向。构建全国统一大市场，能够充分发挥超大规模市场具有丰富应用场景和放大创新收益的优势，进而推动资源创新配置、要素充分流动、创新成果丰富涌现，支撑发展新质生产力的核心要素科技创新和新兴产业蓬勃发展，与新质生产力特点是创新、关键在质优、本质是先进生产力的深刻内涵相契合，更为构建新发展格局打下了坚实的基础支撑。

(四) 构建全国统一大市场是推动高质量发展的重要保障

由于中国人口分布不均衡、土地资源利用程度不同、生态环境各异以及历史因素等多种原因，区域间经济发展阶段性明显，水平差异很大，新质生产力发展基础不同，对于推动高质量发展具有阻碍作

---

[1] 习近平：《把握新发展阶段，贯彻新发展理念，构建新发展格局》，《求是》2021年第9期。

用。城乡层面，中国经济社会长期呈现城乡二元经济结构，①这是发展中国家经济结构存在的普遍突出矛盾，同时也是制约发展中国家推进现代化进程、实现高质量发展的一大阻碍。建设全国统一大市场致力于打造统一的要素和资源市场，推进土地、劳动力等要素顺畅流动，不断加强制度化改革与保障，充分运用中国优秀基础设施设备，为弱化城乡间存在的土地要素、户籍制度、公共服务等显著差异创造能动条件，提高农村居民收入，有利于最终实现城乡一体化发展。区域层面，中国东西差异、南北差异、经济区与非经济区间差异都十分明显，构建全国统一大市场有利于充分激发区域间生产力发展竞争态势，以平等、公平的要素涌流方式与市场参与方式，使全国各地区通过自身比较优势在更大范围内参与市场分工、实施差异化竞争，有效提升各地区资源配置效率，大大促进了中国区域间经济的协调发展，为新质生产力发展较为落后的地区提供了制度保障，输送了经济发展活力，符合发展新质生产力、推动高质量发展的根本要求。

三 准确把握构建全国统一大市场的基本要求

（一）必须坚持和加强党的全面领导

党的二十届三中全会强调："党的领导是进一步全面深化改革、推进中国式现代化的根本保证。"② 新时代新征程上，坚持和加强党的全面领导是推动构建全国统一大市场、推进中国式现代化的关键内核与方向指引，是实现高质量发展的坚强领导核心。因此，必须把党的全面领导贯穿到建设全国统一大市场的各个方面与全部过程，保证党的思想精神严格落实到市场建设的每个环节，坚决贯彻党对全国市场建设的正确领导。坚定在党的领导下走好中国式现代化之路，全面推进全国统一大市场建设，站在全域高度深刻理解发展内涵，为实现高

---

① 城乡二元经济结构是指以社会化生产为主要特点的城市经济和以小农生产为主要特点的农村经济并存的经济结构。
② 《中共中央关于进一步全面深化改革 推进中国式现代化的决定》，人民出版社2024年版，第43页。

质量发展夯实核心基础。

(二) 必须发挥好政府和市场"两只手"作用

党的二十大报告指出："充分发挥市场在资源配置中的决定性作用，更好发挥政府作用。"[1] 中国的经济体制是社会主义市场经济体制，这决定了充分发挥市场与政府"两只手"的协同作用对于构建全国统一大市场具有重大意义。马克思指出："资本主义生产方式迫使每一个企业实行节约，但是它的无政府状态的竞争制度却造成社会生产资料和劳动力的最大的浪费，而且也产生了无数现在是必不可少的，但就其本身来说是多余的职能。"[2] 这充分说明了无政府状态下经济的混乱性，让我们关注到市场与政府的协同作用的重要性，而中国特有的社会主义市场经济体制便是对发挥好市场与政府"两只手"作用的历史实证。市场这一主体在经济发展中对资源配置有决定性的作用，它在经济活动中占据核心地位，决定了资源的配置、价格的形成以及经济活动的方向，对经济结构的优化和升级有重要影响，因此，市场的活力性及其系统的完备性对市场中各类企业的运行、经济活动的开展都有举足轻重的意义。但站在国家发展的高度，市场并不是万能的，若是经济发展仅仅依赖市场的自我调控能力而缺少规范性、权威性、法制性的监管与调控，那么这样的市场经济终不是我们所追求的"高水平"社会主义市场经济。例如，在面临市场竞争过度、信息不对称、资源配置不公等一系列问题时，只有政府的宏观调控才能确保市场健康、有序地发展，从而保证中国经济在此过程中的持续性、稳定性和高水平性。在社会主义市场经济体制下，政府发挥的作用以及充当的角色是推动经济发展的重要制度保障，它对改革社会主义市场经济、解放和发展社会生产力、推动经济高质量发展具有强大的引导和支撑作用。习近平同志在担任福建省委副书记时发表的论文《社会主义市场经济和马克思主义经济学的发展与完善》中写道："由于

---

[1] 习近平：《高举中国特色社会主义伟大旗帜 为全面建设社会主义现代化国家而团结奋斗——在中国共产党第二十次全国代表大会上的报告》，人民出版社2022年版，第29页。

[2] 马克思：《资本论》第1卷，人民出版社2004年版，第605页。

社会主义市场经济与资本主义市场经济有着显著不同，这就决定了社会主义市场经济不仅具有市场经济的一般规律，而且还具有自身的一些特殊经济规律。"[①] 其核心思想是既要发挥市场经济的长处，形成"有效的市场"，也要发挥社会主义制度的优越性，打造"有为的政府"，推动构建全国统一大市场，合力发展新质生产力。

(三) 必须调动中央和地方"两个积极性"

构建全国统一大市场强调全国上下的统一性、整体性与协调性。中央站在国家发展的全域高度上，要不断完善全国统一大市场基础制度，规范无序竞争，加强顶层设计，深入剖析并解决阻碍市场经济要素在全国范围内充分涌流的待发现与待解决的矛盾和问题。建立起权责清晰、财力协调、区域均衡的中央和地方财政关系，坚持上下协同，处理好整体与局部的关系。在中国式现代化的伟大进程中，地方应积极以主动迎接与加快融入的姿态寻找各区域在构建全国统一大市场过程中的自我定位作用与横向比较优势，深入领会新发展理念，找准大市场建设过程中的区域优势制高点与经济发展独特处，在新一轮发展中谋求突破之道，学习区域间可推广发展经验，打破各区域间经济发展与融合交流的桎梏，积极融入新发展格局，以中央领导为核心引领，助力全国市场经济发展保持可循环性与长续航力。

(四) 必须推进高水平对外开放

高水平对外开放作为新时代中国经济高质量发展的重要战略选择，其本质是站在更高起点上对改革开放进行全面深化。构建全国统一大市场与高水平对外开放在核心上目标一致且相辅相成。全国统一大市场的建设与高水平的开放均旨在推进中国式现代化，在复杂多变的国际形势下稳定国内国际两个市场，畅通国内国际双循环，为实现高质量发展拿下重要一环。构建全国统一大市场有利于打造健康、稳定、高质量的国内市场发展格局，马克思指出："生产表现为起点，

[①] 习近平：《社会主义市场经济和马克思主义经济学的发展与完善》，《经济学动态》1998 年第 7 期。

消费表现为终点，分配和交换表现为中间环节。"① 全国统一大市场的建设畅通了"生产、分配、交换、消费"这一重要且完整的流通过程，为高水平对外开放打下基础条件、保障后方稳固；高水平对外开放有利于带动国内国际两个市场循环流通，为全国统一大市场提供更多发展机遇与可持续燃料。内循环的稳定高速发展可以带动外循环不断注入发展新活力，能不断扩大中国面向世界的高标准自由贸易区网络，推动国内国际两个市场、两种资源持续增强与融合。在拥有内部稳定与外部开放相协调的发展基础上，全球化浪潮里，中国市场方能充分应对外界变化，实现内部可循环与整体可发展。这是构建全国统一大市场的必要举措，亦是大力发展新质生产力、构建新发展格局的关键布局。

四 扎实落实构建全国统一大市场的重点任务

构建全国统一大市场是一项自上而下的复杂系统工程，它既是发展命题，也是改革命题。实践中，必须破立并举，让经济要素实现充分涌流，既要针对现行市场经营中的突出问题展开集中专项治理，大刀阔斧拆除制约全国统一大市场建设的"藩篱"，破除发展新质生产力的桎梏；又要善于运用改革的经验与方法，进一步健全相关体制机制和配套制度以保障大市场有效建设，精心培育有利于建设全国统一大市场的"土壤"，驱动新质生产力发展的内在动能。其中，各项重点工作可概括为"五统一，一规范"。

（一）强化市场基础制度规则统一，加快建立产权保护、市场准入、公平竞争、社会信用等制度

放眼世界，中国基于人口数量及相对完备的多产业体系所形成的超大规模市场优势是新质生产力赋能高质量发展的潜在优势，市场基础制度规则的高度统一则是保障市场优势持续壮大以及新质生产力稳态发展的制度条件，是实现生产力演化从"旧质"到"新质"的能

---

① 《马克思恩格斯文集》第8卷，人民出版社2009年版，第13页。

级跃迁过程中的重要抓手。要求市场制度统一性的根本目的是追求市场经营各环节的规范化、公平化与稳态化，这为新质生产力的培育提供了一个较为稳定的生长环境。如今，全国逐步完善依法平等保护各种所有制经济产权的制度体系，强化执法司法部门间的协同合作，加强产权保护力度，畅通产权保护机制，规范产权保护标准与程序；严格落实"全国一张清单"管理模式，①严禁各区域自行发布具有市场准入性质的负面清单，维护市场准入制度的统一性；健全公平竞争制度和政策实施机制，保障公平竞争与产业间政策协调，加大对垄断和不正当竞争行为的审查力度；建立健全以信用为基础的新型监管机制，建立企业信用状况综合评价体系，以信用风险为导向优化配置监管资源，健全守信激励和失信惩戒机制。国家不断强化市场基础制度规则统一性，以深化改革打造与新质生产力相适配的高水平新型市场，为构建全国统一大市场强化内在枢纽。

（二）推进市场设施高标准联通，进一步优化现代流通网络、市场信息交互渠道和交易平台

发展新质生产力与全国统一大市场的建设目标有机衔接，数字经济时代，以数实融合、数字联通为重要战略疏通市场设施高标准联通阻碍，完善数字化联通体系，打造现代化流通平台，确保市场资源与信息实现高效交互共享，能有效推进高质量构建全国统一大市场，驱动新质生产力畅联发展。对此，建设现代化流通网络，优化市场经营过程中所需要的基础设施布局，加快数字化建设，推动线上、线下双业态融合发展，打造市场流通新平台、新模式，大力建设国家物流枢纽网络；完善市场信息交互渠道，推动各领域市场公共信息与主体信息互联互通互享，有效推动市场信息流动；推动交易平台优化升级，深化公共资源的整合共享，研究明确各类公共资源交易纳入统一平台体系的标准和方式，破除公共资源交易领域的区域壁垒等举措，对推

---

① "全国一张清单"管理模式是指全国贯彻统一的市场准入负面清单制度，该制度是国务院以清单方式明确列出在中华人民共和国境内禁止和限制投资经营的行业、领域、业务等，各级政府依法采取相应管理措施的一系列制度安排。

进市场设施高标准联通具有重大意义。同时也要注意到,在这一过程中,市场设施联通与新质生产力存在双向作用:新质生产力以科技创新为主导,科技创新是发展新质生产力的核心要素,市场设施高标准联通需要借助新质生产力的数字技术进行强化与发展;市场数字基础设施互联互通对高质量建设全国统一大市场具有提质增效的作用,为新质生产力的持续发展保驾护航。

(三)打造统一的要素和资源市场,推进土地、劳动力、资本、技术、数据等要素顺畅流动

新质生产力以"新"为出发点实现要素增益,以"质"为落脚点实现结构优化,护航大市场高质量发展。统一的要素和资源市场作为建设全国统一大市场的重点领域,其重要性不言而喻。过去中国经济社会在要素和资源的获取方面明显存在一些不平等问题,这严重制约了国民经济的发展,而加快建设全国统一大市场,能深层次解决一系列堵点问题,有利于要素与资源在世界更大范围内畅通流动,促进国内国际双市场互联互通,是畅通国内大循环、推动构建新发展格局的必然要求,也是释放内需潜力、培育新质生产力的重要着力点。全国上下正致力于健全城乡统一的土地和劳动力市场,对用地进行统筹规划,促进劳动力、人才跨地区顺畅流动;加快发展统一的资本市场,强化重要基础设施建设与统筹监管,统一监管标准,健全准入管理体系,加大对资本市场的监督力度;加快培育统一的技术和数据市场,完善科技资源共享服务,鼓励跨区域科技信息交流互动,推动重大科研基础设施和仪器设备开放共享,加大科技领域国际合作力度。做到有力纠治阻碍经济要素自由流动的一切问题,促进国民经济循环高效畅通,实现资源配置的最优解,推动全国市场高水平、高标准统一性建设,为发展新质生产力破除区域间要素与资源难以畅通的限制。

(四)推进商品和服务市场高水平统一,健全质量、标准、计量等体系,提升消费服务质量

质量是市场活动的砝码,衡量着一个国家的市场竞争力与综合

实力，小到一根筷子，大到航空母舰，都离不开质量与标准的"双轮驱动"，提升商品质量和市场服务水平是建设全国统一大市场的重要目标之一，亦是以国内大循环为主体，畅通国内国际双循环发展新质生产力的必然要求。质量与服务一头连着供给，一头连着需求，贯穿整条产业链，融入经济发展全域。加快建设质量强国有助于促进市场经营中各环节的循环畅通，为生产力持续走向新质化提供内驱力和核动力，稳步提升市场商品优质化水平，推动构建新型服务型市场，为适应人民日益增长的美好生活需要提供多元化、多层级化的消费选择。因此，建立健全商品质量体系、质量分级制度，广泛开展质量管理体系升级行动，深化质量认证制度改革与国际合作互认；完善标准和计量体系，优化政府宏观调控与市场微观调控下对标准制定的共同作用机制，将国家标准和行业标准进行整合精简；全面提升消费服务质量，改善消费环境，强化消费者权益保护等，这些都是符合时代要求、推动市场高水平统一、加快新质生产力发展的必要举措。

（五）推进市场监管公平统一，以公正监管保障公平竞争

公平对于构建一个良好有序的市场具有决定性意义，它是市场的基石，确保一切经济活动都能在公正、合理的环境下进行。公平对于激发市场参与者的积极性、创新和优化资源配置、维护市场的稳定性、增强市场的信任度等多方面都具有重要作用。公平为市场带来资源互补和协调发展、为培育新质生产力提供大力保障的同时，加强监管力度、保障市场公平对于畅通教育、科技、人才的良性循环起到的正向助推作用，有利于打通束缚新质生产力发展的堵点卡点，持续建设市场化、法治化、国际化的一流营商环境，塑造更高水平开放型经济新优势。要做到全面推进市场监管公平统一可从以下方面改革：健全统一市场监管规则，加强市场监管行政立法工作，完善市场监管程序，加强市场监管标准化规范化建设，依法公开监管标准和规则，增强市场监管制度和政策的稳定性与统一性，积极打造政府监管、平台自律、行业自治、社会监督的多元治理新模式；强化统一市场监管执

法，推进维护统一市场综合执法能力建设，加强知识产权保护、反垄断、反不正当竞争执法力量；全面提升市场监管能力，深化简政放权、放管结合、优化服务改革，完善"双随机、一公开"① 监管、信用监管、"互联网+监管"、跨部门协同监管等方式，加强各类监管的衔接配合。市场监管的公正性就像是水源，为新质生产力的萌芽提供前提条件，也为新质生产力的成长保证需求供给，只有水源足够透明清澈，滋养的作物才会生机盎然。

(六) 规范不当市场竞争和市场干预行为

由于中国不平衡不充分发展的现状，区域壁垒仍然存在，其对于资源的优化配置和经济的高质量均衡发展具有阻碍作用。地方保护、市场分割、垄断与不正当竞争仍然是制约经济循环的关键堵点，致使商品要素资源无法实现更大范围的畅通流动。为了让经济要素充分涌流，实现高质量发展，推动新质生产力赋能中国式现代化进程，必须重点破除各市场经营主体在经营过程中碰到的堵点、卡点与向上反映的难以解决的问题，充分发挥政府宏观调控能力，带动传统产业与新兴产业实现融合发展，稳步推进全国统一大市场建设。从国内大循环主体出发，打通市场区域壁垒，辐射国内国际双循环，保证新质生产力全域发展的有机统一。需在以下方面重点规范：一是着力强化反垄断，完善对垄断行为进行认定的法律规则，健全对反垄断的各项审查制度；二是依法查处不正当竞争行为，对市场主体、消费者反映强烈的重点行业和领域，加强系统性全面竞争监管执法，以公正监管保障公平竞争；三是破除地方保护和区域壁垒，拒绝"小而全"的自我小循环，更不能打着"内循环"的名义搞地区封锁；四是废除一切妨碍依法平等准入和退出的相关做法，清理一切违反统一市场建设的规定。

---

① "双随机、一公开"是指在监管过程中随机抽取检查对象，随机选派执法检查人员，抽查情况及查处结果及时向社会公开。

五 在新质生产力和生产关系矛盾运动中构建全国统一大市场的三大关系

（一）大市场与强市场的关系

中国拥有超大规模和整体市场的明显优势，站在历史的高度上探究，让建设超大规模的国内市场成为一个可持续的发展过程是现阶段需要长远考虑的深度发展命题。全国上下不仅要从市场基础制度规则、市场平台设施、要素和资源市场等维度出发，高标准和高水平打造大市场，推进全国市场统一性建设。更要在大市场的基础上建设规模和范围更大、结构形态更优、市场发展质量更高、制度规则更加完备的强市场，实现国民经济供给与需求在更高层次与水平上实现动态均衡，成为驱动经济高质量发展、赋能新质生产力的强劲引擎。

（二）全国统一大市场与畅通双循环的关系

从畅通国内循环看，构建全国统一大市场，通过多项有力举措解决国内发展重点领域和关键环节存在的各项突出问题，以深化改革为发展指引，全面打通制约国内大循环的堵点，为新质生产力国内区域间协调发展保障实现路径，破除区域经济差异导致新质生产力难以全国范围内辐射与流动的桎梏。从畅通国内国际双循环看，构建全国统一大市场，能够推动国内与国际市场更好联通，促进内外市场规则标准融通，有利于以全国统一大市场为"内核"强力吸引海外中高端要素资源向内汇聚，从而为加快构建新发展格局提供基础支撑，也更有利于新质生产力迸发出更大的发展活力。

（三）统一性与区域性的关系

全国统一大市场的统一，并不是指忽略各区域已然存在的现实发展差异，盲目追求各地区发展的完全一致性，而是在维护全国统一大市场的前提下，结合区域重大战略和区域协调发展战略，优先在一些已经具备发展条件与建设基础的地区开展区域市场一体化建设。例如，京津冀一体化、长三角、粤港澳大湾区以及成渝地区双城经济圈等，在多个方面已经积累了一系列推动市场区域一体化的经验和做法，同时这些地区作为区域发展样板又为构建全国统一大市场提供了有力支撑，为各区域发展新质生产力提供了有效范例，践行了在统一性下区域优先发展，区域性发展后辐射全国实现统一发展的核心原则。同时，全国统一大市场的建设要坚决破除地方保护主义和区域壁垒，全面清理歧视外资企业和外地企业的各类优惠政策，打破市场分割，坚决抵制打着"区域化"旗号的不当竞争行为，将统一性深入各区域发展路径，做到区域经济统一发展，区域成果统一共享，区域新质生产力统一流通。

专栏 5-1　广东省市场一体化建设蓝图

广东省是中国经济大省、强省，浓厚的市场经济氛围和发达的民营经济使得其市场发育程度总体上呈现较高水平。在加快建设全国统一大市场中，广东省充分发挥自身发展优势与经济基础，积极保护市场主体，不断提升市场化水平，推动构建全国统一大市场。

政策协调，区域互联。全国统一大市场是涵盖生产、分配、流通、消费等各领域的复杂循环系统，加快发展物联网，健全一体衔接的流通规则和标准，降低全社会物流成本，才能有效推进完善流通体制。粤港澳大湾区建设，是习近平总书记亲自谋划、亲自部署、亲自推动的重大国家战略。"一个国家、两种制度、三个关税区、三种货币"之下的湾区建设，开世界未有之先例。2019 年 2 月，中共中央、国务院印发《粤港澳大湾区发展规划纲要》，把"大湾区内市场高水平互联互通基本实现，各类资源要素高效便捷流动"作为 2035 年要达成的目标之一。粤港澳大湾区的建设，帮助广东省以及全国统一大市场的建设起到积极的引领和支撑作用。2024 年 5 月，广佛南环、佛莞城际铁路正式投入运营，与已开通的佛肇城际、莞惠城际相连，在粤港澳大湾区形成了一条呈东西走向、全长 258 千米的交通大动脉，自东向西连接了惠州、东莞、广州、佛山和肇庆五市，是大湾区最长的城际铁路，也成为全国最长的跨市"地铁"，极大缩短了交通时间，把都市圈内的相关城市有机"黏合"到一块，实现工作、生活"同城化"发展。

制度统筹，要素畅通。2023年，广东广州起草形成《关于支持广州南沙放宽市场准入与加强监管体制改革的意见》，并于当年12月正式印发实施。谋划重大体制机制改革，从国家层面体系性统筹设计的重点改革任务，围绕加快建设高水平对外开放门户和规则衔接机制对接高地，相继提出了参与制定并推动实施海陆空全空间无人体系技术标准，构建国际领先的工业机器人、智能设备行业标准和认证体系并开展国际检测认证服务等，通过建立与国际对接的标准、规制与制度体系，引领塑造先进标准、打造一流市场准入环境。另外一类是发挥既有领域优势，加快推进科技创新产业创新深度融合的改革举措。坚持改革创新、先立后破，坚持优化市场准入环境，强调放宽市场准入与优化监管紧密结合，通过首创性改革举措，着力为广东高质量发展注入新动能。

人才集聚，服务民生。放宽市场准入改革不仅要让市场"有感"，也要让更多民生"有感"。在社会民生领域，广东省提供了更加丰富的市场准入制度供给，在创造更好公共服务环境中持续满足人民群众对美好生活的需要，吸引更多优质人才落户、集聚。在医疗方面，拓展广东省电子处方中心功能，优化医疗服务与药品流通体系，探索放宽特定全营养配方食品互联网销售限制。在居住生活方面，致力于塑造国际化高品质的生活圈，引进香港地区注册兽医、先进动物诊疗机构进驻南沙，探索香港地区进境兽药区域定点使用模式等。

共建、共治、共享，构筑共同市场。当新的经济全球化来临，全国统一大市场能起到一个非常大的磁石般的"吸铁"作用，保持和增强对全球企业、资源的强大吸引力。其中，广东处于双循环的交汇点，又是链接"一带一路"的枢纽。广东利用本身的产业优势，成为内外循环链接点，更好地让国内国际市场转起来，推动广东乃至全国在5年内畅通双循环的重要动力。建设全国统一大市场不是不要国际市场，恰恰相反，这是进一步推动疫情后全球化的需要，是进一步推动全球贸易和投资自由化、便利化的需要。全国统一大市场是加快形成双循环新发展格局的重要支撑和推动力，是解决当前经济比较低迷的重要推力。中国拥有超大规模和整体市场的优势，强大、统一的市场是中国最大的"王牌"。要用足用好超大规模市场优势，让需求更好地引领优化供给，让供给更好地服务扩大需求。

资料来源：李申：《（人民粤读）粤港澳大湾区如何推进市场一体化》，2022年5月7日，http：//gd.people.com.cn/n2/2022/0507/c123932-35257824.html；《国家发展改革委举行专题新闻发布会　介绍〈关于支持广州南沙放宽市场准入与加强监管体制改革的意见〉相关情况》，2024年3月25日，https：//www.ndrc.gov.cn/fzggw/wld/xwm/zyhd/202403/t20240325_1365241.html。

第二节　促进绿色发展

习近平总书记在主持二十届中央政治局第十一次集体学习时指出："绿色发展是高质量发展的底色，新质生产力本身就是绿色生产力。"[1] 新质生产力具有高科技、高效能、高质量的特征，是符合新发展理念的先进生产力质态，这决定了新质生产力必然要走环境友好型、资源节约型的绿色发展之路。绿色发展是以效率、和谐、持续为目标的经济增长和社会发展方式。因此，发展新质生产力需加快推动

---

[1] 习近平：《发展新质生产力是推动高质量发展的内在要求和重要着力点》，《求是》2024年第11期。

经济增长和社会发展方式绿色低碳转型，以绿色发展新成效持续激发新质生产力发展新动能。

新质生产力就是绿色生产力，走绿色发展之路是发展新质生产力的重要实现路径。绿色发展是永续发展的必要条件和人民对美好生活追求的重要体现。坚持生态优先、绿色发展是中国式现代化历程中的基础要求与鲜明特征，亦是民族延续发展的重要条件。坚持走绿色发展之路，既是对全球生态保护承诺的坚决维护，也是追求高质量发展方式的自我革命。

一 绿色发展理念的历史沿革

绿色发展理念首先根植于中华优秀传统文化之中。人类源于自然，必然就要顺应自然发展，合理取用自然资源。只有这样方能做到人与自然的共生、共处、共存、共融。中华民族自古以来便崇尚人与自然和谐共生，以尊重自然、保护自然、生生不息、繁衍发展、倡导"天人合一"为发展底色。逐步形成了中华民族与自然和谐共生的良好生态关系，并铸就了具有绿色底蕴的华夏文明。上古时期古人便已开始采用轮耕轮休的耕作方式以保护土地的可持续性耕种；两汉时期采用"代田法"以保证地力不衰；南北朝时期开始推广并普及绿肥种植技术，通过间种套种在保护土地的同时提升农业生产率。近代以来，随着人口压力不断增大，主政者则通过出台强化植树造林的措施以保护生态环境。[①] 随着马克思主义传入中国，进一步推动自然辩证法的广泛传播。自然辩证法认为人与自然是对立统一的。绿色发展理念汲取马克思自然辩证法的有益思想，带领中国共产党人不断进行新民主主义革命时期的生态文明保护实践。毛泽东同志在建设苏区时曾提出，要把开展植树造林作为一项重要任务提出来。中华人民共和国成立后，毛泽东同志主持制定的《中国人民政治协商会议共同纲领》提出了"保护森林，并有计划地发展林业"的政策；并在《征询对

---

① 《走进古人的生态智慧》，《光明日报》2012年4月4日第7版。

农业十七条的意见》中指出:"在十二年内,基本上消灭荒地荒山,在一切宅旁、村旁、路旁、水旁,以及荒地上荒山上,即在一切可能的地方,均要按规格种起树来,实行绿化。"[1]

中华民族的伟大历史实践与当代实践成为绿色发展理念的新的现实来源。改革开放以来,中国将节约资源和保护环境作为基本国策,将可持续发展确立为国家战略,大力推进中国特色社会主义生态文明建设,持续推动经济增长方式绿色转型,加快社会发展绿色化。党的十八大以来,以习近平同志为核心的党中央把生态文明建设纳入中国特色社会主义事业"五位一体"总体布局和"四个全面"战略布局,以前所未有的力度抓生态文明建设。党的十九大报告把"污染防治攻坚战"列为决胜全面建成小康社会的三大攻坚战之一。党的二十大报告指出,"推动经济社会发展绿色化、低碳化是实现高质量发展的关键环节"。[2] 绿色成为新时代中国的鲜明底色,绿色发展成为中国式现代化的显著特征。中国的绿色发展,是中国特色社会主义应对全球生态环境恶化这一客观现实提出的重要范式,为地球增添了更多"中国绿",扩大了全球绿色版图,对内造福人民,对外增益世界。

二 绿色发展的重大意义

全球气候变化这一不争的事实,已然成为 21 世纪人类发展最大的挑战之一。基于此,当今世界格局之下,绿色发展已经成为一个重要趋势,许多国家把发展绿色产业作为推动经济结构调整的重要举措,突出绿色的理念和内涵。马克思提出:"自然力……是特别高的劳动生产力的自然基础。"[3] 将生态自然环境摆在了劳动生产力发展的先决条件位置。习近平总书记更是将此理念贯彻至国家发展中,强调:"生态文明建设事关中华民族永续发展和'两个一百年'奋斗目

---

[1] 《毛泽东文集》第 6 卷,人民出版社 1999 年版,第 509 页。
[2] 习近平:《高举中国特色社会主义伟大旗帜 为全面建设社会主义现代化国家而团结奋斗——在中国共产党第二十次全国代表大会上的报告》,人民出版社 2022 年版,第 50 页。
[3] 马克思:《资本论》第 3 卷,人民出版社 2004 年版,第 728 页。

标的实现,保护生态环境就是保护生产力,改善生态环境就是发展生产力。"① 可以看出,习近平总书记不仅正视保护生态环境能够促进自然生产力发展这一事实,更高瞻远瞩地看到了保护生态环境对于社会生产力发展的促进作用。因此,绿色发展是中国坚持高质量发展的根本底色,是培育新质生产力的内在要求,对中国经济发展具有重大历史意义。

(一)促进绿色发展,有利于处理好经济发展与生态保护的关系

处理好发展与保护的关系,是一个世界性难题,也是人类社会发展面临的永恒课题。习近平总书记指出:"经济要发展,但不能以破坏生态环境为代价。生态环境保护是一个长期任务,要久久为功。"②新时代背景下,中国经济已由高速增长阶段转向高质量发展阶段,生态环境的支撑作用日益明显,生态环境容量和资源承载力的约束条件成为影响新质生产力发展的重要因素之一。党的二十大报告指出,"推动经济社会发展绿色化、低碳化是实现高质量发展的关键环节"。③ 这表明,高质量发展和高水平保护是相辅相成、相得益彰的。高水平保护是高质量发展的重要支撑,生态优先、绿色低碳的高质量发展是实现高水平保护的持续动能。

习近平总书记指出:"保护生态环境就是保护生产力,改善生态环境就是发展生产力。"④ 这阐明了经济发展与生态环境保护之间的关系,指明了实现发展和保护协同共生的新路径。大力发展新质生产力,就要站在人与自然和谐共生的高度以谋全域发展,通过高水平环境保护,不断塑造发展的新动能、新优势,着力构建绿色低碳循环经济体系,有效降低发展过程中的环境资源代价,持续增强发展潜力与

---

① 中共中央文献研究室编:《习近平关于社会主义生态文明建设论述摘编》,中央文献出版社2017年版,第9页。
② 中共中央文献研究室编:《习近平关于社会主义生态文明建设论述摘编》,中央文献出版社2017年版,第26页。
③ 习近平:《高举中国特色社会主义伟大旗帜 为全面建设社会主义现代化国家而团结奋斗——在中国共产党第二十次全国代表大会上的报告》,人民出版社2022年版,第50页。
④ 中共中央文献研究室编:《习近平关于社会主义生态文明建设论述摘编》,中央文献出版社2017年版,第4页。

延长发展续航,用高质量生态环境支撑高质量发展,赋能新质生产力。

(二) 促进绿色发展,有利于促进经济可持续发展

马克思认为,"劳动本身,不仅在目前的条件下,而且就其一般目的仅仅在于增加财富而言,在我看来是有害的、招致灾难的"。① 任何劳动都要通过尊重自然环境和善待自然环境的方式发生,这样才能做到劳动与经济的双重可持续发展,不考虑可持续发展的劳动是有害的劳动。绿色发展与可持续发展在思想上是一脉相承的,既是对可持续发展的继承,也是可持续发展的中国化理论创新。绿色发展强调在经济增长中注重产业结构调整和优化,发展循环经济、绿色产业和低碳技术,提高经济发展质量和效益。这有助于实现经济长期稳定增长,避免因过度开发资源和环境恶化导致的经济危机,对新质生产力发展具有护航作用。同时,新质生产力的创新发展也是绿色发展的重要方面,要求生产力各要素具备绿色属性和特征,实现经济社会发展全面绿色转型。

(三) 促进绿色发展,有利于提高国际竞争力

绿色发展是全球经济发展的重要趋势,许多国家和地区都在积极推进绿色发展,探寻绿色发展之路,以扩大绿色产业国际话语权,提高自身国际竞争力。绿色经济有助于带动相关产业发展,蕴含着巨大发展机遇与发展潜力,对于优化产业结构、创新科技先导、持续生态保护具有重要辐射作用,能够大大增强国家实力与国际竞争力,实现经济高质量发展,助力新质生产力绿色化,不断推进绿色发展、循环发展与低碳发展,让中国在全球竞争中占据有利地位。

总之,坚持走绿色发展之路对于中国式现代化具有重大意义,除了以上方面,还对促进社会公平和谐、提高人民生活质量和传承中华优秀传统文化等方面都具有重要作用。党的二十大报告指出:"中国

---

① 《马克思恩格斯文集》第 1 卷,人民出版社 2009 年版,第 123 页。

式现代化是人与自然和谐共生的现代化。"① 因此，发展绿色经济无疑是顺应历史潮流、顺应时代发展和实现人和社会、人与自然和谐相处的时代要求。我们应清楚地认识到绿色发展的重要性，积极倡导绿色发展，为实现全面建设社会主义现代化国家和社会主义生态文明而努力。

三 绿色发展的实现路径

马克思提出："如果完全抽象地来考察劳动过程，那么，可以说，最初出现的只有两个因素——人和自然。"② 从发展生产力的视角上看，一切劳动要素的根源都离不开大自然，"一切生产力都归结为自然界"，③ 因此，从生态维度解析大力发展新质生产力的必要路径是其关键落脚点。习近平总书记在推动长江经济带发展座谈会上强调："走生态优先、绿色发展之路，使绿水青山产生巨大生态效益、经济效益、社会效益。"④ 推动经济社会发展绿色化、低碳化，是新时代党治国理政新理念新实践的重要标志，是实现高质量发展的关键环节，是解决中国资源环境生态问题的基础之策，是建设人与自然和谐共生的内在要求。坚定不移走生态优先、节约集约、绿色低碳的高质量发展道路，以碳达峰碳中和工作为引领，协同推进降碳、减污、扩绿、增长，深化生态文明体制改革，健全绿色低碳发展机制，加快经济社会发展全面绿色转型，形成节约资源和保护环境的空间格局、产业结构、生产方式、生活方式，全面推进美丽中国建设，加快推进人与自然和谐共生的现代化。为加快经济社会发展全面绿色转型，必须综合考虑各项因素，坚持走绿色发展之路。

（一）构建绿色低碳高质量发展空间格局

一是优化国土空间开发保护格局。健全全国统一、责权清晰、科

---

① 习近平：《高举中国特色社会主义伟大旗帜 为全面建设社会主义现代化国家而团结奋斗——在中国共产党第二十次全国代表大会上的报告》，人民出版社2022年版，第23页。
② 《马克思恩格斯全集》第32卷，人民出版社1998年版，第109页。
③ 《马克思恩格斯文集》第8卷，人民出版社2009年版，第170页。
④ 中共中央文献研究室编：《习近平关于社会主义生态文明建设论述摘编》，中央文献出版社2017年版，第68页。

学高效的国土空间规划体系，严守耕地和永久基本农田、生态保护红线、城镇开发边界三条控制线，优化各类空间布局。健全主体功能区制度体系，推进主体功能综合布局，细化主体功能区划分，完善差异化政策。加快建设以国家公园为主体、自然保护区为基础、各类自然公园为补充的自然保护地体系。加强生态环境分区管控。健全海洋资源开发保护制度，系统谋划海洋开发利用，推进陆海协同可持续发展。

二是打造绿色发展高地。加强区域绿色发展协作，统筹推进协调发展和协同转型，打造绿色低碳高质量发展的增长极和动力源。推进京津冀协同发展，完善生态环境协同保护机制，支持雄安新区建设成为绿色发展城市典范。持续推进长江经济带共抓大保护，探索生态优先、绿色发展新路径。深入推进粤港澳大湾区建设和长三角一体化发展，打造世界级绿色低碳产业集群。推动海南自由贸易港建设、黄河流域生态保护和高质量发展。建设美丽中国先行区。持续加大对资源型地区和革命老区绿色转型的支持力度，培育发展绿色低碳产业。为发展新质生产力构建绿色低碳高质量发展空间格局，打造新质生产力发展新高地。

(二) 加快产业结构绿色低碳转型

一是推动传统产业绿色低碳改造升级。推动钢铁、有色、石化、化工、建材、造纸、印染等行业绿色低碳转型，推广节能低碳和清洁生产技术装备，推进工艺流程更新升级。合理提高新建、改扩建项目资源环境准入门槛，坚决遏制高耗能、高排放、低水平项目盲目上马。

二是大力发展绿色低碳产业。加快发展战略性新兴产业，加快培育有竞争力的绿色低碳企业，不断提升绿色低碳产业在经济总量中的比重。推动文化产业高质量发展，促进文化和旅游深度融合发展。积极鼓励绿色低碳导向的新产业、新业态、新商业模式加快发展。

三是加快数字化绿色化协同转型发展。推进产业数字化智能化同绿色化的深度融合，深化人工智能、大数据、云计算、工业互联网等在电力系统、工农业生产、交通运输、建筑建设运行等领域的应用，实现数字技术赋能绿色转型。为加快产业结构绿色低碳转型提供重要抓手，赋能新质生产力新一轮发展。

（三）稳妥推进能源绿色低碳转型

一是加强化石能源清洁高效利用。加强能源产供储销体系建设，推进非化石能源安全可靠有序替代化石能源。加快现役煤电机组节能降碳改造、灵活性改造、供热改造"三改联动"，合理规划建设保障电力系统安全所必需的调节性、支撑性煤电。

二是大力发展非化石能源。加快西北风电光伏、西南水电、海上风电、沿海核电等清洁能源基地建设，积极发展分布式光伏、分散式风电，因地制宜开发生物质能、地热能、海洋能等新能源，推进氢能"制储输用"全链条发展。

三是加快构建新型电力系统。加强清洁能源基地、调节性资源和输电通道在规模能力、空间布局、建设节奏等方面的衔接协同，鼓励在气源可落实、气价可承受地区布局天然气调峰电站，科学布局抽水蓄能、新型储能、光热发电，提升电力系统安全运行和综合调节能力。

（四）推进交通运输绿色转型

一是优化交通运输结构。构建绿色高效交通运输体系，推进多式联运"一单制""一箱制"发展，完善国家铁路、公路、水运网络，推动不同运输方式合理分工、有效衔接。加快货运专用铁路和内河高等级航道网建设，推进主要港口、大型工矿企业和物流园区铁路专用线建设，提高绿色集疏运比例。

二是建设绿色交通基础设施。提升新建车站、机场、码头、高速公路设施绿色化智能化水平，推进既有交通基础设施节能降碳改造提升，因地制宜发展高速公路沿线光伏。完善城乡物流配送体系，推动配送方式绿色智能转型。深入实施城市公共交通优先发展战略，提升公共交通服务水平。

三是推广低碳交通运输工具。大力推广新能源汽车，推动城市公共服务车辆电动化替代。推进零排放货运，加强可持续航空燃料研发应用，鼓励净零排放船用燃料研发生产应用。

（五）推进城乡建设发展绿色转型

一是推行绿色规划建设方式。倡导绿色低碳规划设计理念，控制新增建设用地过快增长，保护和修复绿地、水域、湿地等生态空间。推进气候适应型城市建设，增强城乡气候韧性。推广绿色建造方式，优先选用绿色建材，深化扬尘污染综合治理。

二是大力发展绿色低碳建筑。建立建筑能效等级制度，提升新建建筑中星级绿色建筑比例，推动超低能耗建筑规模化发展。优化建筑用能结构，推进建筑光伏一体化建设，推动"光储直柔"技术应用，发展清洁低碳供暖。

三是推动农业农村绿色发展。实施农业农村减排固碳行动，优化种养结构，推广优良作物畜禽品种和绿色高效栽培养殖技术。建立健全秸秆、农膜、农药包装废弃物、畜禽粪污等农业废弃物收集利用处理体系。因地制宜开发利用可再生能源，有序推进农村地区清洁取暖。

（六）实施全面节约战略

一是大力推进节能降碳增效。高水平、高质量抓好节能工作，构建碳排放统计核算体系，严把新上项目能耗和碳排放关。推动企业建立健全节能降碳管理机制，强化节能监察。

二是加强资源节约集约高效利用。加强水、粮食、土地、矿产等各类资源的全过程管理和全链条节约。发展节水产业，加强非常规水源利用，建设节水型社会。落实《中华人民共和国反食品浪费法》，健全粮食和食物节约长效机制，开展粮食节约行动。

三是大力发展循环经济。深入推进循环经济助力降碳行动，推广资源循环型生产模式，大力发展资源循环利用产业，推动再制造产业高质量发展，提高再生材料和产品质量，扩大对原生资源的替代规模。推进生活垃圾分类，提升资源化利用率。健全废弃物循环利用体系，强化废弃物分类处置和回收能力，提升再生利用规模化、规范化、精细化水平。

(七) 推动消费模式绿色转型

一是推广绿色生活方式。大力倡导简约适度、绿色低碳、文明健康的生活理念和消费方式，增强全民节约意识、环保意识、生态意识。开展绿色低碳全民行动，引导公众节约用水用电、反对铺张浪费、推广"光盘行动"、抵制过度包装、减少一次性用品使用，引导公众优先选择公共交通、步行、自行车等绿色出行方式。

二是加大绿色产品供给。引导企业开展绿色设计、选择绿色材料、推行绿色制造、采用绿色包装、开展绿色运输、回收利用资源，降低产品全生命周期能源资源消耗和生态环境影响。加强绿色产品和服务认证管理，完善认证机构监管机制，培育具有国际影响力的绿色认证机构。

三是积极扩大绿色消费。引导企业执行绿色采购指南，鼓励有条件的企业建立绿色供应链，带动上下游企业协同转型。支持有条件的地区通过发放消费券、绿色积分等途径，鼓励企业采取"以旧换新"等方式，引导消费者购买绿色产品。开展新能源汽车和绿色智能家电、节水器具、节能灶具、绿色建材下乡活动等。鼓励用户扩大绿色能源消费。

(八) 发挥科技创新支撑作用

一是强化应用基础研究。建立前沿引领技术、颠覆性技术的预测、发现、评估和预警机制，适度超前布局国家重大科研基础设施，组建一批全国重点实验室和国家创新平台，实施一批国家重大前沿科技项目，着力加强绿色低碳领域应用基础研究，激发颠覆性技术创新。

二是加快关键技术研发。推进绿色低碳科技自立自强，强化企业科技创新主体地位，支持龙头企业牵头组建关键核心技术攻关联合体，加大对中小企业绿色低碳技术研发的资助力度，鼓励各类所有制企业参与相关国家科技计划。

三是开展创新示范推广。发挥创新对绿色转型的关键引领作用。实施绿色低碳先进技术示范工程，加快先进适用技术示范应用和推广，探索有利于绿色低碳新产业、新业态发展的商业模式，加强绿色低碳技术知识产权创造、保护、运用，激发全社会创新活力。

(九) 完善绿色转型政策体系

一是健全绿色转型财税政策。积极构建有利于促进绿色低碳发展和资源高效利用的财税政策体系，支持新型能源体系建设、传统行业改造升级、绿色低碳科技创新、能源资源节约集约利用和绿色低碳生活方式推广等领域工作。完善环境保护税征收体系，研究支持碳减排相关税收政策。

二是丰富绿色转型金融工具。鼓励银行在合理评估风险的基础上引导信贷资源绿色化配置，有条件的地方可通过政府性融资担保机构支持绿色信贷发展。积极发展绿色股权融资、绿色融资租赁、绿色信托等金融工具，发展绿色保险，探索建立差别化保险费率机制。

三是优化绿色转型投资机制。引导和规范社会资本参与绿色低碳项目投资、建设、运营，鼓励社会资本以市场化方式设立绿色低碳产业投资基金。支持符合条件的新能源、生态环境保护等绿色转型相关项目发行基础设施领域不动产投资信托基金（REITs）。

四是完善绿色转型价格政策。深化电力价格改革，完善居民阶梯水价、非居民用水及特种用水超定额累进加价政策，推进农业水价综合改革。支持地方完善收费模式，推进生活垃圾处理收费方式改革，建立城镇生活垃圾分类和减量激励机制。

五是健全绿色转型市场化机制。健全资源环境要素市场化配置体系，探索基于资源环境权益的融资工具。推进全国碳排放权交易市场和温室气体自愿减排交易市场建设，完善绿色电力证书交易制度，加强绿电、绿证、碳交易等市场化机制的政策协同。

(十) 加强绿色转型国际合作

一是参与引领全球绿色转型进程。秉持人类命运共同体理念，推动构建公平合理、合作共赢的全球环境气候治理体系。推动落实全球发展倡议，加强南南合作以及同周边国家合作，在力所能及的范围内为发展中国家提供支持。

二是加强政策交流和务实合作。加强绿色投资和贸易合作，推进

"绿色丝绸之路"建设，深化与有关国家务实合作，提高境外项目环境可持续性，鼓励绿色低碳产品进出口。加强绿色技术合作，鼓励高校、科研机构与外方开展学术交流，积极参与国际大科学工程。

三是加强法治保障，加快推进生态环境法典和能源法、节约能源法、电力法、煤炭法、可再生能源法、循环经济促进法等法律法规制定修订工作，研究制定应对气候变化和碳达峰碳中和专项法律。落实《中华人民共和国民法典》绿色原则，引导民事主体节约能源资源、保护生态环境。为高质量发展夯实内在基础，为大力发展新质生产力提供保障条件，加快经济发展绿色低碳转型，助力中国式现代化进程。

专栏 5-2　走绿色发展之路
　　　　　　——以湖北省为例

在"双碳"目标的指引下，湖北正迅速崛起成为全国碳产业发展的新高地。依托全国和区域两个碳市场，湖北不仅推动了碳市场的繁荣发展，更在绿色产业和清洁能源体系构建上取得了显著成效。湖北碳市场服务产业链已初步形成，以中碳登大厦为中心，聚集了众多涉碳机构和企业，包括中碳科技、中环联合（北京）认证中心、安泰信用评级等47家，涉及碳金融、碳资产、低碳数字化科技等细分领域。这种"一栋楼就是产业链，上下楼就是上下游"的集聚效应，为湖北碳市场注入了强大活力。

在绿色制造领域，湖北同样展现出强大的实力。2023年度国家绿色制造名单中，湖北77家绿色工厂入选，数量位居中部第一，全国第四。这些绿色工厂通过技术创新和节能改造，实现了能源消耗和排放的大幅降低，为湖北乃至全国的绿色发展贡献了力量。湖北还加快布局"双碳"产业赛道，通过设立湖北省绿色低碳发展产业基金，引导金融资源和社会资本向绿色低碳产业集聚。该基金总规模100亿元，主要投向清洁能源、节能环保、绿色交通和低碳技术等产业领域,为湖北构建绿色产业体系提供了有力支持。在湖北的碳市场发展中,龙头企业发挥着重要作用。以国家电投湖北电力有限公司为例,该公司通过天然气掺氢技术实现了燃机的30%掺氢燃烧改造,每年可减少二氧化碳排放约4.3万吨。此外,华能集团阳逻电厂持续开展节能降碳和环保治理工作,累计投入环保技改资金达26.1亿元,各项污染物排放均优于火电企业超低排放限值标准。

湖北还积极推动绿色产业的产学研合作。湖北联投集团聚焦流域系统治理、生态环境优化等领域,系统培育新质生产力,盛隆电气则联合黄淮实验室等机构成立科创中心,围绕高效节能产业的发展不断激活需求端市场。湖北的碳市场建设和碳产业发展正迎来新的发展机遇。随着"双碳"目标的深入实施,湖北将继续发挥其在绿色产业和清洁能源体系构建上的先发优势,为全国的绿色发展贡献更多湖北智慧和湖北力量,为新质生产力的绿色发展提供先导式经验,有助于全国绿色产业与绿色经济的有序发展,实现全国范围内的向"新"转变,向"绿"前行。

资料来源:《碳市场交易量居全国首位 湖北向世界展示"绿色低碳"华章》,2024年7月16日,https://sthjt.hubei.gov.cn/hjsj/ztzl/qsydwxxgk/hbgg/202407/t20240716_5269302.shtml。

绿色产业是新质生产力的重要基石。在经济高速发展的今天,绿色产业凭借其对环保问题和可持续发展的高度重视,成为推动产业转型升级、培育新质生产力的关键力量。大力培育和发展绿色产业,不仅对生态环境的进一步优化有着重要意义,更为发展新质生产力提供了坚实支撑。绿色技术的创新应用,不仅提升了生产效率,还降低了资源消耗和环境污染,引领了产业结构的绿色低碳化升级。马克思曾告诫后世:"自然条件的丰饶度往往随着社会条件所决定的生产率的提高而相应地减低。"① 因此，走绿色发展之路对新质生产力的全域发展至关重要，应持续加大对绿色产业的引导与支持力度，推动其与新质生产力的深度融合，共创经济发展新篇章。

第三节　扩大开放和国际合作

在新的历史时期，更大范围、更宽领域、更深层次的全面开放是高水平对外开放的前进方向。建设更高水平开放型经济新体制是我们主动作为以开放促改革、促发展的战略举措。围绕服务构建新发展格局，以制度型开放为重点，聚焦投资、贸易、金融、创新等对外交流合作的重点领域深化体制机制改革，完善配套政策措施，积极主动把对外开放提高到新水平。

一　深刻认识扩大开放的时代背景

在当今全球化浪潮下，科学技术革命日新月异，世界各国产业结构发生巨大变动，世界面貌和人类生活状况发生极大改变，现代生产力的社会化、国际化程度日益提高，世界经济一体化的趋势更加明显，追求培育和发展新质生产力已成为各国共识，世界各区域间联系愈加密切，其互相开放、互相依存程度进一步增强。党的二十届三中全会对当前面临的时代背景作了深刻的概括，即纷繁复杂的国际国内形势、新一轮科技革命和产业变革、人民群众新期待。

马克思和恩格斯指出："单是大工业建立了世界市场这一点，就把全球各国人民，尤其是各文明国家的人民，彼此紧紧地联系起来，以致每一国家的人民都受到另一国家发生的事情的影响。"② 正是如此，经济联系在全球范围内广泛且紧密地建立，让一切民族与国家都

---

① 马克思：《资本论》第3卷，人民出版社2004年版，第289页。
② 《马克思恩格斯选集》第1卷，人民出版社2012年版，第306页。

融入了世界经济体系。中国作为世界第二大经济体,始终在顺应全球化发展的潮头,坚持对外开放的基本国策,强调国际合作的重要性,并以此为必要路径畅通新质生产力国内国际双循环发展的阻点与难点。党的二十届三中全会强调,"开放是中国式现代化的鲜明标识"。[①] 必须坚持对外开放基本国策,坚持以开放促改革,依托中国超大规模市场优势,在扩大国际合作中提升开放能力,建设更高水平开放型经济新体制。要稳步扩大制度型开放,深化外贸体制改革,深化外商投资和对外投资管理体制改革,优化区域开放布局,完善推进高质量共建"一带一路"机制。中国积极参与世界经济合作与竞争、全球经济治理体系改革与建设,以开放的姿态拥抱世界,与各国共享发展机遇,不断深化国际合作,携手共进应对全球性挑战,为构建人类命运共同体贡献中国力量。

扩大开放是中国自改革开放以来的历史选择。1978年,邓小平同志在党的十一届三中全会上提出了"对内改革,对外开放"这一伟大政策,中国就此进入了对外开放的新征程。党的十八大报告指出,全面提高开放型经济水平,强调必须实行更加主动的开放战略。党的十九大报告提出"全面开放新格局"这一伟大治国理政方针理论。党的二十大报告强调,"中国坚持对外开放的基本国策,坚定奉行互利共赢的开放战略"。[②]

对外开放作为中国的一项基本国策,一方面是指国家积极主动地扩大对外经济交往;另一方面是指放宽政策,放开或者取消各种限制,不再采取封锁国内市场和国内投资场所的保护政策,发展开放型经济。扩大开放对中国经济的腾飞具有历史性意义,在这一过程中,加强国际合作与对外开放相辅相成、彼此促进。国际合作是国际互动的一种基本形式,是指国际行为主体之间基于相互利益的基本一致或

---

① 《中共中央关于进一步全面深化改革 推进中国式现代化的决定》,人民出版社2024年版,第25页。

② 习近平:《高举中国特色社会主义伟大旗帜 为全面建设社会主义现代化国家而团结奋斗——在中国共产党第二十次全国代表大会上的报告》,人民出版社2022年版,第61页。

部分一致,而在一定的问题领域中所进行的政策协调行为,这种定义将合作(cooperation)和和谐(harmony)、冲突(conflict)和纠纷(discord)区别开来。究其根本,开放与合作实质上都是基于社会化大生产和经济生活国际化的客观要求而进行的对外行为,开放与合作是发展的动力,发展是开放与合作的直接动因,对于发挥中国超大规模市场优势、实现社会主义现代化、畅通国内国际经济发展双循环具有重要战略意义,为构建新发展格局、培育新质生产力提供发展沃土。

二 高水平扩大开放与国际合作

(一) 立足对外开放,国际合作取得新成就

党的十八大以来,尽管国内国际形势复杂多变,国内改革发展任务艰巨繁重,但中国始终坚持稳中求进的工作总基调,统筹推进"五位一体"总体布局、协调推进"四个全面"战略布局,统筹国内国际两个大局,大力推动高质量发展,集中火力发展新质生产力。因此,中国经济运行总体保持平稳,既实现了"量"的增长,也创造了"质"的飞跃,高水平对外开放呈现良好发展态势,国际合作取得诸多新成就:开放型经济迈上新台阶——中国贸易规模持续扩大,外贸表现优于全球整体水平与大多数主要经济体,引资规模与出口国际市场份额稳定,稳居世界前列;开放质量实现新提升——新能源汽车、锂电池、光伏产品"新三样"与跨境电商新业态发展迅速,关税总水平愈发接近发达国家,开放布局日益优化;开放平台取得新突破——自贸试验区建设成果丰富,进博会等展会平台成为推动高水平对外开放的重要平台;开放合作开创新局面——共建"一带一路"成效显著,经贸利益纽带进一步拉紧;开放治理彰显新作为——自贸试验区网络进一步扩大,参与全球经济治理成果丰硕。

(二) 积极应对国际合作变局,扩大对外开放

近年来,经济全球化曲折向前。一方面,新一轮科技革命和产业

变革深入发展；另一方面，大国博弈、新冠疫情、地缘冲突等带来诸多干扰，全球化动力和阻力胶着，但动力仍占主导地位。当前，国际合作主要呈现四个特点，应积极把握并应对新型国际合作变局，以扩大对外开放为重要抓手，稳步发展国际合作，于变局之中实现高水平对外开放，寻求高质量发展之道。

一是国际合作格局逐步改写。发展中国家经济增长加快，对世界的整体影响力不断加强，经济规模比重日益扩大，对世界经济增长具有显著贡献，国际话语权逐渐扩大，在全球经济治理中的作用明显增强。二是经济全球化链条加快重塑。全球供应链、产业链、价值链在成本、效率、政治、安全等多范畴因素的影响下正不断发生改变与重塑。三是经济全球化动能推陈出新。数字化、智能化、绿色化作为经济全球化的强势新动能深刻改变着世界贸易发展模式，新技术、新业态、新模式的层出不穷不断推动着经济全球化的浪潮。四是国际合作治理挑战增多。多边贸易体制与区域贸易安排受到国际形势复杂性与多变性的冲击和影响，加剧了全球经济治理落后这一局面，国际合作治理面临多项挑战。

面对国际合作新变局，坚持扩大对外开放、构建新发展格局是当前首要的应对之策。扩大对外开放，不仅对于国内经济平稳发展，对外贸易"量"升"质"稳，畅通国内国际双循环具有重要意义，也将对世界经济平稳过渡，健康有序应对各种局势和经济发展新态势产生深远影响。

(三) 高水平对外开放与国际合作的时代意义

马克思和恩格斯指出："各个相互影响的活动范围在这个发展进程中越是扩大，各民族的原始封闭状态由于日益完善的生产方式、交往以及因交往而自然形成的不同民族之间的分工消灭得越是彻底。"[1]如今，全球化不断加强世界各国间的紧密程度，开放与合作成为经济发展的必然选择。站在历史的高度上看，对外开放与国际合作作为解

---

[1] 《马克思恩格斯选集》第1卷，人民出版社2012年版，第168页。

放和发展生产力的关键一招，是中国经济腾飞的秘诀之一，也是中国全面建成小康社会的一件法宝，对不同时期中国生产力的发展进步都作出了重要贡献。当前，高水平对外开放与国际合作对于服务中国式现代化、赋能新质生产力、构建高水平对外开放格局同样具有时代性意义。党的二十届三中全会提出，"开放是中国式现代化的鲜明标识"，[①] 深刻点明了高水平对外开放是推进中国式现代化的内在要求，亦是推动高质量发展的强大动力。

1. 高水平对外开放与国际合作有助于服务中国式现代化

习近平总书记强调："生产关系必须与生产力发展要求相适应。"[②] 马克思指出："社会的物质生产力发展到一定阶段，便同它们一直在其中运动的现存生产关系或财产关系（这只是生产关系的法律用语）发生矛盾。于是这些关系便由生产力的发展形式变成生产力的桎梏。"[③] 因此，发展新质生产力，必须进一步全面深化改革，形成与之相适应的新型生产关系。生产力决定生产关系，生产关系反作用于生产力。加快形成同新质生产力更相适应的生产关系，以高水平对外开放吸引更多全球要素和创新成果进入中国市场，是中国式现代化的基本要求，也是加快形成和发展新质生产力的有力举措。而高水平对外开放和国际合作与深层次横纵向改革相辅相成，共同推动打通束缚新质生产力发展的堵点、难点与卡点，有助于深化经济体制、科技体制、外贸体制等改革，建设更高水平开放型经济新体制，打造新时代贸易开放新格局，不断激发各类市场主体的创新活力与参与发展新质生产力的动力，极大程度上服务于中国式现代化迈上新征程。习近平总书记指出："科技创新能够催生新产业、新模式、新动能，是发展

[①] 《中共中央关于进一步全面深化改革 推进中国式现代化的决定》，人民出版社2024年版，第25页。

[②] 习近平：《发展新质生产力是推动高质量发展的内在要求和重要着力点》，《求是》2024年第11期。

[③] 《马克思恩格斯选集》第2卷，人民出版社2012年版，第2、3页。

新质生产力的核心要素。"① 高水平对外开放与国际合作有利于让科技创新挣脱现有束缚,依托新发展格局实现新一轮时代性腾飞,充分发挥科技蕴含的强大变革力与无尽创新性,催生新产业、新模式、新动能,为新质生产力的"新"与"质"揭开发展新篇章。在这一过程中,着力打好关键核心技术攻坚战,使原创性、颠覆性科技创新成果竞相涌现,让新质生产力实现真正意义上的科技赋能、科技转型、科技引领,有利于实现科技创新和制度创新的"双轮驱动",提升国家科技力量,实现中国式现代化。同时,开放与合作对于建立健全培育战略性新兴产业和未来产业制度体系具有重要作用。战略性新兴产业和未来产业作为培育新质生产力的战略选择和重要载体,其发展需要相对科学和完善的体制机制加以保障。开放与合作是抓住新一轮科技革命和产业变革新机遇,加大创新力度、培育壮大新兴产业、超前布局建设未来产业、完善现代化产业体系的必要选择,亦是探索传统产业发展新机遇的重要风口。开放与合作时的各项深化改革使新质生产力在促进发展中发展,推动塑造适应新质生产力发展的新型生产关系,让各类先进优质生产要素向新质生产力顺畅流动,为发展新质生产力创造了广阔空间与平台,也为服务中国式现代化打下了坚实基础。

2. 高水平对外开放与国际合作是赋能新质生产力的必要举措

新质生产力是对新一轮科技革命和产业变革推动生产力飞跃式发展的集中概括,反映了技术革命性变化的系统成果,极大地改变着人们的生产与生活方式,是先进生产力在当今时代的最重要表现。新质生产力渗透到各行各业,赋能经济社会高质量发展。其中,高质量的开放型经济也是新质生产力赋能的重要领域。一方面,中国积极对外开放与加强国际合作带来的国际交流、国际贸易、国际投资等为新质生产力发展供给了更多可行性方案与可发展

---

① 习近平:《发展新质生产力是推动高质量发展的内在要求和重要着力点》,《求是》2024年第11期。

路径；另一方面，开放型经济的国际竞争力与高质量程度也是衡量新质生产力发展成效的重要指标之一。全球化背景下，新质生产力的先进性与竞争力不可能只着眼于国内大循环，必须在全球范围内来衡量。发展新质生产力强调独立自主性，但绝不代表要奉行"闭门造车"式的落后发展观，不能关起门来发展新质生产力，开放与合作是具有历史必然性的。中国过去的发展经验表明，对外开放本身就是一种生产力，参与国际竞争的部门是由最具市场化和最具国际竞争力的国民经济部分组成的。过去，中国通过引进技术、资本和人才等发展生产力的重要因素，极大地促进了多个时期生产力的发展。近年来，中国高铁技术逐渐走向世界，助力多个国家与地区的基础建设，船舶工业也接受了大量的海外订单，实现了产业与国际接轨，提升了贸易水平，电动载人汽车、锂电池、太阳能电池外贸出口"新三样"迅速抢占国际市场，不仅获得大量贸易机会，增加贸易收入，更是极大提高了中国的国际地位，这些都是开放型经济中新质生产力的具体体现。因此，高水平对外开放与国际合作和发展新质生产力间存在着紧密的内部联系，二者相互作用、彼此影响，必须以全局视角在国际范围内共同畅通发展。

3. 高水平对外开放与国际合作有助于构建高水平对外开放格局

在当前复杂多变的国际背景下，我们要统筹好科技自主自立与建设开放创新生态的关系，这对于构建高水平对外开放格局具有重要意义。站在全域的视角上看，高水平对外开放与国际合作是发展新质生产力必需的外部条件。中国是世界第二大经济体，同时也是追赶型经济体，与发达国家在某些高科技领域仍存在差距。对外开放与国际合作有利于增强国际交流，畅通要素流通渠道，丰富对外沟通学习机会，获取技术、人才等科技创新和新质生产力发展需要的要素资源，为国内市场循环提供强劲外部支持。中国作为世界上最大的制造业国家，产业链供应链体系做到了较高程度的精细化与完备化，是新质生产力创新发展和应用转化的最佳孵化场所。但是中国人均收入低、国内消费不足等问题仍然存在，亟须拓展国际市场，营造良好的国际营商环境，为新质生产力的研发、生产、消费、出口构建畅通的循环体系。近十多年，中国提出"一带一路"倡议，深化自由贸易协定①合作，利用上海合作组织、金砖国家合作机制、中非合作机制等，稳定同欧盟等发达国家合作，极大拓展了中国贸易投资的机会平台，为新质生产力寻求更加多元化的技术来源地、研发合作渠道和出口市场创造了良好的国际环境，为构建高水平对外开放格局奠定了坚实基础。

三 构建更高水平对外开放新格局的战略举措

（一）以高水平对外开放推动高质量发展

习近平总书记强调："要加快建设贸易强国，升级货物贸易，创新服务贸易，发展数字贸易，以数字化绿色化为方向，进一步提升国际分工地位，向全球价值链中高端迈进。"② 这为高水平对外开放指明了前进方向，提供了根本遵循，有利于推动高质量发展。对外开放过程中，外贸发展情况极大程度上衡量了一个国家对外开放的水平，对实现高质量发展、提升外贸发展水平至关重要。推动外贸质升量稳主要在于稳规模和优结构。

稳规模在于以下三个方面：一是努力创造贸易机会，如加大驻外使领馆对外贸企业的支持、发布有关国别贸易指南具体措施等，旨在增加企业的贸易机会；二是稳定重点产品贸易，如帮助汽车企业建立和完善国际营销服务体系，保障大型成套设备项目合理资金需求，加快修订鼓励进口技术和产品名录；三是稳定外贸企业，鼓励银行和保险机构扩大保单融资增信合作，积极满足中小微企业对外贸融资的需求，加快拓展产业链承保等。

优结构在于以下两个方面：一是优化贸易方式，如引导加工贸易

---

① 自由贸易协定（Free Trade Agreement，FTA）是两国或多国间具有法律约束力的契约，目的在于促进经济一体化，其目标之一是消除贸易壁垒，允许产品与服务在国家间自由流动。

② 《习近平在中共中央政治局第八次集体学习时强调 积极参与世界贸易组织改革 提高驾驭高水平对外开放能力》，《人民日报》2023年9月28日第1版。

向中西部、东北地区进行梯度转移，支持粤港澳大湾区开展全球贸易数字化领航区发展，指导企业用好跨境电商零售出口相关税收政策等；二是优化外贸发展环境，发挥好预警体系和法律服务机制作用，提升口岸通关效率，高质量实施已经生效的自由贸易协定等。

扩大对外开放、提升贸易水平有利于激发科技创新活力、加速产业转型升级、提高中国国际竞争力，为新质生产力的平稳发展提供了技术支撑、广阔空间和有利的外部条件，为促进经济高质量发展起到了重要作用。

（二）以高水平对外开放促进深层次改革

中国经济进入高质量发展阶段，以政策和创新服务为代表的营商环境软实力对于提振经济发展活力的作用日益明显。因此，在有条件的自贸试验区和自贸港试点对接国际高标准推进制度型开放，复制推广自贸试验区改革试点优化营商环境的宝贵经验，在各地区进行深层次横纵向改革，对于经济发展愈发迫切。2023年，国务院印发《关于在有条件的自由贸易试验区和自由贸易港试点对接国际高标准推进制度型开放的若干措施》，率先在上海、广东、天津、福建、北京五个自由贸易试验区和海南自由贸易港试点对接相关国际高标准经贸规则，并在试点实施一年后对其进行评估，将试验效果好、风险可控的试点措施复制推广至全国更大范围进行再一轮风险测试与压力测试。[①] 不断调整和深化改革措施，持续推动高水平对外开放，进一步加强国际合作，为新质生产力打造以试点先行、经验优化、全国推广为基础的良好市场环境。

例如，上海自贸试验区临港新片区深入实施自贸试验区提升战略，不断打造对外开放新高地。自设立以来，保持开放力度不减、改革强度不减、发展势头不减，逐步形成"五自由一便利"[②] 制度体

[①] 《国务院印发关于在有条件的自由贸易试验区和自由贸易港试点对接国际高标准推进制度型开放若干措施的通知》（国发〔2023〕9号），2023年6月29日，https://www.gov.cn/zhengce/zhengceku/202306/content_6889027.htm。

[②] "五自由一便利"是指投资自由、贸易自由、资金自由、运输自由和人员从业自由，以及信息快捷联通。

系，持续对标市场最高标准、最优水平，面对全球贸易情境，积极主动聚焦跨境服务贸易，不断开拓跨境服务贸易新边界，打造全新贸易模式与服务形态，深切关注先导产业发展，探索构建与高标准经贸规则相衔接的制度体系和监管模式，为全面深化改革和扩大开放探索新路径、积累新经验。

同时，各试点区域通过完善法规对接与进行制度创新，形成可复制、可推广的改革成果，对于中国发展新质生产力的制度保障具有深远意义。例如，进一步优化知识产权保护制度，提升技术创新的国际竞争力；加快构建新发展格局，推动国内国际两个市场、两种资源的高效联通，稳步扩大各类制度型开放；建设更高水平开放型经济新体制，以高水平开放推动新质生产力发展，这是中国在新时代实现高质量发展的重要路径。

（三）以高水平对外开放推动普惠包容的国际合作

国际市场的交易与合作，可以类比我们在社会中的人际交往，都需要搭建良好有序的交流平台、畅通来往渠道，拓宽与外界沟通的重要窗口与平台。为了充分实现"请进来""走出去"两个重要目标，中国致力于搭建平台、畅通渠道，展示全国各地的可投资选择，推动构建普惠包容的国际合作形态。2024年，在广州举办的第135届中国进出口商品交易会（广交会）以"服务高质量发展、推进高水平开放"为主题，实现了"老三样"（服装、家具、家居）通过转型升级焕发新活力，"新三样"（电动载人汽车、锂电池、太阳能电池）成为培育新质生产力的强大动能。"新""老"互带，相持发展，"老三样"转型驱动新质生产力，"新三样"加快形成新质生产力，交相辉映，彰显了中国制造业的创新实力和转型升级的决心。这场盛会不仅是中国对外贸易的重要窗口，更是世界经贸交流的重要舞台，为国内国际双循环市场提供了宝贵的投资机遇与引资机会，也为世界创造了开放包容的国际合作环境。在这背后，是中国政策的大力支撑，财政部等部门出台进口展品免税政策，为展商提供税收优惠，支持办好中国进出口商品交易会，吸引更多国际优秀企业参展，推动建设中国全方位对外开放，促进国际贸易高质量发展。不仅如此，为了更好地构建贸易平台，增加贸易交流机会，中国全面实施《区域全面经济伙伴关系协定》（RCEP）协定税率，极大促进了贸易和投资的增长，为产业发展增添了新动力，为提升营商效率、改善营商环境助益，同时也在一定程度上缓解了中国区域经济压力，提振了区域发展信心，多方位畅通中国新质生产力蓬勃向上的发展路径，也为世界提供了和谐包容、普惠共存的国际合作空间，正如马克思和恩格斯所言："过去那种地方的和民族的自给自足和闭关自守状态，被各民族的各方面的互相往来和各方面的互相依赖所代替了。"①

（四）统筹高水平对外开放和高水平国际合作安全

党的二十大报告指出，要"以新安全格局保障新发展格局"。②在当今全球各类冲突和危机多点爆发的局势下，"安全"成为世界各国重视且必须重视的一大关键。安全稳定与高质量发展共同成为"一带一路"未来发展的新主题，表明了新安全格局下，能够提供风险保障的"安全地带"对于国际合作的重要性。因此，在对外开放过程中，加快构建高水平安全发展机制、共同安全机制、安全风险协同防控机制、冲突治理机制以及危机与灾害预警救助机制对于国际合作安全具有重要保障意义，为国际合作提供基础信任前提。高水平对外开放要构建安全与发展相互支撑促进的"双螺旋"，打造以安全稳定的国际合作环境保障高质量发展、以高质量发展促进国际合作环境安全稳定的良性发展循环。国际合作不仅是贸易往来，更是共商共建共享，安全成果与发展成果由世界共享。建立起保障安全发展的贸易机制以及解决冲突矛盾的治理机制等安全机制是保障高水平对外开放、国际合作稳定安全的制度要求，这对于打造高水平国际合作安全形态具有基石性意义，也对实现高水平对外开放、构建新发展格局具有深远影响。

---

① 《马克思恩格斯选集》第1卷，人民出版社2012年版，第404页。
② 习近平：《高举中国特色社会主义伟大旗帜 为全面建设社会主义现代化国家而团结奋斗——在中国共产党第二十次全国代表大会上的报告》，人民出版社2022年版，第52、53页。

专栏 5-3　推进高水平对外开放的浙江经验

浙江省是中国对外开放的先行省份。党的十八大以来，浙江省踏实践行"八八战略"，奋力打造对外开放的重要窗口，完整、准确地贯彻落实新发展理念，坚持稳中求进总体基调，发展具有浙江特色的新质生产力，深度融入世界经济发展，扩大对外开放、创新贸易模式、优化贸易结构、不断推动对外经济的高质量发展，实现从"外贸大省""开放大省"到"开放强省"的转变，书写了浙江全方位、多层次、宽领域的对外开放壮丽篇章。

基础扎实，成果丰硕。党的十八大以来，浙江深入贯彻稳外贸、稳外资、优结构、稳增长、提质量的政策措施，加快传统产业转型升级，加大对外贸主体的支持力度，积极拓展对外贸易，培育对外贸易新业态新模式，坚定不移稳产业链、供应链、资金链，实现货物贸易高质量增长，对外贸易迈上新台阶。2023年，浙江省全年货物进出口总额高达4.89万亿元，规模居全国第三位。市场布局持续优化，有进出口贸易的国别（地区）达256个；对中东、非洲、东盟、拉美进出口分别增长5.3%、13.1%、5.7%和9.1%，合计拉动全省进出口增长2.6个百分点；对"一带一路"共建国家、RCEP其他成员国进出口分别增长8.2%和2.9%，分别拉动全省进出口增长4.1个和0.7个百分点；对欧盟、美国进出口分别下降2.9%和0.4%。出口商品结构转型升级，机电产品出口增长6.2%，出口额占全省出口的45.6%。从2012年的1.97万亿元的进出口总额发展到2023年的4.89万亿元，浙江对外开放稳扎稳打，对外贸易不断迈上新台阶，领头羊地位更加稳固。

机遇良好，前景广阔。党的十八大以来，浙江加快培育发展新兴产业，积极扩大产业规模，产业集群集约效应逐步显现，贸易方式持续优化，贸易模式进一步创新。2023年，浙江省产业转型升级加快推进。全年以新产业、新业态、新模式为主要特征的"三新"经济增加值预计占全省生产总值的28.3%。数字经济核心产业增加值9867亿元，比上年增长10.1%。同时，2023年作为"八八战略"提出20周年，展现出鲜明的真理性和旺盛的生命力。在改革开放进程中，浙江持续推进高水平的对外开放与国际合作。从义乌到龙港的县市扩权，从先进制造业到数字经济的转型升级，从商品和要素流动型开放到制度型开放，从接轨上海、融入长三角到更好融入国内外经济大循环，以确保"两个毫不动摇"、促进"两个健康"来发挥市场在资源配置中的决定性作用，以商事制度改革作为先手棋、不断迭代"人人都是投资环境"的"效能革命"来更好发挥政府作用，真正实现改革开放只有进行时、没有完成时。坚定不移吃改革饭、走开放路，持之以恒塑造体制机制和区位新优势，构建高水平社会主义市场经济体制，推进高水平对外开放，增强国内外大循环的动力和活力。

优化营商，深化合作。浙江以数字化改革引领优化营商环境，坚持问题导向、标杆引领、数字赋能、改革集成、系统推进，加快制度重塑、服务提质，打造具有中国特色、浙江辨识度的国际一流营商环境，为争创社会主义现代化先行省、高质量发展建设共同富裕示范区提供强有力的制度保障。依托商事登记制度改革，降低市场准入门槛，提升营商办事便利化水平。深化企业开办"一件事"改革，将注册登记、公章刻制、发票申领、银行开户以及企业税务、公积金、社保、医保开户纳入全流程管理，实现企业开办全流程零成本1天办结。深化"证照分离"改革，推动照后减证和简化审批，加强事中事后监管。推进商事主体登记确认制改革，实施准入准营"一件事"改革和股权转让等变更"一件事"改革，探索住所与经营场所分离登记制。开展市场准入综合效能评估，畅通市场主体对隐性壁垒的意见反馈渠道和处理回应机制。适时清理不当的地方准入限制。不断畅通市场主体退出渠道，完善市场主体清算退出机制，加大破产重整支持力度。同时提高服务与监管效能，营造公平竞争市场环境与良好创新创业氛围，推动完善法律保障体系，提升政务服务便利化水平，不断推进公共服务普惠共享。

浙江走在对外开放的前沿，坚持一张蓝图绘到底，实现从"外贸大省"向"开放强省"跨越，并不断以一流营商环境扩大开放、深化合作，不断深化高水平对外开放。

资料来源：浙江省统计局、国家统计局浙江调查总队：《2023 年浙江省国民经济和社会发展统计公报》，2024 年 3 月 4 日，https：//tjj.zj.gov.cn/art/2024/3/4/art_1229129205_5271123.html；习近平经济思想研究中心课题组：《浙江 20 年—以贯之践行"八八战略"的经验启示》，《新型城镇化》2023 年第 12 期。

数字学习资料

思考题

1. 全国统一大市场与高水平对外开放二者之间是什么关系？
2. 如何看待新质生产力就是绿色生产力？

第六章　构建新型生产关系

生产力决定生产关系。生产力的不断深入演进要求生产关系在坚持社会主义生产关系的基础上为适应新质生产力的发展而不断进行局部调整。了解新型生产关系的理论内涵以及新型生产关系和传统生产关系之间的区别与联系是探究新型生产关系理论的关键，是把控新型生产关系的性质与发展，发挥新质生产力对新型生产关系的牵引作用的理论前提。在此基础上，从高水平社会主义市场经济、现代化产业体系、支持全面创新体制机制、中国特色金融体系以及高水平对外开放等多维度、多层次构建新型生产关系实践路径，是推动新型生产关系以适应新质生产力发展要求，发挥生产关系的能动作用，推动生产力发展的必然选择。完善新型生产关系以适应新质生产力发展，是实现新时代背景下生产力与生产关系辩证统一，推动新质生产力与经济高质量发展的重要动力。

第一节　新型生产关系的理论内涵

马克思指出："人们借以进行生产、消费和交换的经济形式是暂时的和历史性的形式。随着新的生产力的获得，人们便改变自己的生产方式，而随着生产方式的改变，他们便改变所有不过是这一特定生产方式的必然关系的经济关系。"[①] 马克思主义经典理论探究了生产关

---

① 《马克思恩格斯选集》第4卷，人民出版社2012年版，第410页。

系不断适应于生产力发展而进行调整的过程。习近平总书记在深刻把握生产力发展规律的基础上总结历史规律，并通过新型生产关系的培育以及对于新质生产力的推动作用的理论总结，实现了马克思主义理论的中国化和实践化。习近平总书记在主持二十届中央政治局第十一次集体学习时指出，"生产关系必须与生产力发展要求相适应。发展新质生产力，必须进一步全面深化改革，形成与之相适应的新型生产关系"；[①] 党的二十届三中全会再次指出，要"健全因地制宜发展新质生产力体制机制"，[②] 加快培育新质生产力。新型生产关系的提出科学回答了新的生产力质态下的生产关系应对与创新方向，需进一步明晰新型生产关系的理论内涵，为新质生产力源源不断发展提供制度依托与保障。

一 生产关系的基础理论

生产关系是马克思历史唯物主义的重要概念范畴，马克思主义经典理论中对于生产关系的定义、重要性、内涵以及发展都进行了阐释，回顾马克思主义生产关系理论既可以明晰生产关系这个基础概念的起源与发展，又可以在此基础上深刻考察新型生产关系的理论创新与发展，从而进一步认知新型生产关系的理论内涵。

生产关系概念最初是在《德意志意识形态》中提出的，马克思和恩格斯所使用"交往形式""交往方式""交往关系""生产关系和交往关系"这些术语，表达了他们在这个时期形成的生产关系概念。[③] 马克思在《〈政治经济学批判〉序言》中提出，"人们在自己生活的社会生产中发生一定的、必然的、不以他们的意志为转移的关系，即同他们的物质生产力的一定发展阶段相适合的生产关系"。[④] 并在此基

[①] 习近平：《发展新质生产力是推动高质量发展的内在要求和重要着力点》，《求是》2024年第11期。

[②] 《中共中央关于进一步全面深化改革 推进中国式现代化的决定》，人民出版社2024年版，第10页。

[③] 《马克思恩格斯选集》第1卷，人民出版社2012年版，第888页。

[④] 《马克思恩格斯选集》第2卷，人民出版社2012年版，第2页。

础上探究了社会存在与社会意识、生产力与生产关系以及经济基础与上层建筑间的关系。生产关系理论在马克思主义理论体系中占据重要地位。一方面,"为了进行生产,人们相互之间便发生一定的联系和关系;只有在这些社会联系和社会关系的范围内,才会有他们对自然界的影响,才会有生产"。[①] 生产的运行依赖生产关系的构建。另一方面,"这些生产关系的总和构成社会的经济结构,即有法律的和政治的上层建筑竖立其上并有一定的社会意识形式与之相适应的现实基础"。[②] 经济基础又决定上层建筑。因此,生产关系构成马克思主义政治经济学的主要研究对象,正如马克思在《资本论》序言中明确指出,"我要在本书研究的,是资本主义生产方式以及和它相适应的生产关系和交换关系"。[③]

生产关系的内涵主要包括两个方面。一方面,作为一种经济利益关系,生产关系贯穿于生产力发展的全过程中,形成以生产资料所有制形式、人们在生产中的地位和交换关系、产品的分配和消费关系为主要内容的发展框架。其中生产资料所有制形式是最基本的、决定的方面,"生产者相互发生的这些社会关系,他们借以互相交换其活动和参与全部生产活动的条件,当然依照生产资料的性质而有所不同"。[④] 另一方面,生产关系是在社会生产、交换、分配、消费的总过程中建立起来的经济关系,"它们构成一个总体的各个环节,一个统一体内部的差别"。[⑤] 这四个环节之间,生产起到主导作用,"生产既支配着与其他要素相对而言的生产自身,也支配着其他要素"。[⑥]

马克思主义往往在生产力与生产关系的矛盾运动中考察生产关系的发展与演变过程。生产力决定生产关系,生产力的基本情况与发展阶段决定了生产关系的性质与要求,"社会的物质生产力发展到一定

[①] 《马克思恩格斯选集》第 1 卷,人民出版社 2012 年版,第 340 页。
[②] 《马克思恩格斯选集》第 2 卷,人民出版社 2012 年版,第 2 页。
[③] 马克思:《资本论》第 1 卷,人民出版社 2004 年版,第 8 页。
[④] 《马克思恩格斯选集》第 1 卷,人民出版社 2012 年版,第 340 页。
[⑤] 《马克思恩格斯选集》第 2 卷,人民出版社 2012 年版,第 699 页。
[⑥] 《马克思恩格斯选集》第 2 卷,人民出版社 2012 年版,第 699 页。

阶段，便同它们一直在其中运动的现存生产关系或财产关系（这只是生产关系的法律用语）发生矛盾。于是这些关系便由生产力的发展形式变成生产力的桎梏。那时社会革命的时代就到来了"。① 首先，在生产力与生产关系的矛盾统一中，生产力居于首要地位，"随着新生产力的获得，人们改变自己的生产方式"，② 生产方式需不断更新使之与生产力发展要求相适应。其次，生产关系并非只是被动地适应生产力转变，先进的社会生产关系形式能够有效推动生产力水平的发展进步，体现出生产力的反向促进作用。最后，这种生产力与生产关系的矛盾运动构成推动社会历史进步的动力。"已成为桎梏的旧交往形式被适应于比较发达的生产力，因而也适应于进步的个人自主活动方式的新交往形式所代替；新的交往形式又会成为桎梏，然后又为另一种交往形式所代替。"③ 这种循环往复的矛盾生成—解决的过程成为社会历史发展的推动力。需要注意的是，这种生产关系的演进过程并非持续推进的，生产关系在一定时期内是相对稳定的，"无论哪一个社会形态，在它所能容纳的全部生产力发挥出来以前，是决不会灭亡的；而新的更高的生产关系，在它的物质存在条件在旧社会的胎胞里成熟以前，是决不会出现的"。④

二 新型生产关系的理论逻辑

在明晰生产关系的定义、重要性以及内涵和发展过程的基础上，国内外学者不断结合所处时代的发展特征对生产关系理论进行发展和创新。新型生产关系是结合新时代发展特征、在国内外两个大局调整以及国内高质量发展的生产力动力要求转变和发展模式调整下的生产关系应对方案，是新质生产力的崛起引发生产要素的全方位创新发展所呼唤的配套生产关系的革新，能有效促进创新要素的自由流动与优

---

① 《马克思恩格斯文集》第 2 卷，人民出版社 2009 年版，第 597 页。
② 《马克思恩格斯选集》第 1 卷，人民出版社 2012 年版，第 222 页。
③ 《马克思恩格斯选集》第 1 卷，人民出版社 2012 年版，第 204 页。
④ 《马克思恩格斯选集》第 2 卷，人民出版社 2012 年版，第 3 页。

化配置，推动先进技术转化为现实生产驱动力，释放新质生产力发展潜能。

（一）新型生产关系需适应新质生产力发展进行调整

新型生产关系是适应新质生产力发展要求的生产关系。新质生产力是"由技术革命性突破、生产要素创新性配置、产业深度转型升级而催生，以劳动者、劳动资料、劳动对象及其优化组合的跃升为基本内涵"[1]的先进生产力质态，"科技创新能够催生新产业、新模式、新动能，是发展新质生产力的核心要素"[2]。新质生产力在新时代有一系列新的表现与要求。一方面，新产业、新模式和新动能是新质生产力区别于传统生产力质态的关键表现，对传统生产关系框架构成了显著挑战，旧有增长模式下的制度框架渐显滞后，亟须通过全面而深刻的改革来重塑生产关系，以匹配新质生产力的新需求与新模式。另一方面，科技创新对原有生产过程的全方位重塑，也催生了流通、交换、分配环节的革新需求及相应机制设计的调整。因此，新型生产关系的建立与更新需不断调整以适应新质生产力的发展需要。

（二）新型生产关系是适应新产业变革的新体制

随着新技术的不断涌现，传统产业正在经历深刻的转型升级，新兴产业不断涌现，未来产业加速布局，产业结构发生了深刻变革。新型生产关系需要适应这种变化，针对不同产业的发展趋势和特征进行精准施策，提供有效的制度保障。既要健全传统产业优化升级体制机制，通过引入新技术、新理念，优化企业的决策机制与生产过程，提高资源利用效率与产品附加值，推动传统产业结构的优化与升级；又要将发展战略性新兴产业与未来产业作为重点方向，致力于培育壮大一批高技术含量、低能耗和强引领的新兴产业，构建经济增长的新引擎，引领产业结构的持续优化与升级。新型生产关系还需积极推动数

---

[1] 习近平：《发展新质生产力是推动高质量发展的内在要求和重要着力点》，《求是》2024年第11期。

[2] 习近平：《发展新质生产力是推动高质量发展的内在要求和重要着力点》，《求是》2024年第11期。

字经济与实体经济的深度融合，完善数字产业化与产业数字化的制度体系，加速数字技术在传统产业中的广泛应用，促进新兴产业的快速发展与壮大。通过适应多层次、多引擎的现代化产业体系的发展要求，逐步形成高效、公平且可持续的新型生产关系体系。

（三）新型生产关系是适应新模式变革的新体制

随着人工智能、大数据、物联网等技术的广泛应用，新的生产模式与商业模式不断涌现。新型生产关系需要适应这些新模式的发展要求，通过构建与之相匹配的新体系，推动新模式的持续发展创新。一方面，新生产模式发展需洞悉新质生产力要素结构的变化，从新劳动者、新劳动资料与新型劳动对象的特征出发，构建与新型劳动者特征相匹配的人才培养体系和以新的劳动者技能培训与素养提升为重点的高质量教育体系，与新劳动资料相适应的智能技术创新体系，以及与种类丰富化、范围扩大化、空间虚拟化的新劳动对象相对应的要素体系的集合。另一方面，新商业模式发展需要熟悉平台经济、共享经济、数字经济等新型商业模式的新特征，适应新科技革命和产业变革要求，构建适应新形态新模式的新型管理、监督与激励机制。

（四）新型生产关系是适应新动能变革的新体制

"新质生产力是创新起主导作用，摆脱传统经济增长方式、生产力发展路径，具有高科技、高效能、高质量特征，符合新发展理念的先进生产力质态。"[①] 科技创新是发展新质生产力的核心要素，也是新时代推动实现高质量发展的新动能与新优势。科技创新是新动能的主要源泉，构建新型生产关系的首要任务就是围绕科技创新构建新的体制机制，确保科技创新成果能够快速转化为现实生产力。这意味着新型生产关系既需围绕科技创新构建新的体制机制，注重人才与教育的支撑作用，优化制度环境，紧密跟随新技术发展的步伐，为关键核心技术的突破和原创性、颠覆性技术的研发提供强大支撑；也需要畅通

---

① 习近平：《发展新质生产力是推动高质量发展的内在要求和重要着力点》，《求是》2024年第11期。

科技创新转化渠道，以政产学研协同创新有力推动科技创新成果的快速转化和生产力的全面提升，为经济社会的持续健康发展注入强大动力。

三 新型生产关系的具体内涵

习近平总书记指出："改革是解放和发展社会生产力的关键，是推动国家发展的根本动力。"[①] "发展新质生产力，必须进一步全面深化改革，形成与之相适应的新型生产关系。"[②] 新型生产关系以全面深化改革为关键点和着力点，包含经济体制、科技体制、人才体制、分配体制、生态体制、市场体制以及开放体制的全方位的生产关系机制。

（一）以完善新要素市场为核心的新型要素市场体系

数据作为数字经济时代的核心生产要素，其所有权、使用权、流转权等权能的明确界定和有效保护，是新型经济体制构建的关键。新型经济体制的核心在于新要素所有权的完善，这是适应数字经济发展和新技术革命的重要体现。新型经济体制包含相对清晰完善的数据产权制度，以相对清晰的产权界定保障数据的有效流转与安全交易，明确数据的归属权、使用权、交易权等权能，能够有效促进数据资源的开发利用和市场的有效运作并有效保护数据主体的合法权益。在数据所有权明确的基础上，还需交易规范。新型经济体制还包含健全的数据市场体系，其能通过制定数据交易规则、建立数据交易平台、完善数据监管机制等措施规范数据交易行为，推动数据市场的健康发展，实现数据资源的优化配置和高效利用。此外，随着数据量的激增和数据应用的广泛化，数据要素等新要素带来的关键问题在于使用以及交易的安全性问题。新型经济体制还包含完善的数据安全保障体系，通过加强数据安全法律法规建设、提升数据安全防护能力、建立数据安

[①] 习近平：《习近平著作选读》第 2 卷，人民出版社 2023 年版，第 330 页。
[②] 习近平：《发展新质生产力是推动高质量发展的内在要求和重要着力点》，《求是》2024 年第 11 期。

全应急响应机制等相关机制，确保数据在采集、存储、处理、传输和共享等各个环节的安全可控。新型生产关系包含以新要素保障为核心的新型经济体制，其相关建设能够有效缓解数据交易流通中的体制机制障碍，促进新型要素的顺利流转与资源配置效率的提升，是新型生产关系的重要组成部分，也是推动新质生产力发展的重要抓手。

（二）以创新驱动为核心的新型科技体制

创新是引领发展的第一动力，也是新质生产力发展的核心要素，新型科技体制的核心在于构建创新驱动的新型生产关系。党的十八大以来，中国坚持把科技创新摆在国家发展全局的核心位置，推动形成以创新为主要引领和支撑的经济体系和发展模式。一方面，新型科技体制包含完善科技创新体系。完善科技创新体系能够应对国际竞争与新科技革命挑战，通过强化国家战略科技力量、优化国家实验室体系、推进关键核心技术攻关、加强科技成果转化等在内的完善的科技创新体系，能够有效提高中国科技创新的整体实力和水平，为经济社会发展提供有力支撑。另一方面，新型科技体制包含完善科技创新管理体制和运行机制。新质生产力推动高质量发展的关键在于以科技创新推动产业创新，即通过加强科技创新与经济社会发展的深度融合，推动科技成果向现实生产力转化。相对完善的创新管理体制与运行机制能够集中管理创新资源，避免重复性建设，引导科技创新资源面向世界科技前沿、经济主战场、国家重大需求与人民生命健康等方向进行关键核心技术攻关，实现原创性、颠覆性技术突破，从而实现优化科技资源配置，提高科技创新效率，激发科技创新活力。

（三）以创新人才培养、评价与交流为核心的新型人才体制

教育、科技和人才是相互依存、相互促进的有机整体，新型人才体制的核心在于实现教育、科技和人才的一体化发展，以适应高速发展的科技创新发展需要。新型人才体制包含新型人才培养体系，即高质量教育体系。高质量教育体系的建设是实现人才与科技进步深度融合的基石，是持续输出能够引领国家建设、驱动经济发展、满足社会多元化需求的高素质人才的关键。新质生产力的发展高度依赖高端创

新、复合、应用及技术型人才组成的新型劳动者队伍，高质量教育体系能够通过教育的全面渗透与长期投入，培养具有批判性思维、创新能力及解决实际问题的能力的高水平复合人才，确保人才、科技与生产力之间形成紧密、高效、多层次的互动机制，以三位一体的协同发展模式促进知识、技术与生产力深度融合的同时，为新质生产力的蓬勃发展构建一个协同共进、系统推进的坚实框架，推动科技创新与新质生产力的发展。新型人才体制包含更高水平的人才激励机制。创新人才激励机制是新型人才体制的关键组成，其能够通过构建以创新能力、质量、实效、贡献为导向的人才评价体系，通过优化创新环境与创新人才保障，改善创新主体待遇，激发创新人才活力，从而推动新质生产力的发展。新型人才体制还包含人才交流机制，其能够通过构建政产学研协同创新的体制机制，加强高校和科研院所与企业的交流通道，能够通过加强国际交流与先进经验分享，丰富科研创新的知识来源与渠道。

（四）以要素贡献分配与创新人才激励为核心的新型分配体制

新时代背景下，随着生产要素的不断丰富和科技创新的深入发展，传统的分配体制已难以满足经济社会发展的新要求。构建以要素贡献分配与创新人才激励为核心的新型分配体制，成为推动经济社会高质量发展的关键。新型分配体制包含按要素贡献分配体制。通过构建劳动、资本、土地、技术、管理、数据等生产要素按市场评价贡献，按贡献决定报酬的机制，根据各生产要素在生产过程中的贡献大小来决定其收益分配比例的分配机制有效体现了市场经济的公平性和效率性，有利于激发各类生产要素的积极性和创造性，对于将报酬直接与创新绩效挂钩具有显著的作用，能够有效激励人才创新活动。新型分配体制还包含多样化的创新人才激励分配机制。新型创新人才激励机制能够通过构建多元化的激励机制，提高科研人员的薪酬待遇和福利保障，加大科研项目和成果奖励力度，提供广阔的职业发展空间和平台等手段吸引和留住高层次创新人才。同时，新型分配体制还包含公平的分配机制设计。通过完善税收制度和社会保障体系，能够调节过高收入，保障低收入群体的基本生活需求，缩小收入分配差距。同时，加强对弱势群体的扶持和帮助，提高他们的收入水平和生活质量，实现共同富裕的目标。

(五) 以绿色发展与生态环境保护为核心的新型生态体制

绿色低碳可持续是新型生态体制的核心要求。随着全球气候变化的加剧和生态环境问题的凸显，构建绿色低碳可持续的生态体制已成为全球共识。首先，新型生态体制包含绿色低碳发展机制。其通过发展绿色产业、推广清洁能源、加强节能减排等推动生产的绿色低碳发展，降低能源消耗和污染物排放，实现经济与环境的协调发展。其次，新型生态体制包含生态环境保护的生态体制。生态环境保护的生态体制包含政策上的生态环境监管、治理责任体系、市场体系以及完善的生态环境保护法律法规体系，这是有效增强生态环境保护力度，强化环境保护监管，落实生态环境保护的有力支撑。最后，生态环境保护的生态体制包含生态环境保护与修复机制，既涵盖生态环境保护技术研发机制，通过加大资金投入以及引导企业研发等多种方式，不断提高生态保护的技术研发和应用，从而有效提高生态环境治理的效率和效果水平；又涵盖多元化生态保护修复投入机制、生态产品价值实现机制以及生态保护补偿机制，能够有效将生态效益转化为经济效益，激发生态保护的自觉性和自主性。

(六) 以全国统一大市场建设为核心的新型市场体制

新型生产关系包含高水平社会主义市场经济体制，其有效建设是激发各类生产要素活力与提高资源配置效率，实现新质生产力发展与中国式现代化的重要保障。一方面，新型市场体制包含部分公有制经济的市场化改革，强调完善管理监督体制机制、国有企业部分竞争性环节的市场化改革以及混合所有制经济机制的建设、中国特色现代企业制度以及民营经济的市场机制，能多方提升市场主体资源配置效率并激发创新活力，构成新型生产关系的关键组成部分。另一方面，新型市场体系包括全国统一大市场体系，强调从市场基础规则设计、市场基础设施建设、统一大市场体系构建以及高水平市场监管体系完善多重角度打破区域与产业间的要素流动壁垒，推动全国统一大市场的建设。完善的市场准入制度、统一的市场基础制度规则能够打破地域和行业壁垒，实现各类市场主体平等竞争，促进资源要素的自由流动和优化配置，提高市场效率和竞争力。强化市场监管和执法体系能够有效维护市场秩序和公平竞争环境，确保要素市场的稳定和健康发展。完善的要素市场化体系是全国统一大市场体系的关键部分，能够推动土地、劳动力、资本、技术等生产要素的自由流动和优化配置，提升配置效率与经济发展活力。区域间协调发展机制是全国统一大市场体系的重要组成，能够加强区域之间的合作与联动，优化区域产业布局和资源配置，实现区域经济的优势互补和协同发展，推动区域经济的协调发展，构成新型生产关系进一步发展的有力支撑。

（七）以扩大高水平对外开放为核心的新型开放体制

扩大高水平对外开放是构建新型开放体制的核心要求。通过扩大高水平对外开放，可以吸引全球优质要素资源流入中国市场，推动中国经济的国际化发展。一方面，新型开放体制包含更高水平的制度型开放体系。制度型开放是扩大高水平对外开放的重要途径。通过主动完善相关规则和制度体系，对接国际高标准经贸规则，推动商品和要素的流动型开放向制度型开放转变，能够有效提高中国市场的国际化水平和竞争力，提升中国在全球产业链、供应链、创新链中的地位和影响力，构成新型生产关系的重要组成部分。另一方面，新型开放体制包含更为完善的国际合作与交流体系。加强国际合作与交流是扩大高水平对外开放的重要手段。通过积极参与全球经济治理体系改革和建设，共建"一带一路"的实施，能够有效拓展中国对外开放的空间和领域，加强与世界各国的经贸合作和人文交流。通过加强人才培养和引进工作，能够提高中国在国际市场的创新能力和竞争力，以更高水平、更为紧密的国际交流与合作引进先进经验与技术，以推动新质生产力的发展。

第二节 新型生产关系与传统生产关系比较

马克思主义认为,生产力与生产关系是辩证统一的,生产关系会随着生产力的发展而不断进行调整。因此,中国生产力由传统生产力向新质生产力的跃升,也必然伴随传统生产关系向新型生产关系的过渡。狭义的生产关系指直接生产过程中的关系,广义的生产关系可以分为三个方面,即生产资料的所有制关系、人们在直接生产过程中的相互关系以及产品的分配关系。[①] 新型生产关系作为中国特色社会主义生产关系的先进形态,既具有中国特色社会主义生产关系的一般特征,又具有鲜明的时代特征。与传统生产关系相比,新型生产关系进一步完善了中国经济运行中的所有制关系,促使劳动关系和组织形态发生深刻变革,同时实现了分配体制的与时俱进,多方位促进了新质生产力的发展。[②]

一 生产资料所有制结构的优化

(一) 中国生产资料所有制的演进历程

生产资料是生产过程中的劳动资料和劳动对象的总和,是经济社会进行物质生产所必备的物质条件。生产资料所有制是生产关系的基础,其形式和结构决定了生产关系的根本性质。生产资料所有制性质的变化,意味着生产资料使用方式和收益分配等方面的转变,体现了不同经济主体之间的相互关系。中国经济体制改革的历程,始终伴随对生产资料所有制的调整和完善。

中华人民共和国成立之初,随着社会主义改造的完成,生产资料所有制的主要形式转变为全民所有或集体所有的公有制。在农业方

---

① 胡莹:《形成与新质生产力相适应的新型生产关系——基于〈德意志意识形态〉"费尔巴哈"章的思考》,《上海师范大学学报》(哲学社会科学版) 2024 年第 3 期。

② 刘文祥:《塑造与新质生产力相适应的新型生产关系》,《思想理论教育》2024 年第 5 期。

面，中国通过农业生产合作社的方式实现了土地的集体经营，土地这一主要的农业生产资料实现了所有制的根本转变；在工业领域，通过公私合营等方式将大量私营企业转变为国有企业，由国家直接管理或委托地方管理，企业的机器、厂房、原料等生产资料所有制也发生了调整。改革开放以来，随着市场经济体制的确立，生产资料所有制的形式更加多元。在农业方面，土地的所有权仍归属于集体，家庭联产承包责任制则赋予了农民土地使用权，从而极大地调动了农民的积极性，促进了农业生产力的提高。而在工业领域，随着国有企业改革的推进，出现了多种形式的混合所有制经济，如股份制公司、中外合资企业等，生产资料的所有、使用、收益等各方面更加灵活多样。同时，私营经济的快速发展也为生产资料所有制的调整创造了实践经验，成为推动经济增长的重要力量。

新时代以来，党和国家更加重视对生产资料所有制的完善，所有制结构成为基本经济制度的重要组成部分。党的十八届三中全会通过的《中共中央关于全面深化改革若干重大问题的决定》将"公有制为主体、多种所有制经济共同发展"确立为中国的基本经济制度，强调公有制经济和非公有制经济在社会主义市场经济中的重要作用。党的二十届三中全会通过的《中共中央关于进一步全面深化改革　推进中国式现代化的决定》进一步强调，要坚持和落实"两个毫不动摇"。毫不动摇巩固和发展公有制经济，毫不动摇鼓励、支持、引导非公有制经济发展，保证各种所有制经济依法平等使用生产要素、公平参与市场竞争、同等受到法律保护，促进各种所有制经济优势互补、共同发展。这一顶层设计为中国进一步完善生产资料所有制，加快构建新型生产关系指引了方向。

(二) 生产资料内容和范围的拓展

随着科技进步和社会发展，生产资料的内容和范围实现了进一步的拓展，传统的生产资料所有制需要进行调整以适应生产资料的新变化。技术进步，特别是数字技术的创新，使生产资料突破了传统范畴，从物质形态扩展到了知识、信息、数据等非物质形态。知识和技术作为一种重要的生产资料，正在成为经济增长的关键驱动力。知识经济时代，专利、版权、商标等知识产权越来越成为企业核心竞争力的重要体现，在一些行业这些无形生产资料的价值甚至超过了实物资产。例如，在软件开发、生物医药研发等高技术行业，新产品和新服务的开发创造很大程度上依赖知识积累和技术革新。从另一角度而言，技术的快速迭代加速了机器设备的折旧速度，使有形生产资料与无形生产资料的相对地位发生了逆转。同时，随着数字经济时代的到来，数据作为一种新型生产要素，也已经成为一种重要的生产资料，被形容为"21世纪的石油"。大数据分析可以帮助企业更准确地把握市场需求、优化运营策略、提高决策效率，云计算、人工智能等新兴技术的应用，使数据处理能力得到了质的飞跃，为企业带来了前所未有的机遇。因此，立足于新质生产力的发展要求，不仅要利用好传统的物质生产资料，还要充分发挥非物质生产资料日益重要的作用，二者协同提升产业竞争力，推动经济发展。

此外，新质生产力本身就是绿色生产力，发展新质生产力还需要重视绿色生产资料的开发利用。随着中国对气候变化、环境污染等问题的重视，可再生能源、节能环保设备、生态友好型材料的需求正在快速增长。各地区均出台了相关政策鼓励企业采用绿色环保的技术和产品。对于企业而言，绿色生产资料的使用不仅可以减少运营成本，还能提升自身社会形象，提高消费者信任度。此外，随着循环经济兴起，能够回收再利用的废弃物也已成为一种新的生产资料。循环使用废弃物，不仅减少了资源消耗，而且创造出了新的经济价值。生产资料范畴的不断扩展，一方面有力地提高了经济社会的发展潜能，另一方面也对生产资料所有权的与时俱进提出了新要求。

(三) 新型生产资料的确权

新型生产资料的出现，特别是知识、信息、数据等无形生产资料的出现，为所有权制度带来了一系列新的挑战。首先，知识产权作为一种重要的无形资产，目前仍面临一定的确权难、侵权易问题，相关的法律框架亟须完善。由于知识产权本身的虚拟性，导致其确权过程复杂且成本高昂。随着互联网技术的发展，知识产权侵权行为也变得更加隐蔽和难以追踪，进一步加大了确权难度和维权成本。其次，数据作为新型生产资料，其所有权归属问题尤为突出。数据主要产生于微观个体的行为习惯、消费记录等多个环节，而企业将大量的个人数据经过收集、清洗和脱敏后才形成有价值的数据资源，如何界定个人隐私保护与数据利用之间的界限，如何平衡数据收集者与使用者之间的利益关系，如何在保障数据安全的前提下最大化数据的价值，已经成为亟待解决的问题。此外，数据跨境流动的安全性和合法性也成为各国政府和企业关注的重点。需要加快建立健全数据产权制度，明确数据归属，保护数据安全。最后，还需要完善绿色生产资料的所有权制度。一方面，自然资源的公共属性决定了其所有权归属的复杂性，需要清晰界定其所有权，在保障投资者权益的同时又不影响公共利益。另一方面，在实践中，废弃物回收利用的产业链尚未完全形成，相关法律法规不够健全，导致废弃物资源化利用的效率不高。

新型生产资料的确权涉及多个方面。首先，要加快建立新型产权制度体系，明确界定各类新型生产资料的所有权归属和使用准则，简化确权流程，降低维权成本。其次，针对数据要素，应推动数据产权登记制度的建设，为数据资产的确权提供可靠依据，设立专门的数据交易中心，规范数据交易行为，保障数据市场的健康发展。同时加强国际合作，制定统一的数据保护标准和协议，确保数据跨境流动安全。再次，加大对技术创新的支持力度，鼓励企业自主研发新技术，加大自主知识产权的保护力度。最后，鼓励企业在生产中提高绿色生产资料比例，发展绿色低碳产业，健全绿色消费激励机制，促进绿色低碳循环发展经济体系建设。

二　劳动关系与组织形态的新变革

(一) 劳资关系与劳劳关系的重塑

劳动者是生产过程的主体，在生产力发展中起主导作用。新质生产力的发展改变了生产方式，新的生产方式又会对劳资关系和劳劳关系产生影响。① 在技术创新和制度改革的推动下，中国的劳资关系和劳劳关系发生了显著变化。在劳资关系方面，随着社会主义市场经济体制的逐步完善，传统的计划经济模式下的"铁饭碗"概念逐渐淡化，企业和员工之间的契约关系更加明确。劳动合同法等法律法规的出台，进一步规范了雇佣双方的权利与义务，提高了劳动者的权益保障水平。特别是在互联网和高科技行业，远程办公、众包等灵活的工作模式日益普及，推动劳资双方探索更加平等、互利的合作方式。

在劳劳关系上，技术进步特别是数字技术的发展极大地改变了劳动者之间的协作方式。一方面，数字化工具的应用使得劳动者之间的信息交流更加便捷高效，优化了团队沟通渠道和协作机制；另一方面，随着共享经济、平台经济等新业态的出现，自由职业者、兼职人员等非正式雇佣形式增多，劳动者通过网络平台实现资源与技能的共享，形成了灵活多变的合作模式，既促进了个人能力的最大化利用，也为社会创造了更多价值，进一步丰富了劳劳关系的内涵。

构建新型生产关系，还需要妥善处理好技术进步对劳动市场的冲击。人工智能技术和自动化系统的广泛应用，使依赖简单体力劳动或从事低技能、重复性任务的劳动者群体面临日益增长的"边缘化"风险，而掌握前沿科技并具备复杂操作技能的创新型劳动者则越来越受到重视。劳动力市场的结构性变化可能进一步引发新的社会问题。一方面，技术的快速发展导致部分群体无法及时适应新的就业需求；另一方面，人才培养具有长期性和滞后性等特点，劳动者之间技能差距导致的就业分化在短期内难以化解，从而可能进一步扩大劳动者之间的收入差距。

(二) 劳动分工的灵活化与系统化

技术发展以及市场需求推动数字时代劳动分工趋于灵活化。随着云计算、大数据、人工智能等新兴技术的广泛应用，复杂的工作流程可以实现迅速调整以适应市场波动，企业的雇佣模式变得更为灵活，

---

① 王平：《新质生产力条件下的新型生产关系：塑造与调适》，《当代经济研究》2024年第7期。

劳动者的分工更加细化。共享经济的出现催生了网约车司机、外卖配送员等新型职业，这些劳动者可以根据自身的时间安排自由选择工作时段，企业也可以根据实际需求动态调整人力资源配置。此外，远程办公模式的普及打破了地域限制，使得劳动者可以在企业外完成工作任务，提升了工作效率，促进了劳动分工的灵活化。劳动分工的灵活化还体现在越来越多的项目制合作上，企业针对特定项目招聘临时工或合同工，更好地匹配专业技能与项目需求，促进资源的有效配置。

为应对日益复杂的业务需求，企业的劳动分工更加系统化。系统化的劳动分工将复杂任务分解为一系列更小、更具体的部分，便于各环节进行专业化操作。在制造业中，自动化生产线的应用使生产过程中的每个环节都由专门的设备及团队负责，不仅提高了生产效率，也有利于产品的质量控制和问题追溯。在服务业中，劳动者可以依据系统提供的数据和流程指南提供标准的服务产品。随着企业信息化程度的加深，信息系统已经成为连接各个部门的关键纽带，增强了部门间的协同效应，提升了整体运营效率。

劳动分工的灵活化与系统化相互补充，共同推动着新型分工关系的形成。一方面，系统化分工需要具备一定的灵活性，以适应不断变化的外部环境和内部需求；另一方面，灵活化分工也需要系统观念的支撑，保障生产环节的衔接与协同。二者结合，不仅可以帮助企业更好地把握市场新需求，还能促进企业组织内部的创新发展。在实践中，企业需要寻找二者之间的平衡点，通过优化内部结构、改善管理机制、强化技术应用等方式，在保持分工灵活性的同时，实现高效的系统化运作，从而提高企业的竞争力，为劳动者提供多样化的职业发展路径。

(三) 生产组织形态的扁平化与平台化

新质生产力的发展催生了新的生产组织形态，使其呈现出扁平化与平台化两大显著特征。一方面，扁平化的管理模式使企业能够更快速地响应市场变化，通过内部的高效沟通与协作及时调整战略方向；另一方面，平台化的生产经营模式为企业开拓了新的增长点，通过平台连接了更多的参与者，扩展了企业的业务边界。

传统企业的生产架构主要是层级制，信息逐层进行传递，而在扁平化的组织架构中，管理层级被压缩，部分决策权下放至基层员工，减少了信息传递的中间环节，加快了决策速度。技术的创新是组织形态发生转换的根本原因，即时通信软件和项目管理软件等先进工具的应用，使信息能够快速准确地传递到具体员工，促进了团队间的有效沟通与协作。扁平化组织还充分激发了劳动者的自主性和创造力，鼓励劳动者参与到企业的战略规划与日常运营之中，不仅激发了其创新潜能，而且增强了劳动者的工作获得感。此外，扁平化的管理方式更有利于企业的跨部门合作，对于打破部门间的壁垒，促进资源流动与知识共享具有重要意义。

平台化作为一种新的生产组织形态，是数字化转型背景下的一种创新模式。平台型企业通过搭建一个开放的数字平台，将供应商、消费者、开发者等不同的参与者连接起来，实现了多方互联互通，合作共赢。例如，在电子商务领域，电商平台不仅为商家创造了展示商品和服务的空间，还为消费者提供了便利的购物体验，同时也吸引了第三方服务商入驻，多方参与共同构建了一个生态系统。生产和服务的平台化不仅简化了交易流程，降低了交易成本，还通过大数据分析等技术手段，提供了个性化的推荐服务，增强了用户体验。在共享经济领域，平台化也发挥了重要作用，通过整合闲置资源，实现了资源的高效利用，满足了用户多样化的需求。此外，平台本身就是一个孵化新业务模式的土壤，开发者可以在平台上开发各种应用程序和服务，推动产业链上下游的深度融合，因此平台化的生产组织还有效促进了技术创新与模式创新。

三　多元化与共享性的新分配关系

(一) 参与分配的要素趋于多元化

改革开放以来，随着中国从计划经济向市场经济的转型，参与收入分配的要素也呈现出明显的多元化特征。中国逐步打破了计划经济体制下的平均主义分配倾向，引入市场机制，允许并鼓励劳动力、资本、土地和技术等生产要素根据各自在经济活动中的实际贡献获取相应的要素报酬。随着市场经济机制的确立，劳动力市场逐渐成熟，工资制度也逐步完善，劳动者的报酬与其贡献更加紧密地联系在一起，多劳多得、少劳少得体现了社会主义的分配原则。同时，随着金融市场的发展，资本作为重要的生产要素按其贡献参与分配，股权、债权等多种形式的资本收益成为个人和社会财富积累的重要渠道。此外，随着知识产权保护力度的加大，技术、专利等无形资产的价值得到了更好的体现和保护，创新成果的顺利转化激励了全社会的技术创新与知识创造热情。党的十八大以来，中国坚持创新驱动发展战略，强调科技是第一生产力、人才是第一资源、创新是第一动力，这进一步推动了参与分配要素的多元化。特别是随着信息技术的发展和社会信息化程度的加深，数据作为一种新的生产要素正在显现出越来越重要的作用。大数据、云计算等技术的应用使得数据资源成为推动经济增长的新动力，促进了数据共享机制的建立和完善，进一步丰富了生产要素的内涵。

随着新型生产关系建设的步伐加快，各类生产要素由市场评价贡献、按贡献决定报酬的机制将会日益完善。在创新驱动发展战略指引下，知识、技术和数据等无形资产的作用将进一步凸显，相应的评估体系和分配机制也需要不断完善。同时，可持续发展理念深入人心，绿色生产方式和循环经济模式将成为新的增长点，不仅会改变传统的生产要素组合，也会催生出一批新的产业形态，进而影响到整个社会的收入分配格局。总而言之，在新型生产关系的框架下，生产要素参与分配将更加多元化，成为促进收入公平的重要力量。

（二）新分配关系向劳动主体型演进

中国发展新质生产力，必须充分激发劳动者这一生产力核心要素的创新潜力，必须改革收入分配制度，构建以劳动为主体的新型分配关系。[1] 发展新质生产力，需要完善劳动者工资决定、合理增长、支付保障机制，保障劳动者工资水平与经济增长、企业效益同步提高，

---

[1] 程恩富、罗玉辉：《论塑造与新质生产力相适应的新型生产关系——学习党的二十届三中全会精神的体会》，《思想理论教育导刊》2024年第8期。

缩小收入差距，推动共同富裕。此外，还需要完善社会保障体系，保障劳动者的基本生活需求。同时，为了适应数字经济时代的要求，还要将数据处理、知识分享等新形态的劳动纳入分配体系之中，通过合理制定相关政策鼓励大众创新与创业。

构建劳动主体型的分配关系还需要不断提升劳动者的人力资本水平。随着产业结构升级和技术进步，部分传统职业面临淘汰，而新兴产业则急需大量高素质的专业人才。因此，需要加强职业教育和终身学习体系建设，帮助劳动者掌握新技能从而更好地适应市场需求变化。此外，还需要注重工匠精神培养，弘扬敬业乐群的职业道德，鼓励劳动者精益求精，提高产品和服务的质量，从而提高整体劳动生产率。在此基础上，还需要通过税收优惠、补贴政策等方式支持中小企业发展，提供更多的就业机会。

(三) 新分配关系激发社会创新活力

新型生产关系下的分配关系，对于激发社会创新活力、推动新质生产力的发展具有重要积极意义。新型分配关系通过优化劳动报酬机制，保障了劳动者的劳动能够得到相应的回报，从而极大提高了劳动者的积极性与创造性，使劳动者充分发挥主观能动性。特别是在科技创新领域，合理的激励机制可以有效鼓励科研人员敢于尝试和创新，勇于攀登科技高峰，勇于进行重大科研攻关。此外，新型分配关系更加注重新兴职业的劳动权益，对数字时代的知识工作者、创意产业从业者以及灵活就业者等新就业形态，通过合理的报酬体系激发其创新潜能，维护其合法权益。

构建新型分配关系促进了社会公平正义，营造了良好的创新氛围，为新质生产力的发展创造了有利条件。一方面，通过合理的收入分配机制，可以有效缩小贫富差距，使新质生产力的发展成果更多更公平惠及全体人民，从而减少社会矛盾，为创新活动提供一个和谐稳定的外部环境。另一方面，完善生产要素由市场评价贡献、按贡献决定报酬的机制也有利于破除权力寻租、信息不对称等问题，为各类企业营造公平竞争的市场环境，进而促进技术进步与产业升级。市场环境的改善进一步促进了市场主体之间的合作，畅通了知识和技术的交流渠道，为新技术的产生提供了肥沃土壤。因此，构建新型分配关系既是促进社会公平正义的有效手段，也是推动经济社会持续健康发展的重要举措。

第三节 构建新型生产关系的实现路径

要在坚持社会主义生产关系重大原则、坚持和发展社会主义基本经济制度的基础上，根据新质生产力的发展要求对生产关系进行完善和提升，从而形成新型生产关系。[①] 构建新型生产关系的实现路径具体包括构建高水平社会主义市场经济体制、深化经济高质量发展体制机制改革、深化科技教育人才体制机制改革、构建中国特色金融体系、实施高水平对外开放体制机制等。

一 构建高水平社会主义市场经济体制

高水平社会主义市场经济体制是中国式现代化的重要保障，构建高水平社会主义市场经济体制是推动中国迈上全面建设社会主义现代化国家新征程的必由之路。构建高水平社会主义市场经济体制，关键是要正确处理政府与市场的关系这一核心问题，充分发挥市场在资源配置中的决定性作用，更好发挥政府作用。

（一）坚持和落实"两个毫不动摇"

第一，毫不动摇巩固和发展公有制经济，毫不动摇鼓励、支持、引导非公有制经济发展。一方面，需强化国有经济的战略支撑作用，确保其在国家安全、国民经济命脉及国计民生的重要行业和关键领域占支配地位。另一方面，通过优化营商环境，破除行政壁垒，为非公有制经济注入新活力，确保其公平享有生产要素、市场竞争及法律保

---

① 杜飞进：《把握发展新质生产力和形成新型生产关系的辩证法》，《人民日报》2024年6月25日第9版。

护，促进多种所有制经济携手并进、相互补益。

第二，深化国资国企改革，是优化国有经济布局、提升国有资本效能的必由之路。明确国企功能定位，聚焦主业，引导国有资本精准投向国家安全与国民经济的关键领域，同时向战略性新兴产业和未来产业集中。建立健全以管资本为主的国资监管体系，推动资产保值增值。实施混合所有制改革，引入非国有资本，实现股权结构优化，增强企业竞争力和市场活力。

第三，坚持致力于为非公有制经济发展营造更加宽松、公平、透明的市场环境，提供更多机会的方针政策。完善市场准入机制，打破行业壁垒，鼓励民营企业参与国家重大项目及国际合作，完善民营企业参与国家重大项目建设长效机制。加强融资支持，拓宽非公有制企业的融资渠道，解决融资难题，促进非公有制企业融资渠道多元化。建立民营企业信用评价体系，强化合规管理，提升整体治理水平。

第四，完善中国特色现代企业制度。坚持党的领导与现代企业制度相结合的原则，构建高效决策、协调运行的公司治理架构。弘扬企业家精神，激励其勇于创新、勇于担当，推动企业文化与时代同步，培育具有中国特色、时代特征、企业特点的企业文化，提升企业软实力。强化企业社会责任，平衡经济效益与社会贡献，推动企业向世界一流迈进，为经济高质量发展贡献力量。

(二) 构建全国统一大市场

第一，强化市场基础制度规则统一与市场监管公平统一。进一步加大公平竞争审查力度，确保政策制定与执行的刚性约束，严厉实施反垄断和反不正当竞争政策措施。规范地方招商引资行为，明确政策优惠的合法边界，防止恶性竞争和资源错配。建立健全公共资源交易平台体系，实现招标投标、政府采购等全流程电子化、透明化管理，增强市场公信力，提升资源配置效率。提升市场综合监管能力，利用大数据、云计算等现代信息技术手段，实现精准监管、智慧监管，为市场主体营造更加公平、透明、可预期的经营环境。

第二，完善要素市场制度和规则。加快构建城乡统一的建设用地市场，打破城乡二元结构，促进土地资源的高效配置与合理利用。在资本市场方面，深化基础制度改革，强化信息披露和投资者保护，推动资本市场健康稳定发展。积极培育全国一体化的技术和数据市场，激发数据要素潜能，促进数字经济与实体经济深度融合。健全由市场供求关系决定要素价格的机制，减少政府对价格形成的直接干预，让市场在资源配置中发挥决定性作用。

第三，优化流通体制，降低社会物流成本。加快物联网、智能物流等现代流通技术的研发与应用，健全一体衔接的流通规则和标准体系，推动物流行业标准化、信息化、绿色化发展。深化能源管理体制改革，建设全国统一的电力市场，打破区域壁垒，优化油气管网运行调度，提升能源供给的安全性、可靠性和经济性。

第四，加快培育完整内需体系。建立政府投资长效支持机制，聚焦基础性、公益性、长远性重大项目建设，有效引导社会资本参与，形成政府投资与社会投资协同发力的良好局面。深化投资审批制度改革，提高审批效率，完善社会资本投资激励机制，激发民间投资活力。完善扩大消费长效机制，减少不必要的限制性措施，合理增加公共消费，特别是鼓励首发经济、创新消费模式，促进消费升级，为经济增长注入强劲动力。

(三) 完善市场经济基础制度

第一，产权制度是市场经济的根基。明确界定和保护产权，是确保市场主体能够稳定预期、积极投入、勇于创新的前提。进一步深化产权制度改革，建立一个高效、全面的知识产权综合管理体制，以加强对创新成果的认可与保护，依法平等长久保护各种所有制经济产权，激发全社会的创新活力。完善市场信息披露制度，构建商业秘密的严密保护网，防止商业信息泄露，维护企业的核心竞争力。在执法司法层面，对任何侵犯产权和合法利益的行为，无论涉及何种所有制经济，都应坚持同责同罪同罚的原则，并引入惩罚性赔偿制度。需加大产权保护的执法司法力度，确保行政与司法手段不被滥用于干预经济纠纷，建立健全涉企冤错案件的甄别与纠正机制，维护市场主体的合法权益。

第二，市场准入制度的优化是构建高水平社会主义市场经济体制的重要一环。放宽市场准入限制，打破行业垄断和地域壁垒，有利于吸引更多社会资本参与市场竞争，增加市场供给的多样性和灵活性。需持续深化市场准入制度改革，包括深化注册资本认缴登记制度改革，实行更加灵活的依法按期认缴制度，降低市场准入门槛。健全企业破产机制，积极探索建立个人破产制度，以更加合理的方式处理市场主体的退出问题。推进企业注销配套改革，完善企业退出制度。在此基础上，还需进一步健全社会信用体系和监管制度，通过信用信息的共享与监管的协同，增强市场主体的诚信意识，维护市场秩序的稳定。

二 深化经济高质量发展体制改革

党的十八大以来，以习近平同志为核心的党中央提出要坚决深化改革，推进社会主义制度的自我完善与发展，为实现经济高质量发展提供根本动力。深化经济高质量发展体制改革首先要确保改革有方向、有原则、有立场，最核心的是坚持和改善党的领导，以所有权制度完善为基础，不断完善相关法律法规体系。

（一）坚持全面深化改革的基本方向

第一，全面深化改革是推进中国式现代化的根本动力。当前中国处于全面建设社会主义现代化国家、推进实现中华民族伟大复兴的关键时期，全面深化改革以破除经济发展中的阻碍因素，为实现经济的高质量发展提供必要的制度保证，促进实现新型生产关系的构建。

第二，坚持以人民为中心的目标导向。坚持以人民为中心是习近平新时代中国特色社会主义思想的重要内容，要贯穿于全面深化改革的各方面、全过程。"我是谁、为了谁、依靠谁"是关乎一个政党前途命运的关键，中国共产党的初心和使命是为中国人民谋幸福、为中华民族谋复兴，深化经济高质量发展体制改革，要始终铭记全心全意为人民服务的根本宗旨。

第三，强化创新驱动。创新是引领发展的第一动力，对经济发展有着巨大的促进作用。形成新发展格局、促进经济高质量发展的过程中，创新是不可或缺的重要因素。全面深化改革要鼓励和支持科技创新，加速科技成果向现实生产力转化，提升产业链供应链现代化水平。

第四，优化结构布局。调整优化产业结构，促进传统产业转型升级、战略性新兴产业培育壮大，加快建设现代化产业体系，确保产业体系自主可控，实现产业发展的高端化、智能化、绿色化。推动城乡区域协调发展，畅通城乡经济循环，大力优化经济布局，增强经济发展的整体性和协调性。

(二) 完善所有权制度基础

第一，明晰数据要素产权制度。数据已成为新时代的关键要素，为了充分挖掘数据潜力，推动数字经济的高质量发展，应加快对数据产权的归属认定，做好相关权益划分，完善市场交易制度及流程，推动数据交易的标准化、规范化，保障数据交易各方的合法权益，注重数据隐私保护，避免数据的不正当泄露与乱用。

第二，在明确所有权制度的基础上应进一步优化资源配置。提高资源配置效率是实现高质量发展的重要动力源泉。要始终发挥市场在资源配置中的决定性作用，更好发挥政府的作用。提高现有资源的利用率，实现资源配置的合理性，降低要素流动的交易成本，促进更多的存量资源参与流动，提高资源配置效率，助力经济高质量发展。

第三，健全收入分配制度。当前收入分配领域仍存在低收入群体增收难、中等收入群体扩容难、不同收入群体间收入差距较为明显的问题和矛盾。在全面深化改革的过程中要完善三次分配调节机制，再分配兼顾效率与公平，促进整体公平正义，实现更加均衡的经济增长，缩小收入差距，提升人民的生活质量和幸福感。

(三) 完善法律法规体系

第一，加强法制建设。建设中国特色社会主义法治体系、建设社会主义法治国家要坚持走中国特色社会主义法治道路，完善以宪法为核心的法律体系。完善政府职能，推动依法行政，提高行政公信力。深化司法体制改革，确保公正司法过程，推动公平正义。弘扬社会主义法治精神，加快建设法治社会。

第二，加大知识产权保护力度。保护知识产权就是保护创新，要不断激发创新，推动经济的高质量发展。知识产权保护工作依赖现代产权制度与要素市场化改革，应依法对侵权假冒主体实行严厉打击，保护知识产权，维护消费者权益，优化营商环境，规范市场秩序。

第三，促进公平竞争。公平竞争是市场经济的基本原则，也是全面深化改革过程中保证市场机制高效运行的重要基础。要加快构建高效规范、公平竞争的全国统一大市场，完善法律法规以促进公平公正的市场交易环境，加强监管执法力度，提升全社会的公平竞争意识。

三 深化科技教育人才体制机制改革

"畅通教育、科技、人才的良性循环，完善人才培养、引进、使用、合理流动的工作机制"，[①] 深化教育体制、科技体制、人才体制等改革，构建全面支持创新的体制机制。把握建设教育强国、科技强国、人才强国的内在一致性和相互支撑性，统筹实施科教兴国战略、人才强国战略、创新驱动发展战略，畅通教育、科技、人才的良性循环，是构建新型生产关系的题中应有之义。

（一）深化教育体制改革

第一，强化教育体系的整体质量建设。从育人理念、办学模式到实践路径进行全面而深入的革新。完善立德树人机制，倡导因材施教、个性化发展，通过推动大中小学思政课一体化改革创新，构建德智体美劳全方位、多层次培养的教育体系。加强师德师风建设，建立长效机制，提升教师队伍的整体素质与教书育人的能力，进一步深化教育评价体系的改革。

第二，聚焦高等教育的核心竞争力建设，致力于打造具有中国特

---

① 习近平：《发展新质生产力是推动高质量发展的内在要求和重要着力点》，《求是》2024年第11期。

色、世界一流的大学和优势学科。加快建设中国特色、世界一流的大学和优势学科、基础学科、新兴学科、交叉学科，提高新型劳动者的培育能力，提高高等教育人才创新能力，提升中国高等教育的国际影响力，为国家创新发展战略提供坚实的人才支撑。

第三，深化职业教育与产业需求的融合。加快构建职普融通、产教融合的现代职业教育体系，促进教育体系、人才培养与产业链、创新链的有效衔接。完善学生实习实践制度，让学生在真实的工作环境中锻炼技能、增长才干，培养更多适应市场需求的高素质技术人才、大国工匠以及能工巧匠，为社会输送更多高素质的技术技能人才。

第四，注重区域教育资源的优化配置。建立与人口变化相协调的公共教育服务供给体制，确保义务教育的均衡发展，探索扩大免费教育范围的可能性。加大学前教育、特殊教育及专门教育的保障力度，推动教育数字化进程，赋能学习型社会建设，强化终身教育保障，全面提升国民的整体教育水平和素养。

(二) 深化科技体制改革

第一，明确坚持创新在中国式现代化建设全局中的核心地位，完善科技创新体系。以国家战略需求为导向，集中力量进行原创性、引领性科技攻关，增强自主创新能力，打赢关键核心技术攻坚战。要完善科技创新体系，健全新型举国体制，强化国家战略科技力量，构建以企业为主体、市场为导向、产学研深度融合的技术创新体系。统筹强化关键核心技术攻关，推动科技创新力量、要素配置、人才队伍体系化、建制化、协同化。在此过程中，需强化企业在科技创新中的主体作用，同时发挥市场机制在资源配置中的决定性作用，促进科技成果的快速转化和应用。

第二，强化国家战略科技力量，深化科技体制改革。重视基础研究，加大基础研究投入，优化国家实验室体系，完善国家科研机构、高水平研究型大学、科技领军企业的定位和布局，为科技创新提供源源不断的源头活水。深化科技体制改革，包括深化科技评价改革、科技成果转化体制改革等，破除科技创新的体制机制障碍，确保科技资源向关键领域和核心技术倾斜,激发科研人员的创新活力和创造力。加强知识产权保护,完善科技成果转移转化机制,让科技创新成果能够有效转化为现实生产力。

第三,激发企业创新活力,构建创新生态系统。企业是科技创新的主体,也是科技成果转化的重要力量。建立培育壮大科技领军企业的机制,强化企业科技创新主体地位,加强企业主导的产学研深度融合。构建促进专精特新中小企业发展壮大的机制,鼓励科技型中小企业加大研发投入,提高研发费用加计扣除比例,激发企业的创新活力,推动形成大中小企业协同创新的良好生态。同时,完善中央财政科技经费分配和管理使用机制,赋予科研人员更大的自主权,包括技术路线决定权、经费支配权等,进一步激发科研人员的创新积极性。

第四,扩大国际科技合作,构建开放创新格局。鼓励在华设立国际科技组织,优化高校、科研院所、科技社团对外专业交流合作管理机制。构建同科技创新相适应的科技金融体制,加强对国家重大科技任务和科技型中小企业的金融支持,完善长期资本投早、投小、投长期、投硬科技的支持政策,为科技创新提供充足的资金保障,推动形成多元化、多层次的科技创新投入体系。

(三)深化人才培养体制改革

第一,树立大人才观,强化国家战略人才力量与青年人才培养。建设规模宏大、结构合理、素质优良的人才队伍,不仅关注高端人才,同样重视各行各业中的优秀人才,创造社会分工不同但人人都能成才的良好氛围。加快建设国家战略人才力量,着力培养造就战略科学家、一流科技领军人才和创新团队,推动中国科技创新和产业升级取得新突破。同时注重培养造就卓越工程师、大国工匠、高技能人才等实用型人才。在青年人才培养方面,要完善青年创新人才发现、选拔、培养机制,为青年科技人员提供更加广阔的发展空间和更加有力的支持,为国家的长远发展奠定坚实的人才基础。

第二,深化人才发展体制机制改革,激发人才创新创造活力。坚持问题导向,针对当前人才发展中存在的体制机制障碍,进行改革与创新,如完善人才评价体系,强化人才激励机制等,打破束缚人才发展的枷锁，让人才在更加宽松、自由的环境中茁壮成长。通过完善人才有序流动机制，优化人才区域布局，推动东西部人才协调发展，形成更加均衡、更加高效的人才发展格局。

第三，加快建设世界重要人才中心高地和创新高地。加强与国际一流科研机构和企业的合作与交流，引进更多海外优秀人才和先进技术成果。实施更加开放的人才政策，在全球范围内吸引和集聚顶尖人才，促进人才资源的优化配置和高效利用。完善海外引进人才支持保障机制，为海外人才提供更加便捷、高效的服务和支持。

四　构建中国特色金融体系

构建中国特色金融体系作为深化经济体制改革的关键一环，是构建适应新时代发展需求、符合中国特色社会主义制度要求的新型生产关系的实现路径。通过建设完善中央银行制度、建立健全金融市场体系、金融监管体系、金融产品和服务体系，优化金融资源配置，服务实体经济，促进经济高质量发展，同时兼顾公平与效率，推动形成更加健康、稳定的金融生态。

（一）建设完善中央银行制度

在构建中国特色金融体系的过程中，完善中央银行制度起着至关重要的作用。中央银行作为金融体系的核心，其制度的健全与否直接关系到金融市场是否能够稳定与高效运行。完善中央银行制度，关键在于构建科学稳健的金融调控体系，包括完善货币政策和宏观审慎政策双支柱调控框架，增强货币政策的灵活性、针对性和有效性，同时强化宏观审慎管理，防范化解系统性金融风险。需深化利率汇率市场化改革，健全市场化利率形成、调控和传导机制，促进金融资源的优化配置。

2023年10月30日，习近平总书记在中央金融工作会议上强调，"金融要为经济社会发展提供高质量服务"，"做好科技金融、绿色金融、普惠金融、养老金融、数字金融五篇大文章"。[①] 积极发展新兴金

[①] 《中央金融工作会议在北京举行　习近平李强作重要讲话　赵乐际王沪宁蔡奇丁薛祥李希出席》，《人民日报》2023年11月1日第1版。

融业态，提升金融服务质量、拓宽金融服务边界。科技金融通过运用金融科技手段，提升金融服务效率与风险管理能力；绿色金融引导资金流向绿色、低碳领域，助力经济可持续发展；普惠金融致力于解决小微企业、农村地区等金融服务薄弱环节的问题，促进经济包容性增长；养老金融与数字金融分别针对人口老龄化趋势与数字经济浪潮，提供定制化、便捷化的金融服务。

完善金融机构定位和治理，建立健全服务实体经济的激励约束机制。金融机构需明确自身在服务实体经济中的定位与角色，优化业务结构，提升服务质效，同时加强内部管理，防范金融风险。需发展多元股权融资，加快多层次债券市场发展，提高直接融资比重，以丰富企业融资渠道，降低融资成本，促进资本市场健康发展。

优化国有金融资本管理体制。通过完善国有金融资本管理体制，明确出资人职责，加强国有金融资本监管，可以确保国有金融资本保值增值，防范金融风险跨机构、跨行业、跨市场传播，维护国家金融安全稳定。

(二) 建立健全金融市场体系

建立健全结构合理的金融市场体系与分工协作的金融机构体系，是深化金融体制改革、提升金融服务实体经济能力的关键所在。

第一，构建多层次金融市场体系。应加快发展主板、科创板、创业板、新三板及区域性股权市场，形成功能互补、错位发展的多层次资本市场格局。同时推动债券市场、外汇市场、黄金市场等金融市场协调发展，满足不同市场主体的多元化投融资需求，提升金融市场的整体效率和活力。

第二，优化金融机构体系布局。鼓励各类金融机构根据自身特点和优势，明确市场定位，实现差异化发展。银行体系应继续深化改革，提高服务实体经济能力；证券、保险等非银行金融机构应加快发展，丰富金融服务供给；积极培育新型金融机构，如互联网银行、消费金融公司等，激发金融市场创新活力。

第三，强化金融机构间分工协作。建立健全金融机构间的合作机制，促进银行业、证券业、保险业等行业的深度融合与协同发展。通过信息共享、风险共担、业务联动等方式,提升金融机构服务实体经济的整体效能。同时,加强金融监管协调,确保金融市场的稳定与安全。

第四,推动金融市场双向开放。在保持金融市场稳定的前提下,稳步扩大金融市场对外开放,吸引更多境外投资者参与中国金融市场。同时,鼓励国内金融机构"走出去",参与国际金融市场竞争与合作,提升中国金融业的国际竞争力和影响力。通过双向开放,促进金融市场的国际化进程,为构建开放型经济新体制提供有力支撑。

(三)建立健全金融监管体系

第一,建立健全完备有效的金融监管体系。党的二十大报告指出:"深化金融体制改革,建设现代中央银行制度,加强和完善现代金融监管,强化金融稳定保障体系。"[①] 金融是把"双刃剑",其对新质生产力发展所起的作用取决于如何对金融加以运用,只有深化金融监管体制改革,加强对金融机构、金融市场的监管和执法效能,营造良好的金融市场环境,才能增强服务新质生产力的效能。

第二,建立健全金融监管体系的首要任务是完善相关法律法规,包括制定或修订涵盖银行业、证券业、保险业等各类金融机构及其业务活动的法律法规,确保所有市场参与者的行为有法可依、有章可循。同时,强化法律法规的执行力,加大对违法违规行为的处罚力度,形成有效震慑,维护市场秩序。

第三,金融监管涉及多个部门,构建跨部门协同监管机制至关重要。通过建立信息共享平台、加强政策协调与配合,实现对金融机构和金融市场的全面、穿透式监管,形成监管合力。同时,应明确各监管部门的职责边界,防止监管套利和推诿扯皮现象,确保监管效能最大化。

第四,在金融科技快速发展的背景下,强化科技赋能成为提升金融监管效能的重要手段。利用大数据、人工智能、区块链等先进技术,建立智能化的风险监测、预警和处置系统,实现对金融市场风险

[①] 习近平:《高举中国特色社会主义伟大旗帜 为全面建设社会主义现代化国家而团结奋斗——在中国共产党第二十次全国代表大会上的报告》,人民出版社2022年版,第29页。

的早发现、早报告、早处置。推动监管科技的应用,提升监管的精准性和时效性,降低监管成本。应加强对金融科技的监管,确保技术创新与风险防控并重,促进金融业的健康可持续发展。

(四)建立健全金融产品和服务体系

为更好地适应经济发展的多元化需求,金融机构应当持续深化金融产品和服务的创新,构建一个既丰富又具针对性的金融服务生态。

在定制化融资解决方案方面,金融机构需深入了解不同行业、不同规模企业的实际运营情况和资金需求特点,量身打造如供应链金融、绿色信贷等专属金融产品。供应链金融通过整合产业链上下游资源,为企业提供从原材料采购到产品销售全链条的融资支持,有效缓解其资金压力。绿色信贷则积极响应国家可持续发展战略,为环保、节能、清洁能源等绿色项目提供低成本、长期限的资金支持,助力经济绿色转型。

普惠金融的深入发展也是不可或缺的一环。金融机构需致力于打破地域、人群限制,通过技术创新和模式创新,为小微企业、农村地区和低收入群体提供更加便捷、可负担的金融服务,极大地提高了金融服务的可获得性。

金融科技的应用为金融产品和服务的创新提供了强大动力。智能投顾、区块链支付等前沿技术的应用,提升了金融服务的智能化水平,降低了运营成本,提高了服务效率。金融机构应积极探索与金融科技企业的合作,共同推动金融产品和服务的创新。

五 实施高水平对外开放体制机制

实施高水平对外开放体制机制,通过推进制度型开放、形成国际合作竞争新优势及完善政策保障机制,旨在增强国内国际两个市场两种资源联动效应,[①] 促进国内外市场深度融合,营造公平竞争环境,提升国际竞争力,对构建新型生产关系、推动经济高质量发展具有重要意义。

---

① 陈甬军:《形成与新质生产力相适应的新型生产关系》,《光明日报》2024年3月19日第11版。

（一）推进制度型开放

在深化制度型开放的进程中，需拥有高标准的国际化视野，构建与全球治理体系相契合的开放新格局。需打造法治化、国际化、便利化营商环境，并在此基础上进一步细化与国际高标准投资和贸易规则相衔接的制度设计，确保政策透明度与可预测性，为国内外企业提供公平、公正、非歧视的竞争环境。深入研究并主动对接国际经贸规则的新发展，特别是在知识产权保护、公平竞争审查、绿色贸易、数字经济、金融科技等前沿领域，推动国内规则体系的创新与完善，实现与国际最佳实践的深度融合。

在扩大自主开放方面，应秉持互利共赢的原则，有序推动商品、服务、资本、技术、数据等要素的自由流动。通过优化外资准入负面清单，放宽市场准入限制，吸引更多高质量外资参与国内市场竞争与合作。通过技术转移、能力建设等方式，促进全球经济的包容性增长，构建人类命运共同体。

积极参与全球经济治理体系改革，推动构建更加公正合理的国际经济秩序。在维护以世界贸易组织为核心的多边贸易体制的同时，应倡导并推动多边贸易和投资规则的制定与完善，为全球贸易和投资自由化便利化贡献力量。加强与其他国家和地区的自由贸易协定谈判与签署工作，构建高标准自由贸易区网络，为国内外企业提供更加广阔的市场空间和更多的发展机遇。

（二）形成国际合作竞争新优势

需紧密把握数字化、网络化、智能化这一时代脉搏，以创新为引领，重塑国际合作与竞争的新格局。需在技术前沿持续深耕，更要通过创新驱动，实现全球价值链中的跃升，推动产业结构的深度优化与转型升级。应加速服务贸易领域的数字化进程，依托国家服务业扩大开放综合示范区，勇于探索服务贸易的新模式、新路径，以数字赋能，激发服务贸易的潜能。

"一带一路"倡议作为高水平对外开放的重要平台，需依托其进一步深化科技创新合作，特别是在绿色发展、人工智能、能源、税收及减灾等关键领域，加强多边合作机制建设，促进技术、资本、人才等要素的自由流动与高效配置。应完善陆海天网一体化布局，构建全方位、多层次的"一带一路"立体互联互通网络，既注重重大标志性工程的引领作用，也不忘"小而美"民生项目的温度与深度，让合作成果惠及更广泛的人群。

在区域开放布局上，需继续巩固东部沿海地区的开放先导地位，同时加大对中西部和东北地区的支持力度，通过政策引导与资源配置，促进区域间开放水平的均衡提升，加快形成陆海内外联动、东西双向互济的开放新局面。充分利用沿海、沿边、沿江及交通干线等区位优势，优化区域开放功能分工，打造各具特色的开放高地，形成错位竞争、优势互补的开放新格局。

充分发挥"一国两制"的制度优势，巩固并提升香港、澳门在国际金融、航运、贸易等方面的中心地位，支持两地吸引国际高端人才，建立健全其在国家对外开放中的独特作用机制。深化粤港澳大湾区合作，强化规则对接与机制协同，推动区域一体化进程。完善促进两岸经济文化交流合作的制度与政策，深化两岸融合发展，共绘中华民族伟大复兴的美好蓝图。

(三) 完善对外开放的政策保障机制

在深化高水平对外开放的进程中，完善政策保障机制是不可或缺的一环。要构建全面、系统的境外投资法律、政策和服务体系，确保内外资企业能公平竞争，同时坚决依法保护外资企业的合法权益，为其在华投资兴业提供坚实保障。具体而言，要以质量效益为核心，全力打造"四个环境"：一是竞争有序的市场环境，通过加强反垄断和反不正当竞争执法，维护市场公平竞争；二是透明高效的政务环境，持续优化政务服务流程，提高行政效能；三是公平正义的法治环境，强化法治建设，确保各类市场主体合法权益得到充分保护；四是合作共赢的人文环境，促进文化交流互鉴，构建开放包容的社会氛围。

强化贸易政策与财税、金融、产业政策的协同联动，为贸易强国建设提供坚实的制度支撑和政策保障。加快内外贸一体化改革步伐，积极应对贸易数字化、绿色化的全球趋势，推动贸易方式创新。在通关、税务、外汇等领域实施监管创新，为跨境电商、市场采购贸易等新业态新模式的发展营造更加宽松的制度环境。加强大宗商品交易中心和国际物流枢纽中心建设，支持各类主体有序布局海外流通设施，提升中国在全球供应链、产业链中的话语权和影响力。

在服务贸易领域，全面实施跨境服务贸易负面清单管理制度，推进服务业扩大开放综合试点示范，鼓励专业服务机构提升国际化服务能力。加快推进离岸贸易发展，建立健全跨境金融服务体系，为服务贸易高质量发展提供有力支撑。

促进国际国内要素有序自由流动、资源全球高效配置、国际国内市场深度融合，推动投资、贸易、金融、创新等开放型经济重点领域的体制机制改革向纵深发展，构建公平开放、竞争有序的现代市场体系，为实现中国式现代化贡献力量。

数字学习资料

思考题

1. 如何理解新型生产关系是对马克思主义理论的继承与创新。
2. 请阐述新质生产力对新型生产关系提出的新要求是什么。
3. 新型生产关系与传统生产关系的区别与联系是什么？
4. 新型生产关系如何赋能新质生产力发展。
5. 简述推动新型生产关系发展的具体路径安排。

阅读文献

马克思：《资本论》，人民出版社 2004 年版。

《马克思恩格斯选集》第 4 卷，人民出版社 2012 年版。

习近平：《发展新质生产力是推动高质量发展的内在要求和重要着力点》，《求是》2024 年第 11 期。

习近平：《加快构建新发展格局　把握未来发展主动权》，《求是》2023 年第 8 期。

习近平：《论科技自立自强》，中央文献出版社 2023 年版。

习近平：《高举中国特色社会主义伟大旗帜　为全面建设社会主义现代化国家而团结奋斗——在中国共产党第二十次全国代表大会上的报告》，人民出版社 2022 年版。

中共国家发展改革委党组：《全面贯彻落实党的二十届三中全会精神　坚定不移推进经济社会高质量发展》，《求是》2024 年第 18 期。

盖凯程、韩文龙：《新质生产力》，中国社会科学出版社 2024 年版。

马昀、卫兴华：《用唯物史观科学把握生产力的历史作用》，《中国社会科学》2013 年第 11 期。

孟捷、韩文龙：《新质生产力论：一个历史唯物主义的阐释》，《经济研究》2024 年第 3 期。

杨虎涛：《数字经济：底层逻辑与现实变革》，社会科学文献出版社 2023 年版。

于洪君主编：《理解"百年未有之大变局"》，人民出版社 2020 年版。

周文、许凌云：《论新质生产力：内涵特征与重要着力点》，《改革》2023 年第 10 期。

后　记

　　2023年7月以来，习近平总书记先后在四川、黑龙江、浙江、广西等地考察调研时，提出要整合科技创新资源，引领发展战略性新兴产业和未来产业，加快形成新质生产力。2024年1月，习近平总书记在二十届中央政治局第十一次集体学习时对新质生产力作出系统性阐释；2024年两会期间，习近平总书记强调"因地制宜发展新质生产力"。2024年12月，习近平总书记出席中央经济工作会议时进一步强调，"以科技创新引领新质生产力发展，建设现代化产业体系"。习近平总书记关于"新质生产力"的重要论述，丰富发展了马克思主义生产力理论，深化了对生产力发展规律的认识，进一步丰富了习近平经济思想的内涵；为新发展阶段全面落实创新驱动发展战略，加快培育和发展战略性新兴产业和未来产业、推动经济高质量发展、构筑国家竞争新优势提供了根本遵循。

　　西南财经大学作为财经高校，聚焦"新质生产力"这一重大理论命题和实践命题，进行体系化研究、学理化阐释和大众化传播，这既是我们重要的政治责任，也是光荣的学术使命。近年来，西南财经大学按照教育部"一流学科培优行动"部署，以习近平经济思想为指导，助力建构中国自主的经济学知识体系，不断探索"组织起来干大事、加强有组织研究"服务"国之大者"的有效模式。由盖凯程教授和韩文龙教授领衔的中国特色社会主义政治经济学理论体系研究团队是习近平经济思想研究院的团队之一。2024年1月，团队充分发挥政治经济学国家级重点学科和团队优势，出版国内第一本研究性专著《新质生产力》，同时该书"走出去"工作也在迅速推进，拟出版英语、俄语、阿拉伯语等多语种，助力构建中国学术话语体系，推动中国学术走向世界。

新质生产力作为新时代中国特色社会主义政治经济学的重要原创性理论，既是理论问题，也是实践问题；既是发展命题，更是改革命题。为了更好地对"新质生产力"这一重大理论和实践命题进行体系化研究、学理化阐释和大众化传播，我们编写了《新质生产力教程》。在教程的写作和出版过程中，西南财经大学全国中国特色社会主义政治经济学研究中心、马克思主义经济学研究院、经济学院给予了大力支持，郝芮琳、徐志向、田世野、王军、陈航、陈姝兴等老师参与了教程的讨论与资料撰写。杨志勇研究员对教程的提纲和写作提出了具体的建议，中国社会科学出版社为教程的出版给予了大力支持并做了大量具体工作。在此，我们一并表示诚挚的感谢。因笔者才识所限，所述观点未必尽善，章节编排亦可能有疏漏，恳请各位同仁批评指正，以臻完善。